전통문화의 오늘과 내일

그의 눈물과 웃음

전통문화의 오늘과 내일 : 그의 눈물과 웃음

지은이 | 심 우 성
펴낸이 | 一庚 장 소 님
펴낸곳 | 돌선 답게
초판 인쇄일 | 2015. 5. 5
초판 인쇄일 | 2015. 5. 10
등 록 | 1990년 2월 28일, 제 21-140호
주 소 | 143-838 서울시 광진구 면목로 29 2층(군자동)
전 화 | (편집) 02)469-0464, 462-0464
          (영업) 02)463-0464, 498-0464
팩 스 | 02)498-0463
홈페이지 | www.dapgae.co.kr
e-mail | dapgae@gmail.com, dapgae@korea.com

ISBN 978-89-7574-275-0 (03380)
© 2015, 심우성

나답게 · 우리답게 · 책답게

전통문화의 오늘과 내일

그의 눈물과 웃음   심우성

도서출판 답게

허 허 또 부끄러운 책 한 권을 보태려 합니다.

글공부 한답시고 관훈·인사동 골목을 헤맨지도 어언 60년이 되는군요.

옛날에는 책방이 20여 군데나 있었는데 지금은 네댓 군데 남았습니다.

통문관 通文館(李謙魯, 李鐘韻)

관훈고서방 寬勳古書房(沈忠植)

승문각 承文閣(金知憲)

홍익문고 弘益文庫(金南鉉)

상윤화랑 像允畵廊(책방겸임 崔相烈)

이 밖에는 거의 없어졌거나 이사를 했답니다.

옛날에는 '화랑', '골동점', '화구점', '표구점' 등도 많았는데, 지금은 괴상한 별별 옷가지며 외국상품(중국제 많음)으로 분위기가 확 바뀌었습니다.

그런데 지금도 정겨웠던 옛 길로 착각을 하고 있는지, 오가는 사람은 꽤나 많습니다.

'조계사', '운현궁', '천도교 중앙대교당', '민병옥 가옥'등은 옛을 오늘로 이어주고 있습니다.

'보나장신구박물관', '목인박물관', '백악미술관', '경인미술관', '관훈미술관', '동산방화랑', '선화랑', '한양화랑', '나락실', '고려서화사', '한국서각사', '가나인사아트센터', '아라아트센터'.

〈밥·대포집〉·'이모집', '사천', '사랑채', '포도나무집', '푸른별 주막', '화목식당'.
〈찻집〉·'귀천', '삼화령', '유담'

– 대포집, 찻집들은 내가 외상되는 집들

인사동 골목에서 함께 늙은 '강 민', '김승환', '신경림'은 지금도 밥집과 술집에서 호주머니를 털고 있습니다.

요즘 친구된 '박정희', 사진 찍어준 '박옥수', '정영신', '조문호', 고마웠습니다.

우리는 그래서 행복한 나날을 보내고 있는 것은 아닐까….

잔소리는 그만 하고….

어언 80이 넘은 놈이 올바른 글 쓸 수는 있을까?

그럴 정신이나 있을까.

허허, 답답하기만 하여 꾸지람이라도 듣고 싶어 「전통문화의 오늘과 내일」 또 한 권을 내놓습니다.

보시고 그저 사랑만 해 주세요.

〈나답게·우리답게·책답게〉

장소님 「답게」 대표님 책 내 주셔서 고맙습니다.

2015년 초봄 인사동 골목방에서

심 우 성

민속학자 심우성, 그의 진정한 삶에 대하여

김승환 문화평론가

■ 격동의 시대를 살다

1956년의 봄이었든가.

서울 「정동 방송국」의 아나운서실 창밖으로 시원한 소나기가 쏟아졌다.

당대의 인기 아나운서이던 '장기범'은 쏟아지는 물줄기를 보면서 왈, "지금 창밖으로는 봄을 재촉하는 봄비가 줄기차게 내리고 있습니다." 방송국이 발칵 뒤집힐 수밖에, 봄 가뭄에 쏟아지는 물줄기는 신참 아나운서 심우성이 작취미성의 상태에서 내쏟는 오줌발이었기 때문이다.

그는 쫓겨나가기는커녕, 아나운서라면 누구나 겸업兼業을 선망하는 「대한 뉴우스」의 아나운서 멘트까지 3년이나 더 했다. 이것은 심우성의 정이 흐르는 인품 때문이라고 정의한다.

그가 첫 아나운서가 된 것은 1953년이었다.

1954년 서라벌 예술학교에는 별별 희한한 걸물들이 모여들었는데 문예창작과에 들어온 심우성도 그 중의 하나이다.

충남 공주군 의당면 율정리가 원 고향인 그의 집안은 당대의 높은 갑부인 삼천 석의 대지주였다. 서울에서 나고 자란 그는 혜화국민학교와 휘문중 · 고교를 다녔다.

"황국신민을 만들었던 학교는 왜 가?", 할아버지의 이 한마디에 경기중학이 따놓은 당상이었던 우등생 심우성의 엘리트 코스(?)는 방향 선회를 했고, 드디어 '서라벌'에서 나와 같은 졸자拙者도 만나게 되었다.

그는 남루하던 그 시절, 나의 허기를 달래주고 따뜻한 아랫목을 내준 사람이다.

어려운 시절에 문간에 단칸방이나마 행복하게 독방을 누린 덕에 거의 매일처럼 누가 되었던 한두 사람과 합숙하기가 일쑤였다.

단골이라 할 만 한 분으로는 '공초 오상순'선생과 김승환, 이현우 세 사람이었는데 특이한 것은 이분들은 절대로 함께 어울리지 않았다.

이것은 〈끊어진 한강교〉라는 이현우 시문집詩文集에서 심우성이 쓴 회고담이다. 그의 회고는 이렇게 이어진다.

「…모두가 명동에서 만난 술친구였는데, 나는 그 무렵 이 친구(김관식, 박봉우, 천상병, 이현우)들과 또 다른 몇몇 주정뱅이들과 어울려 매일처럼 술을 마셔댔다.

그때 함께했던 술꾼으로 지금도 '석양배' 한 병을 용케 지키고 있는 출판인 '김승환'과 '하재기'가 이 바닥의 나의 스승인데, 그들도 이제는 별 수 없이 때때로 뒷덜미를 움켜쥐고 고개를 뒤틀고 있다.(1993.12, 도서출판 무수막)」

심우성의 선심은 선대부터 내력인 듯하다. 선친(素民 沈履錫, 1912~2002)은 1933년 '몽양 여운형'이「조선중앙일보」의 사장으로 취임하자 그를 따라 조선중앙일보의 기자가 되는데, 몽양의 '인품', '연변', '사상'에 반해 그 많던 공주 땅과 경기도 고양군 일대의 논밭을 팔아 여운형을 경제적으로 뒷바라지했던 것이다.

1936년 일제에 의해 신문이 강제 정간되자 청년 심이석은 동경미술학교에 잠깐 유학하는 등, 진로에 혼란을 빚기도 했다.

지금도 한겨울 추위에 두르고 있던 머플러를 풀어 친구의 목에 감아주는 심우성의 도타운 정은 분명 가족력家族曆에서 찾아야 할 유전자이다.

아버지는 1947년, 여운형이 우익세력에 의해 저격당해 쓰러지자 해방공간의 극심한 혼란기에 사상적 방황을 겪고 나서 초창기(1953년) 증권계에 투신, 뛰어난 증권인으로 널리 알려지는데, 그보다는 중년이후 전각가篆刻家로 또한 나무탈 제작자로서도 국내외로 이름을 떨쳤다.

그런 아버지의 사상적 전이轉移 말고도 전통「조선 옷본」을 남기고 간 어머니(金善浩, 1909~2006)의 예술적 내력도 한몫을 한 듯하다.

어머니의 '옷본'은 책으로도 출간되었는데 조선 양반가문의 반듯하고 의젓한 옷맵시가 살아 움직이는 듯한 이 옷본은 당대의 의상전문가인 '석주선'교수도 뜰 정도였다.

예의범절이 분명하고 뛰어난 음식 솜씨의 어머니가 차려주는 밥상은 나의 미각에는 황홀 그 자체였다.

심우성은 짜고 매운 음식은 입에 대지 않는데, 그것은 서울 문안(명륜동 3가)에서 나서 자란 탓도 있겠지만 9할은 수원 반가출신인 어머니의 음식 탓이다. 지금도 군침 도는 논 새우 빨갛게 재잘거리며 끓고 있던 맛난 된장찌개여!

1950년대 후반, 술에 절어 기고만장하던 명동의 '낭만'에서 일찍이 정신을 차린 그는 홍익대학으로 전학을 하더니 어느새 정동방송국(KBS의 전신)의 아나운서가 되어 나타났던 것이다. 그 맑고 구수하면서도 흐르는 듯한 목소리는 그를 대번에 인기 아나운서 반열에 올려놓았다. 그의 글 솜씨 또한 목소리만큼이나 쉽고 반듯하고 깔끔한데 매력이 있었다.

■ 민속학 연구의 새 지평을 열다

그 빼어난 문장으로 「남사당패 연구(동화출판공사, 1974)」라는 역저를 내놓았을 때, 민속학 학계에서도 놀라고 친구들도 놀랐다.

남사당패에 대해서 처음으로 이야기를 듣고 관심을 두게 된 것은 1950년대 말이었고, 이 바닥에 본격적으로 뛰어든 것은 1960년대 초였다.

민속학 연구의 새 지평을 연 이 책의 마무리는, 충무로 작은 빌딩의 3층 「한국민속극연구소」에서였는데, 심우성의 우리말 가다듬기의 애정은 연희 용어의 일본말 말투인 막幕을 '마당'으로 경景을 '거리'로 농악農樂을 '풍물'로 정화했는가 하면, 묻혀있던 남사당을 발굴해 그 본태를 세상에 알린 것은 놀라운 일이다.

인간문화재인 남형우(꼭두쇠), 양도일(산받이) 등 예능보유자의 재발굴 공연은 일대 충격이었다. 그를 뒷바라지한 이는 화가 주재환(민족미술협의회 대표 역임)이었는데, 같은 빌딩 2층에 있던 '백범사상연구소'의 백기완도 민중예술의 사상적 동지로서 심우성의 도우미였다.

심우성이 이때 펴낸 주목할 만한 출판 작업으로는 문고판《민학총서》를 들 수 있는데, 오지영·《동학사》, 구자균·《조선평민문학사》, 김재철·《조선연극사》, 함화진·《조선음악사》가 다 이때 나온 복간본들이다. 또한 이때 나온 무크지 「서낭당」도 학계의 주목의 대상이었다.

주재환은 1975년, 내가 주간으로 있던 월간 「독서생활(삼성출판사)」 기자로 있으면서 심우성을 도왔다. 그는 심우성을 "우리 민속사의 역사를 바꿔놓은 인물"이라고 말한다.

이 시대의 빼어난 건축가 김수근(1931~1986)과의 특별한 인연으로 1977년부터

「공간사랑」에서 미술, 음악, 연극, 문학 등의 아이디어를 내고 그 공연을 총괄했던 심우성은 풍물잡이 제자들을 모아 「사물놀이」란 명칭을 지어주고 공연을 주선하는가 하면, 〈양주별산대놀이〉, 〈꼭두각시놀음〉등 무형문화재를 발굴하기도 했다. 이런 심우성에게 「공간사랑」은 「공간 500호 기념무대」에서 따뜻한 상을 주었다.

「심우성 선생, 당신은 민속문화가 역사의 뒤안길로 사라져갈 때, 이들을 부여잡고 하나씩 되살려낸 큰 '애비'였다면서 모두가 함께 박수를 쳤다」

■ 국제적 명성을 얻다

2009년 일본 '도쿄'의 세계적 인형극장 부크puk 80주년 기념공연에 초대된 심우성의 1인극 〈아리랑 아리랑 아라리요, 4·3고개를 넘어간다〉로 '제주 4·3사건'을 주제로 공연하여 일본인과 재일동포들의 가슴을 적셨던 것인데, 2001년에는 분단의 아픔을 그린 1인극 〈결혼굿〉, 〈쌍두아〉 등으로 국제적 명성을 얻었었다. 이런 평가의 싹은 이미 1996년, '공주민속극박물관'이 문을 열면서 시도한 '공주 아시아 1인극제'에서 꽃을 피웠던 것이다. 중국, 일본, 몽고, 베트남, 인도, 대만, 동남아 각국의 연희인들이 모여 공연을 하고, 소리꾼 '장사익'과 병신춤의 '공옥진', 승무의 인간문화재 '이애주' 등의 협찬객이 모여들고 박물관 입구의 전시관에서는 심우성의 어머니 김선호 여사의 소중한 '옷본'들이 빛을 보였다.

이런 행사가 해마다 열려 민속극의 열기가 전국적으로 뻗어나가는 판이었는데 심우성이 2003년 박물관 잡일을 거들다가 2층에서 낙상을 하고 말았다. 치명적인 부상이었다. 만 2년을 병원에 누워 입원치료를 받고 겨우 살아났다. 그리고 나서는 만사가 귀찮아졌다.

3대가 외아들로 내려오는 것이 안쓰러워서 기복사상의 음덕을 얻고자 했던 할아버지의 가묘假墓 터 2,200평 위에 세워진 박물관을 2007년 4대 외아들에게 물려주고 처가인 제주도로 낙향을 했다.

민속극박물관의 실무에서 손을 뗀 그는 1인극에 더욱 매진할 수 있었고, 요행이도 2007년 8월 평양에 있는 '조선민속학회'의 초청을 받았다.

'김일성 대학'엘 갔더니 심우성 자신이 쓴 여러 권의 저서들이 전시되고 있더란다. '대집단 체조와 예술공연〈아리랑〉'도 보았단다. '봉산탈춤', '강령탈춤'도 현장에서 볼 수 있었단다.

허 허

심우성은 번거로움을 극도로 싫어한다. 당신의 입원 사실도, 부모의 부고도, 자식의 초첩장도 거의 돌리지 않았다.! 그렇지만 남의 집 경조사에는 빠짐이 없다. 이 정치精緻하기 짝이 없는 친구는 놀랍게도 40여권의 저서를 냈건만 이번에 또 한 권을 보탠단다.
『전통문화의 오늘과 내일』

"뜻대로 되지 않는 게 인생인가 봐." 우리 둘 같은 게 있다면, 나란히 '지팡이'를 짚었군…. …오늘 점심은 안국동 '만수옥'에서 '설렁탕'으로 하자구.

그래도 이 집이 옛날 설렁탕 맛이나요. 고기도 그렇고 깍두기 맛도 그렇고….

깍두기가 맵다며 물에 씻어먹는 그를 보면서, 문득 20대의 그가 단골로 다니던 사직골(동) 대머리집(주인 李宗根)의 심심하고 알싸한 명물 안주 「명란찌게」가 떠올랐다.

심우성!

자네의 가슴에는 지금도 '명란찌게'의 정이 바글바글 끓고 있네그려….

허허…

우리 이제 잔소리는 그만하고, 막걸리나 한잔 걸치세그려….

〈승환, 우성〉

V

I

겨레의 얼굴 – 탈

어제 · 오늘 그리고 내일로 이어질 얼굴들

1. 탈이란?

우리말에 '탈나다'라는 말이 있다. 음식을 잘못 먹어 배가 아플 때도 '배탈'이 났다 하고 다친 곳이 덧나도 '탈났다'고 한다.

즉 탈이란 '뭔가 꺼림직한' 일상상에 있어서의 변고를 뜻한다.

실상 우리 민족은 탈이란 것을 생활 주변 가까이 두기를 꺼렸었다. 장례 때 쓴 방상씨方相氏는 물론이요, 한 마을의 '지킴이'로 모셔졌던 탈들도 마을에서 좀 떨어진 '당집' 안에 두었지 절대로 방 안에 걸어 놓는다든가 하는 일은 없었다.

탈놀이가 끝나게 되면 어느 고장에서나 불에 태워 없애는 것이 놀이의 마무리인 양 꼭 지켜왔다. 탈에는 갖가지 액살이 잘 붙는 것이니 태워 버려야 한다는 것이 오랜 속신으로 여겨왔다.

이처럼 탈은 우리 민족에 있어 어느 면 섬뜩하고 경계되는 대상이었으나 그러함에도 전국 어디에서나 만들어지고 있었으며 놀이화되었다. 그런데 이런 현상은 비단 우리에게만 있는 것이 아니라 역사가 오래된 민족에게서 공통적으로 발견되는 것이기도 하다.

그렇다면 왜 인간은 이렇듯 제 얼굴이 아닌 또 다른 모습의 얼굴인 탈을 쓰게 되었을까?

그 원초적인 궁금증을 풀어보자.

흔히 탈의 기원을 말할 때, 원시공동체 사회에서의 제천의식에서 찾고 있다. 인간은 탈을 씀으로써 비로소 신이 된다. 그리하여 인간 스스로의 해결하지 못했던 질병이나 죽음, 그리고 갑작스런 자연 재해를 신의 모습을 빌려 해결해 보려는 수단으로 탈을 이용하게 되지 않았을까 하는 의견이 있다. 이때 탈은 신과 인간을 이어주는 상징적 매개물로서 '신앙적 기능'을 지닌다.

또 다른 의견으로 짐승을 잡기 위한 위장용으로나, 전쟁을 할 때 탈이 긴요한 구실을 했을 것으로 믿어지는 수렵을 위한 탈, 즉 '생산적 기능'으로서의 기원을 주장하기도 한다.

예를 들어 신라 지증왕智證王 13년에 신라 장수 이사부異斯夫가 우산국于山國, (오늘날의 울릉도)을 정벌할 때 나무사자(木偶獅子)를 썼다는 기록이 있다. 이것은 탈이라기보다는 인형으로 분류되긴 하지만 전쟁에 사용되었다는 것을 보여준다.

이렇게 놓고 볼 때 탈의 기원은 이렇듯 '신앙적 동기'와 '생산적 동기'로 짐작하여 구분하였으나 따로 떼어서 생각하는 것보다는 양자를 포괄적으로 이해하는 것이 옳을 것이다.

한편 이 방면의 전문가들은 탈을 다음과 같이 분류하고 있다.

제의祭儀에 모셔졌던 신앙성을 띤 탈로서는 신성탈(Moly Mask), 벽사탈(Demon Mask), 영혼탈(Spiritual Mask) 등이 있고, 이밖에도 죽은 사람을 본떠서 만든 추억탈(Memorial Mask)이 있는가 하면 '토템' 숭배에서 나타나는 '토템' 동물로 분장하기 위한 토템탈(Totem Mask), 또 비가 내려주기를 기원하는 기우탈(Rain Making Mask)도 있는데, 이것들은 서로 다른 것이라기보다는 상호 보완적 관계를 지니고 있다.

이후 오락성을 띠면서 생겨난 예능탈(藝能假面)로는 크게 춤탈(舞踊假面)과 연극탈(演劇假面)로 분류한다.

이처럼 다양한 탈들이 우리나라에도 지방마다 고루 전승되어 지금도 풍부한 '탈유산'을 지니게 되었다.

2. 우리탈의 역사

'탈은 왜 만들어졌을까?' 라는 의문은 앞서 인류사와의 관계에서 간략히 짚어 보았지만, 우리나라의 탈 역시 이러한 전제에서 찾아볼 수 있다.

즉 신석기시대와 청동기시대의 유물로 추측되는 인물이나 동물들을 통하여 탈의 흔적으로 보는데 특히 가족, 씨족이나 마을을 수호하는 신의 형태로 빚어진 조형물들에서 어떤 연고나 성을 유추해 보는 것이다.

탈놀이를 다루고 있는 문헌 기록 중 오래된 것으로《삼국사기》권32〈잡지雜志〉에 보이는 최치원의《향약잡영鄕藥雜詠》을 들 수 있다. 즉 신라시대의 '오기伍伎, (金丸, 月顚, 大面, 束毒, 狻猊)로서 가무백희를 설명하고 있는 대목이다. 그 중 "대면"에서 '누런 금빛 탈을 썼다…'라는 시구詩句가 나오는데 이것은 당시 황금면이 있었던 것을 암시하고 있는 것이다.

한편 우리나라에서 지금까지 발굴된 탈 중 가장 오래된 것으로 알려진 것은 6세기경 신라시대의 '목심칠면木心漆面'으로 1946년 경주에서 출토되었는데 나무에 칠을 하고 눈은 황금으로 점을 박았으며 방상씨와 같이 귀면鬼面 형상을 하고 있다. 이것이 바로 대면에서 쓰인 황금면과 같은 계통의 탈이 아닐까 추측이 되는 것이다.

그러니까 우리나라의 탈의 기원은 적어도 삼국시대 훨씬 이전이 된다. 이제 고구려, 백제, 신라의 삼국시대와 고려, 조선의 탈을 순서대로 짚어가 보자.

고구려

고구려 고분이나 벽화를 보면 당시의 춤이나 음악을 그대로 접하는 듯 고구려인의 빼어난 미적美的 슬기를 느끼게 된다.

고구려인들은 이미 4세기 이전부터 마상재馬上才, 칼싸움, 막대기와 공을 던지는 농환弄丸 등의 잡희가 성했으며, 《고려사高麗史》에는 고구려 가악歌樂의 명칭이 기재되어 있다.

고구려악은 당시 중국을 풍미한 서역악, 곧 악기뿐만 아니라 탈춤까지 고루 수용함으로써 좁은 의미의 음악만을 가리키는 것이 아니라 '악樂' '가歌' '무舞'가 함께 어우러지고 있다.

이것은 이후 조선조의 연화대蓮花臺에까지 전승되고 있음을 본다.

백제

고구려, 신라와는 또 다르게 독창적인 문화를 유지하고 발전시켜온 백제는 특히 지리적으로 왕래가 용이했던 중국 남조南朝의 여러 왕조와 교류함으로써 빠른 시기에 그들의 문화를 받아들이기 시작했다.

이러한 과정을 보여주는 기록으로《일본서기日本書紀》에 보면 백제 무왕武王 13년(612)에 백제사람 미마지味摩之가 기악伎樂을 남중국의 오吳나라에서 일본에 전했다고 기록되어 있어, 백제의 기악이 일본으로 전해졌음을 알 수 있다.

일본의 기악은 익살스러운 춤과 몸짓으로 연출하는 10과정科程으로 된 재담 없이 발림으로만 엮는 탈놀이(假面黙劇)의 형태를 띠고 있으나 이 역시 우리나라에 전승되는 산대놀이와 같은 계통으로 생각되는 것이다.

한편 우리나라의 경우는 발림굿(黙劇)인 기악에서 대사극으로, 신앙성을 띤 놀이에서 세속적인 놀이(예컨대 산대놀이)로 발전하여 오늘에 이른 것이 아닌가 한다.

신라

한가위나 팔관회에서 연희되었던 신라악들은 다분히 중국의 '산악백희'의 영향을 입은 것으로 추측된다.

그 대표적인 것으로는 크게 검무劍舞, 무애무無㝵舞, 처용무處容舞 오기五伎를 꼽을 수 있고(이 가운데 무애무만이 탈춤이 아니다) 여기서는 검무와 처용무를 중심으로 신라악을 설명하기로 한다.

〈검무劍舞〉

검무의 유래는 신라의 황창黃倡(또는 黃昌)이란 일곱 살 소년이 검무를 빙자하여 백제왕을 죽이고 목숨을 잃었으므로 신라인들이 이를 가상히 여겨 이 놀이를 시작하였다고 문헌에 전하고 있다. 그러나 일설에는 황창은 관창官昌의 와전일 것이라 했는데 신라 품일品日 장군의 아들 관창이 소년 용사로서 태종왕太宗王 대에 백제 공격에 참전하여 용감히 싸우다가 백제의 계백 장군에게 피살된 사실과 관련시키기도 한다.

이 춤은 단순한 모의무模擬舞이나 검술의 묘기에 그치는 것이 아니라 탈을 쓰고 연희하는 연극성이 짙은 탈놀이였다.

〈처용무處容舞〉

신라 헌강왕 때의 처용설화에서 비롯되었다고 하는 이 춤은 우리나라의 뿌리 깊은 토착신앙과도 관련된 이야기를 담고 있다.

즉 처용은 본디 동해 용왕의 일곱 아들 가운데 한 분으로 헌강왕을 따라 경주로 와서 벼슬도 하고 아내도 얻었는데 아내가 외간 남자(나쁜 귀신)와 동침하는 것을 보고 꾸짖기는커녕 '처용가'를 불러 뉘우쳐 물러나게 하였다. 이러한 일이 있은 이후로 신라 사람들은 처용의 형상을 만들어 대문 위에 걸어 놓음으로써 나쁜 귀신을 쫓았다 한다.

이 처용설화는 실제로 신앙성을 띤 주술전승呪術傳承으로 일상생활 속에 전해지는 가운데 그 형상인 '처용탈'이 신앙적 상징물로 떠받들어지면서 굿에서 탈춤놀이로 발전하여 후세에 전해지고 있다.

고려

고려는 국가의 명절과 불교 행사에 있어 매우 규모가 크고 횟수 또한 잦았는데 그 가운데서도 '팔관회八關會'와 '연등회燃燈會'는 대표적인 것이었다.

이때에는 다 같이 등불을 환히 밝혀 '채붕綵棚(오색 비단으로 장식한 다락 곧 장식한 무대)'을 설치하고 가무백희로 큰 잔치를 베풀어 부처님과 천지신명을 즐겁게 하여 왕실과 백성들의 태평을 기원했다.

〈산대잡극山臺雜劇〉

불교가 전래된 이후 신라 때부터 무속신앙이 기반이 되어 서민놀이와 외래종교인 불교의 영향으로 발전하게 된 이 놀이는 고려시대에는 연등회나 팔관회 같은 국가적인 큰 행사에서 연희되었다.

여기에는 처용무, 곡예, 불꽃놀이 등 다양한 잡희와 함께 산대놀이가 펼쳐졌던 것으로 문헌에 기록되어 있다.

〈나희儺戱〉

음력 섣달 그믐날 밤에 민가와 궁중에서 마귀와 사신邪神을 쫓아내기 위하여 베풀던 의식으로, 처음에는 단순히 구나의식에 불과했던 굿이었으나 나중에 창우倡優 또는 광대 심지어는 무격巫覡들의 놀이로까지 확대되었다.

역대 왕들의 비호를 받으며 벽사의 굿으로 발달된 이 놀이는 국가에서 관장하였으며, 이때에는 '오방귀무五方鬼舞'와 같은 제사춤을 비롯하여 '곡예' '탈놀이' '답교' '처용무' '백수무百獸舞' 등을 펼쳤다. 이 가운데 곡예와 답교 외에는 모두 탈놀이로 짐작된다.

조선조

조선에 와서도 연등회와 팔관회 등의 의식이 완전히 없어지지는 않았지만 다만 종교적 의미가 약화되면서 산대잡극이나 나례쪽으로 변화되는 과정을 겪는다. 산대놀이는 산대에서 노는 온갖 놀이라는 뜻으로 나례도감儺禮都監 또는 산대도감山臺都監이 관장하였으며 음악과 춤을 곁들인 놀이라는 측면에서 '나례' '나희' '산대나희' '산대잡희' 등 여러 이름으로 불려졌다.

궁중의 산대놀이는 경비가 많이 소요되고 유교적 도덕성에 어긋난다는 이유로

인조 12년에 일시 중단되기도 했었다.

〈산대나희 山臺儺戲〉

조선의 산대놀이는 줄타기, 방울받기, 곤두박질, 토화吐火 등으로 연출되는 탈놀이와 무용, 곡예인 규식지희規式之戲와 즉흥적인 재담이나 화술로 어떤 사건이나 상황을 연희하는 소학지희笑謔之戲, 그리고 악공악사들의 음악 등의 3부 행사로 나누어진다.

이러한 산대나희는 풍요를 기리고 귀신을 쫓는 나례로서, 그리고 외국사신 영접이나 조정의 각종 행사에는 꼭 빠지지 않았던 절차로 이어져 왔으나 양(임진왜란, 병자호란)을 겪으면서 더 이상 관청의 지원을 받지 못하게 된 '도감패'들은 뿔뿔이 흩어져 차츰 세력을 잃고 말았다.

그러한 와중에서도 산대놀이의 광대들은 그들의 주거지를 중심으로 여러 개의 놀이패를 조직하여 오늘날까지 그 맥을 전승해오고 있다.

〈조선의 처용무, 학무〉

그 연원을 신라시대로 거슬러 올라갈 수 있는 처용무는 많은 변천 과정을 거치고 있다.

처음에는 한 사람으로 하여금 붉은 탈과 검은 옷에 사모紗帽를 쓰고 춤추게 했으며, 그 뒤에는 중국의 '오방무'의 영향을 받아 '오방처용무五方處容舞'로 확대되고, 이후에는 다시 학연화대처용무합설鶴蓮花臺處容舞合設로 가무극화歌舞劇化된 것으로 보인다. 이렇듯 처용무는 조선조에 들어와서도 대표적인 탈춤이었으나 지금은 처용무, 학춤이 거의 별개로 추어지고 있다.

3. 탈의 분류

탈의 유래에서 먼저 밝힌 바 있으나 흔히 탈을 분류할 때, '신앙탈'과 '예능탈'로 나누는 것이 일반적이다.

먼저 신앙탈이란 그 탈에 제사를 지내거나 어떤 소망을 기원하기도 하고 지킴이로써 받들기도 하는 것인데 대개의 경우 일정한 장소에 모셔둔다. 귀신을 쫓는 의식에서 쓰는 구나면도 있다.

예능탈은 주로 춤추고 굿(연극이라는 뜻)하고 놀이할 때 얼굴에 쓰는 것으로 그 종류도 다양하다.

놀이탈은 '양반광대놀이' '비비새놀이' '소놀이굿' '거북놀이' 등에서 보이듯 다분히 즉흥적으로 만들어지는 것들이 있다. 그러나 이처럼 세 분류로 나누기는 했지만 실제로 이 세 가지 성격이나 기능을 복합적으로 지니고 있는 것이 우리 탈의 특성이 아닌가 싶다.

예를 들어 처용탈은 귀신을 쫓는 기능을 하면서 '춤탈'로 분류되기도 한다. 또한 '소놀이굿' '거북놀이' '범굿' 등에 등장하는 소, 거북, 범 같은 탈은 신앙성을 지니면서, 놀이 그리고 춤, 음악 등 온갖 연희성을 함께 하는 복합성을 이루고 있다.

이를 다시 세분해 보면 다음과 같다.

첫째, 신앙탈에도 여러 종류가 있는데 일정한 처소를 설치해 두고 제사만을 지내는 신성탈(광대씨탈, 창귀씨탈 등)과 악귀를 쫓아내기 위하여 쓰는 구나탈 (방상씨탈)로 나눌 수 있다.

둘째, 예능탈은 춤을 출 때 얼굴에 쓰는 춤탈(처용무탈) 연극할 때 쓰는 연극탈 (산대 놀이의 탈) 등과 또 민속놀이 할 때 쓰는 놀이탈(범탈) 등이 있다. 우리의 탈은 거의 전국적으로 분포되어 있는데 대표적인 것만을 살펴보면 다음과 같다.

북쪽으로부터 '북청 사자놀음'이 있고, 탈의 고장인 해서海西(황해도)의 '봉산탈춤' '강령탈춤' '은율탈춤' 그리고 중부 지방의 산대山臺놀이로써는 '양주 별산대놀이'와 '송파 산대놀이'가 있다.

경상북도의 '하회 별신굿 탈놀이' 경상남도의 '고성오광대' '통영오광대' '가산오광대', 부산의 '수영 들놀음'과 '동래 들놀음'…, 이밖에도 강원도 강릉의 '관노 탈놀이'를 비롯해서 '남사당패'의 '덧뵈기'가 있고, 굿판에서 쓰고 있는 '범탈'을 비롯한 '열두띠(十二支)탈', 풍물패(농악대)가 쓰고 있는 '양반광대'들까지 합친다면 줄잡아 300여 종의 탈유산이 오늘에 전하고 있다.

이러한 우리의 탈 유산 가운데 자랑스럽게도 지난 1964년 국보(제 121호)로 지정되어 있는 것이 있다.

경상북도 안동군 하회동에 전승되던 '하회河回 별신別神굿탈' 아홉 점과 이웃 마을인 병산의 '병산屛山탈' 두 점을 합친 열한 점은 우리의 탈 가운데 국보로 지정되어 있는 자랑스러운 유산이다.

아마도 11세기 무렵의 작품이 아닌가 추측되는 이 탈들의 섬세하면서도 대담한 표현은 놀라움을 금치 못하게 한다.

하회탈은 원래 현존하는 9종(각시, 양반, 부네, 중, 초랭이, 선비, 이매, 백정, 할미) 외에 떡달이, 별채, 총각의 3종이 더 있었으나 일제강점 시기 없어진 것으로 전한다. 이 탈들은 배역에 따라 그의 성격들이 함축되어 희로애락을 안으로 머금고 있으니 그야말로 살아 있는 피조물이라 하겠다.

특히 턱을 따로 떼어 끈으로 연결함으로써 재담대사을 하면 얼굴 전체가 표정을 갖게 하는 등 탁월한 기능 까지도 갖추고 있다(하회탈 중 양반, 선비, 백정). 또한 턱이 없는 이매는 하회탈을 만들었다는 전설적인 주인공인 허도령이 갑작스런 죽음으로 인하여 미완품이 되었다고 전한다. 2개의 병산탈은 병산 마을에서 전래하던 것인데 하회탈과는 작풍作風이 전혀 다르다.

한편 1980년 하회 별신굿 탈놀이의 '주지탈' 2점이 국보로 추가되었다. 현재 하회, 병산탈은 국립중앙박물관에 보관되어 있으며 '하회 별신굿 탈놀이'는 중요무형문화재로 지정되어 있다.

'방상씨方相氏'란 악귀를 쫓는 탈을 뜻한다.

중요 민속자료 제16호로 지정되어 있는 '방상씨 탈'은 장례행렬의 맨 앞을 이끌면서 잡귀와 잡신을 쫓는 역할을 한 조선시대의 유일한 유물이다 창덕궁에 보관되어 온 이 탈은 궁중에서 쓰였던 것으로 전한다. 그 크기가 높이 72센티미터, 너비 74센티미터나 되는 것이니 수레에 태워 상여의 앞에서 '길할애비' 역할을 했다. 그러니까 얼굴에 쓰는 것이 아니다. 둥그런 눈이 넷, 입은 볼 위까지 찢어졌고, 이마와 양 볼에는 굵은 주름살이 있어 귀면상鬼面相을 하고 있지만 얼굴 전체에 잔잔한 미소를 머금고 있어 무섭지만은 않다.

4. 탈놀이의 탈들

현재 전국에 전승되고 있는 탈들을 중요 무형문화재로 지정되어 있는 종목별로 분류하면 산대놀이, 해서(황해도)탈춤, 오광대五廣大, 들놀음野遊, 서낭굿, 탈놀이, 유랑광대 탈놀이, 사자놀이, 소굿놀이 등으로 나눌 수 있다.

이 분류에 따라 주로 각 탈놀이 가운데 독특한 탈들을 살펴보기로 한다.

산대놀이

산대놀이는 서울과 경기도 중심의 중부지방에 전승되어 온 탈놀이의 이름인데

'본산대'라 일러오던 '애오개', '녹번', '사직골' 등지의 놀이는 전하지 않고 현재는 양주 별산대놀이(제2호, 1964년 지정)와 송파 산대놀이(제49호, 1973년 지정) 두 가지가 있을 뿐이다.

우리나라 중부 지방에 전승되고 있는 이러한 산대 계열의 탈들은 모두 나무에서 바가지로 그 재료가 바뀌었지만 다행히도 서울대학교 박물관에 보관되어 있는 '본산대탈'에서 우리는 산대탈이 지녔던 본디의 모습을 확인하게 된다.

'샌님'과 '미얄할미' 그리고 '애사당'과 '포도부장'이 벌이는 봉건적 가족제도의 모순은 그들의 얼굴만 보아도 충분히 짐작이 갈만큼 아주 적절하게 표현되어 있다. 그런가 하면 '노장'과 '상좌' 그리고 '팔먹중', '옴중', '목중' 들이 등장하여 당시의 종교상과 사회상을 신랄하게 고발하고 있는데, 그 표정들 역시 지금 세상에도 어느 구석에선가 발견할 수 있을 것만 같다.

눈을 떴다 감았다 하는 '눈끔쩍이'와 연 이파리를 머리에 뒤집어 쓴 '연잎'의 모양새와 문양들은 멀리 서역西域과의 연관을 점치게 하면서, 우리나라 탈놀이의 연원이나 유입 경로를 짐작케 한다.

한편 산대도감이라는 탈꾼패들이 놀았던 탈놀이의 이름인 '산대도감극'의 나무탈(서울대학교 소장, 17점, 말뚝이 1점은 바가지탈)들의 이름은 다음과 같다.

1. 상좌 2. 옴중 3. 목중 4. 연잎 5. 눈끔적이 6. 왜장녀 7. 노장 8. 애사당 9. 취발이 10. 말뚝이 11. 원숭이 12. 샌님 13. 포도부장 14. 신할아비 15. 미얄할미 16. 팔먹중 17. 먹중

해서탈춤

황해도 일원에 전승되어 오는 탈놀이를 흔히 '해서탈춤'이라 한다.

분포 지역을 보면 서쪽 평야지대인 사리원을 중심으로 한 황주와 안악, 재령, 신

천, 장연, 은율 등지의 탈춤과 해안지대인 해주, 강령, 옹진, 송림 등지의 탈춤으로 크게 구분한다. 현재 중요 무형문화재로 지정을 받은 해서탈춤으로는 '봉산탈춤(제17호, 1967년 지정)', '강령 탈춤(제61호, 1970년 지정)', '은율탈춤(제61호, 1978년 지정)인데 그 최초의 보유자들은 지금 거의 세상을 떠나고 후계자들이 뒤를 잇고 있다.

먼저, 봉산탈춤의 '취발이'의 모습을 보자. 굵은 주름에 우람한 혹들, 붉은 바탕의 얼굴이 힘꾼 임을 나타내고 있다. 한 움큼의 풀어진 머리는 아직 상투를 틀지 않은 총각의 표시란다. 파계승과 양반들을 욕 먹이는가 하면, 중이 데리고 놀던 젊은 여자인 소무를 빼앗아 아들을 얻는다. 귀면상의 우락부락한 얼굴에 활달한 춤을 추니 봉산탈춤의 배역 가운데서 가장 씩씩하다. 힘센 상놈의 표상이라 할 만하다.

'미얄할미'는 그냥 '미얄'이라고도 부르는 영감의 늙은 마누라이다. 검푸른 바탕에 무수한 흰 점은 오랫동안 구박받고 시달린 큰마누라의 애절함을 나타낸다. 바람둥이 영감은 오랫동안 팔도유람만 다니다가 작은마누라 덜머리집을 데리고 돌아오니 미얄할미는 더욱 속이 상한다. 그뿐인가 덜머리집과 말다툼 끝에 매맞아 죽게 되니 봉건적 일부다처제로 해서 희생된 대표적인 비애의 여인상이라 하겠다.

강령탈춤의 '미얄'은 또 어떠한가. 재료나 만드는 법은 봉산과 같으나 얼굴 바탕이 검은데다 큰 점, 붉은 입술 등 하나하나는 강렬한데도 이것들이 조화되면서 오히려 애절한 노파로 보임은 이 탈이 지니는 빼어난 표현술이다.

은율탈춤에서 여덟 목중 중의 하나인 '팔목'과 '새맥시(황해도 방언으로 새아씨)'에 주목해 보자. 파계승들인 팔목은 큼지막한 세 개의 혹이 더욱 탐욕스러움을 나타낸다. 또한 정숙한 듯한 양반의 새맥시가 말뚝이와 놀아나는가 하면 원숭이와도 수작을 부리니 겉 다르고 속 다른 요부 중의 요부이다.

오광대

경상남도 낙동강 서쪽 연안에 폭넓게 전승된 탈놀이를 오광대 또는 오광대놀이라 한다. 낙동강 상류의 초계 밤마리에서 비롯된 탈놀이의 한 분파이다.

'오광대'란 다섯 광대의 놀이, 또는 다섯 마당으로 이루어진 놀이라는 뜻에서 지어진 이름이라 하기도 한다. 현재 '통영오광대(제6호, 1958년 지정)' '고성오광대(제7호, 1964년 지정)'가 중요 무형문화재로 지정되어 있다.

비록 지금은 없어지고만 '진주오광대'는 몇 점의 종이탈이 국립민속박물관에 보존되고 있다. 이 중 '어딩이'는 뻗어나온 송곳니가 도깨비상 같다. 그러나 탈꾼의 매무새는 반신불수이고 초라한 차림인데 양반과 노름꾼을 혼내는 것을 보면, 다른 탈놀이에서의 '영노'나 '비비'와 흡사한 데도 있다. 입 안이 빨개서 더욱 섬뜩하다. 두꺼운 종이를 오려 손쉽게 만드나 소박하면서도 토속미가 있는 것이 특징이라 하겠다.

또한 가산의 오광대의 '작은 양반'은 양반 삼형제 중의 한 사람으로 허세를 부리나 바보스럽기만 하다. 시시콜콜 말참견을 하는데 종인 말뚝이에게 조롱만 당한다. 용모만은 관도 쓰고 수염도 의젓하나 어리석기만한 양반이다.

야류 野遊

'야류'는 우리말로 '들놀음'이라 하여 현지의 일반인들도 거의 들놀음으로 부르고 있다. 이 탈놀이를 무형문화재로 지정할 때 야류라는 명칭을 썼기 때문에 할 수 없이 야류로 통하고는 있지만 어느 땐가는 들놀음으로 바로잡아야 할 것이다.

이 탈놀이는 경상 우도에 속하는 부산의 동래, 수영, 부산진 등지에 전승되어 온 것인데 지금은 '동래'(제18호, 1967년지정)와 '수영'(제43호, 1971년 지정)의 두 들놀음이 중요 무형문화재로 지정되어 오늘에 이르고 있다.

동래 들놀음의 '말뚝이'는 그 크기로 해서나 생긴 모양이 끔찍스럽기로 우리나라 탈 가운데 첫 손가락에 꼽힌다. 말뚝이면 역시 양반의 종에 불과한데 크기도 양반의 다섯 곱은 실하려니와 코는 열 곱도 넘는다. 너풀거릴 만큼 큰 귀도 부처님 귀를 뺨칠 만하다. 이 말뚝이가 말채찍을 휘두르며 굿거리 느림 장단에 '덧백이춤'을 추는 모습은 절굿대로 땅을 짓이기는 형상이다. 동래 들놀음에 나오는 숱한 양반 형제들이 이 말뚝이의 널푼수 있는 풍채에 눌려 아주 왜소해지고 만다.

서낭굿 탈놀이

서낭은 마을을 지키는 신이며, 서낭당은 그 서낭이 계신 곳이다. 이곳에서 제를 올리는 '서낭굿'은 마을로 들어오는 액이나 잡귀를 막고 풍요를 기원하는 굿이다. 이러한 서낭굿이기에 여기에서 함께했던 탈놀이는 민간 연극 가운데서도 가장 민중성을 띤 것임을 말할 나위가 없다.

그러면 여기서 한 고을의 큰 당굿인 강릉 지방의 '단오굿'에서 놀아지는 '강릉 관노 탈놀이(제13호, 1967년 지정)'를 예로 들어 살펴보자.

보통 다른 지방에서는 일반인들이 탈놀이를 하나 이곳에서는 관노들이 했으며 언제 시작되었는지 그 기원은 알 수 없으나 조선조 말에 소멸되었다 한다. 탈은 피나무 또는 오동나무로 만들었다고 하며 '장자마리(포대탈)'는 천을 몸 전체에 쓰고 나와 엄밀히 말해 탈이 아닐 수도 있으나 양식화된 탈로 생각할 수도 있는 것이다.

뜬광대 탈놀이, 남사당 덧뵈기

흔히 광대를 대령광대와 뜬광대로 나누는데, 현재 유일하게 전하는 뜬광대 탈놀이인 '남사당 덧뵈기'를 살펴보기로 한다.

남사당놀이는 여섯 가지가 있는데 순서대로 풍물(농악), 버나(대접돌리기), 살판(땅재주), 어름(줄타기), 덧뵈기(탈놀이), 덜미(인형극, 꼭두각시놀음)로써 다섯 번째 순서인 덧뵈기는 '덧쓰고 본다', '곱본다'는 뜻에서 붙여진 이름이라 한다. 춤보다는 재담과 발림(연희)이 우세하게 나타나는 풍자극으로 다분히 양반과 상놈의 갈등을 상놈의 편에서 의식적인 저항의 형태로 나타내고 있다. 덧뵈기 탈은 우선 바가지 위에 종이떡으로 요철凹凸을 나타내고 눈구멍과 입구멍을 뚫은 다음 칠은 아교, 백분 등을 배합하여 만든 '아교단청'으로 한다.

사자놀이-북청사자놀음

북청 사자놀음(제15호, 1967지정)은 독립된 사자놀이로서 무형문화재로 지정된 유일 종목이다. 그러나 단편작인 사자놀이는 해서 탈춤, 들놀음 등에서도 보이므로 그 전승 지역은 가히 전국적이라 하겠다.

놀이꾼은 사자, 꺽쇠, 양반, 꼽추, 길라잡이, 애원성 춤꾼, 거사 춤꾼, 사당 춤꾼, 칼 춤꾼, 무동, 승무 춤꾼, 중, 의원, 영감 등이 있는데 이 가운데 탈을 쓰는 사람은 5명으로 양반, 꺽쇠, 꼽추, 길라잡이, 사자(2) 등이다.

여기서 사자는 흔히 한 쌍이다. 사자탈은 머리 부분과 몸통 부분으로 나뉜다. 본디 머리는 피나무로 파서 만들었으나 요즘은 종이로 만든다.

소놀이굿

황해도 경기도에 널리 전승되었던 '소놀이', '소멕이놀이' 또는 '소놀이굿'은 정월 보름과 8월 한가위에 주로 놀았는데 장정 두 사람이 멍석을 뒤집어쓰고 소가 되어 여러 가지 동작과 춤을 보이며 풍물패와 함께 마을을 돌아다니며 추렴도 하고 술과 음식을 얻어먹는 놀이다.

소놀이굿 가운데 현재 중요 무형문화재로 지정된 것은 '양주楊洲 소놀이굿(제70

호,1980년 지정)'과 '황해도 평산平山 소놀음굿(제90호,1988년 지정)'이다.

춤탈-처용탈, 학탈

춤탈이란 항목을 따로 설정하기는 했지만 실상 모든 탈들이 춤을 추는데 쓰여진다. 신앙성을 띠는 자리에 모셔두는 탈 말고는 모두 얼굴에 쓰고 춤추며 재담을 하는 것이기 때문이다. 처용무와 학무에 대한 유래는 앞에서 설명 하였으므로 간략히 탈에 대해 알아본다.

'처용무(제39호,1971년 지정)'에 사용되는 탈과 탈복은 무형문화재로 지정된 뒤《악학궤범》의 도형을 참고하여 재현된 것인데 탈은 저포苧布로 만들거나 칠포漆布로 껍질을 만들어 채색한다. 두 귀에는 주석 고리와 납주鑞珠를 걸고 사모 위의 모란꽃, 복숭아 가지는 세저포細苧布를 쓰고 복숭아 열매는 나무를 다듬어서 만든다. '학무(제40호,1971년 지정)'에 쓰이는 학탈의 발단은 1935년 민속춤의 대가인 한성준이 무용발표회에서 학춤을 처음 공연한 데서 비롯되었다 하는데, 대강 학 몸의 골격은 가는 철사로 엮고 백지와 광목으로 바른 다음 그 위에 흰 닭털을 붙여 학의 모양을 나타내고 있다.

5. '오늘의 얼굴'로 되살아나는 탈의 유산들

우리의 탈 유산들은 맡은 배역의 선악을 막론하고, 있는 그대로 숨김없이 알몸을 내보이는 솔직한 몰골이어서 오히려 정겨움이 느껴진다.

남편의 외도와 가난에 쪼들리면서도 '큰마누라'로서의 체통을 지키는 '할미'와 '마누라들', 기구한 사랑의 편린을 겪는 '소무'들, 탕녀의 화신인 '왜장녀'까지도 함께 어울리다 보면 모두가 끈끈한 이웃으로 변하고 마니, 바로 이것이 숨김없는 우리 겨레의 심성을 들어내 보이는 것이 아닐까 한다.

그렇다면 우리의 탈들은 왜 이처럼 끝내는 웃고만 있는 것일까.

웃음이란 속이 편한 때에 나오는 것인데 그렇다면 우리 조상들은 모두가 그렇게 속이 편했단 말인가. 그렇지 않다. 지지리도 못 사는 가운데도 그 못 사는 어려움을 이겨내는 슬기로서 웃음을 택한 것이 아닐까.

소문만복래笑門萬福來 라 했으니 일단 웃고 보자는 속셈이었을까.

그러나 웃음이면 다 웃음이 아님을 알아야 한다. 우리 탈의 그 웃음 속에는 활짝 웃는 웃음, 쓸쓸한 웃음, 찝찝한 웃음, 게슴츠레한 웃음. 톡 쏘는 웃음까지 있는 것이니 그 웃음의 실체를 파악하기란 간단한 문제가 아니다.

탈놀이의 탈들을 보아도 비단 인간 만사의 사연에 그치는 것이 아니라 삼라만상 신의 영역에까지 그 표현의 세계를 확대하고 있다.

그러나 우리는 이러한 숱한 탈의 유산을 제대로 전승하고 있는가.

이제껏 많은 탈과 그 놀이가 국보나 민속자료, 무형문화재로 지정되어있음을 살펴보았지만 이것만이 능사가 아니다. 역사 발전과 함께 가변하는 것이 무형의 문화인데 이것을 일정한 시기의 형태를 원형으로 삼아 보존 작업을 펴는 것은 어디까지나 잠정적인 조치일 수밖에 없으니 말이다.

옛 유물에만 매달릴 것이 아니라 하루라도 서둘러 지금도 자생적인 놀이판에서 만들어지고 있는 탈까지 광범하게 수합하여 그 하나하나의 생김새에서 우리 탈의 전형성典型性을 터득하여 헝클어진 조형문화의 기틀을 세울 수도 있지 않을까 하는 욕심이다.

간혹, 우리의 탈들이 호사스럽지 못하다는 비평을 하는 사람을 본다. 또는 투박

해서 세련미가 없다고도 한다. 그런 면이 아주 없는 것은 아니다. 그러나 탈이란 지난 역사의 있는 대로의 발자취를 얼굴형상으로 빚은 것이니 그럴 수밖에 없다. 민중사의 거짓 없는 거울로 보면 된다.

당연한 이야기지만 우리 탈의 모양새, 그 표정은 사회 경제적 모순과 인간적인 번뇌를 한 얼굴에 담다보니 비아냥하듯이 비꼬이고 있는 면도 없지 않다. 그러면서도 이야기 줄거리의 마무리에 가서는 세상만사에 달관한 듯한 '너름새(넉넉한 표정)'를 보여주는 데는 마음속의 주름살까지 한꺼번에 활짝 펴지는 기분이다.

두말할 것도 없이 탈이란 고착된 얼굴이다. 그 고착된 얼굴로 사랑도 해야 하고 이별도 해야 하며, 세상의 잘잘못과 맞서 부대끼기도 해야 한다.

숱한 우리 '탈유산'의 모양새들은 바로 '오늘'의 우리네 표정을 낳게 한 '어제'의 얼굴들이다. 이제 그 숨김없는 '어제'의 얼굴들을 마주하며, 더 밝고 포근한 '내일'의 얼굴을 기약해 본다.

평탄치만은 못했던 역사의 소용돌이를 헤쳐오면서 '희로애락'을 수더분한 미소로써 감싸고 있는 우리의 탈들… 그 의젓한 너그러움에 옷깃을 여미게 된다.

(1995, 중앙대 연극영화과 강의 원고)

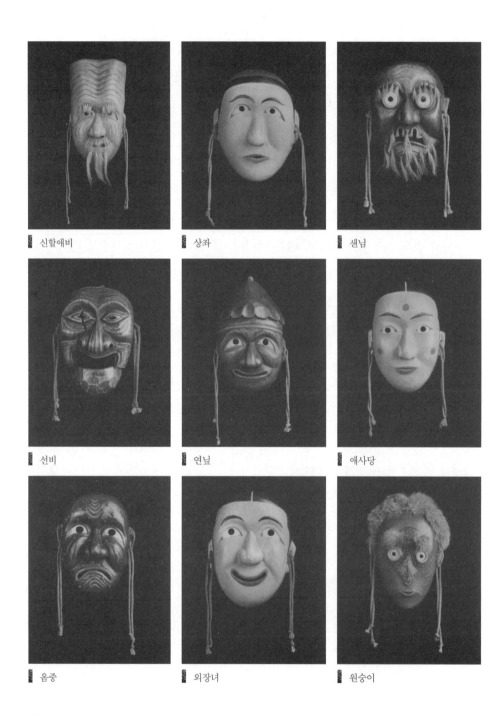

신할애비

상좌

샌님

선비

연닢

애사당

옴중

외장녀

원숭이

이매 중 초랭이

취발이 팔먹중 포도부장

할미 각시 병산

⟨만든이: 심이석(沈履錫 1912~2012)⟩

우리나라 인형의 미학美學

인형은 어떻게 생겨났을까

인형을 「국어대사전」에서 찾아본다.

"사람의 형상, 흙·나무·종이·형겊 같은 것으로 사람의 모양을 흉내 내어 만든 장남감"이라 적고 있다.

이 밖에도 여러 가지 종류가 있다고는 되어 있으나, 실제 인형이란 무엇인가를 이해하는 데는 미흡한 설명이다. 그런데 인형의 시원始原은 그와 유사한 조형물인 탈과 함께 모름지기 원시 공동체 사회의 제의祭儀에서 찾아야 한다는 생각이다.

왜 인간이 스스로의 모습을 흉내 내어 우인물偶人物을 만들게 되었을까 하는 데는 먼저 신앙적 동기가 인용된다. 또는 원시인들의 자발적이요, 민주적 모임인 이른바 '당굿'에서 인간의 힘을 능가한다고 믿는 신에게 바치는 공양물 중에 인형이 포함되어 있을 것이라는 의견이다.

때로 그 우인물들은 인간과 신의 사이에서 전달자로서의 역할로 존재하기도 하고, 어느 때는 바로 신의 상징물로서 대치되기도 했다. 그것은 제단위에 모셔지기도 하고, 높이 매달리기도 했으며, 때로는 손으로 들고 신의 흉내, 아니면 인간의 희원을 표현코자 했다.

신성물로써의 우인물들은 처음에는 정적이었던 것이 점차 동적인 것으로 바뀌어 간 것을 짐작할 수도 있다.

인간에게 재앙을 가져다주는 나쁜 귀신을 쫓기 위한 무서운 우인물과, 그와는 반대로 안녕과 풍요를 가져다준다고 믿은 이로운 귀신들의 출현이 아마도 인류가 창출한 가장 오랜 단계의 인형이 아니었을까 한다.

이와는 달리 옛 무덤에서 출토되고 있는 부장품으로서의 우인물들도 그의 연원이 오래여서 우인물의 역사를 살피는 데 빼놓을 수 없는 대상이 된다.

이와 같은 신성물로서의 우인물들이 어떠한 연유로 해서 연희인형으로 발전했는가를 알아내기에는 증거될 만한 자료가 드물다. 다만 원초적인 '제의의 연희성'에서 그 실마리를 풀어나갈 수가 있다. 생산적 연희는 그 바탕이 제의와 함께하는 것이라는 인류학적 성과가 그를 뒷받침해 준다. 다만 신앙적 효용에서 뿐만 아니라, 모든 정적 우인물에 점차 움직임이 가미되면서 하나의 연희물로 발전하는 흐름을 발견하는 것이다.

이를 뒷받침하는 한 예로서 우리의 전승 인형극인「꼭두각시놀음」을 들어보자. 특히 주인공격인 박첨지와 꼭두각시는 아직도 신성시되고 있다. 놀이판을 별이기전 모든 인형들을 '고사상' 앞에 뫼시고 간단한 굿도 올린다. 놀이가 없을 때에도 덜미궤작(인형통)을 함부로 하지 않고 소중하게 모신다.

한편 주로 해안지방에 전승되는 무격巫覡의 굿에 등장하는 제웅(짚 인형), 넋전(창호지 인형)등도 신앙적 기능과 함께 소박한 연희성을 보이고 있다. 아직도 주변을 찾아보면 적지 않게 다양한 '넋전'들이 전하고 있으니, 우리나라에 옛 인형의 형태가 많이 남아 있다는 생각이 든다.

여기에 빼놓을 수 없는 우인물의 하나로 전국적인 분포를 지닌 장승이 있다. 신앙적 숭상물로만 존재하는 것이 아니라 마을과 마을 사이의 이정표로서의 구실을 했으며, 나아가서는 그의 우직하고도 푸근한 표정으로 삼천리를 이웃으로 감싸준 장본인이다. 그리고 비바람 속에서도 논 가운데 우뚝 서 있는 '허수아비'는 생산적 기능을 도운 한 예이다. 인형이 무엇인가를 설명하기에는 이처럼 오랜 연원과 종류가 있고 보니 간단치가 않다.

오늘날에는 그저 인형극 인형과 장난감 인형, 그리고 크고 작은 마네킹들을 연상하지만, 아직도 우리의 주변에는 그 뿌리가 되는 옛 유산들이 엄존하고 있음을 알아야 한다. 가깝게는 통과의례의 기물(상여, 무덤의 목각물, 석조물, 토기물, 도기물 등)은 물론이요, 일상적인 생활기기에 이르기까지 인형의 모습을 수 없이 발견하게 된다. 그러니까 처음의 신성적 인형물이 점차 연희 애환물로도 발전하는 한편, 실생활 속에 깊숙이 잠재하게된 것이다.

그러니까 신성물로서의 정적인형에 움직임과 재담(대사), 노래 등이 가미되면서 연희인형으로 된 흐름이 있고, 장남감 내지는 조형물로서의 별도의 발전을 하고 있는데, 이 모든 것의 시작은 스스로를 지키며 보다 풍요한 생산을 기리는 우인물로부터 시작된 것이라 하겠다.

끝으로 이름은 인형이지만 사람의 형색이 아닌 짐승의 조형들을 역시 인형 또는 '동물인형'이라 부르고 있음에 한마디 하지 않을 수 없다. 원초적 우인물이 사람이 아닌 신의 표현이었다면, 오늘의 동물 모습들도 민간의 의지를 거친 인간 속의 동물이라는 데서 이런 이름을 거침없이 붙이게 된 것이 아닐까?

인형이란 무엇인가를 깨닫게 해주는 단서가 어렴풋이나마 '동물인형'이란 명칭에서 풀어지는 것은 아닐까? 귀신과 사람, 동물 그리고 삼라만상에 이르기까지 인간의 형상적 사유를 거쳐 창출되는 조형물이 이른바 인형이 아니겠는가하는 광의의 해석을 붙여본다.

어찌 어찌한 연유로, 어떠한 인형들이 생겨났을까? 참으로 쉽고도 어려운 과제이다.

우리 민족의 인형은 존재하는가?

우리 민족의 인형이 존재하는가 하는 문제는, 우리 민족이 따로 존재하였는지의 물음과 일치하는 것이다. 이와 같은 질문이 쉽게 대두됨은 우리 문화의 오늘이 다분히 주체적이지 못했음에서 연유되는 것이리라. 비단 인형만이 아니다. 일상적 의식주에 따르는 생활 집기는 물론이요 전통공예에 이르기까지 남의 것 흉내내기로 지난 1세기를 지냈다. 심지어 예로부터 전하는 것이라면 되도록 말끔히 청산하는 것이 근대화하는 길이라는 착각에서 의도적인 자기비하를 거듭해 온 지난 1세기가 아니었는가.

이제 뒤늦게나마 자기 인식의 바람이 불고 있음은 천만다행이다. 찢기고 빼앗긴 끝에 민족의 분단을 맞은 지 반세기를 넘기면서 민족적 차원의 존립을 위한 변혁기에 접어든 것이다. 스스로를 찾는 이 작업은 한낱 회고취향이 아니다. 옛을 거쳐 오늘에 창출되고 있는 모든 것이 그 대상이 된다. 한편 외래의 것이라 하더라도 오늘의 우리 사회에서 어떤 구실을 하고 있는 것이라면 한 범주에 넣어야 한다. 다만 그것들이 지닌 표현의지가 주체적인 것인가에 문제가 있을 뿐이다.

그러면 간략히 우리 인형의 발자취를 알아보자. 우선 신앙성을 띤 신성물로서의 정적 인형의 자취가 거의 사라져가고 있다. 간혹 남아있다 해도 그것은 관광지의 한 장식품으로 잔존할 뿐 본래의 기능으로 전승되지는 못하고 있다.

이들 신성인형의 생김새를 보면 아주 간결 소박하지만, 역사적 산물로서의 가치를 발견할 수 있다. 전문가에 의한 예술품이 아니면서도 당위성과 필연성에 의한 창조물이라는 데 그 특성이 있다. 그 종류를 보면 '당집 인형'과 '굿청 인형' 등으로 구별되며, 나무·토기·도기 등 다양하며, 사람의 형상뿐만 아니라 여러 형태의 동물도 보이고 있다.

장승의 경우도 거의 자성적 전승력은 단절된 상태라 하겠는데, 아직도 몇 군데 마을에서는 철에 맞춰 장승제도 지내고 새 장승도 깎아 세우고 있다. 그러나 다양했던 장승의 유산물은 이제는 낡은 사진을 통해서나 접할 수 있을 뿐이다.

연희 인형의 경우도, 옛 유물은 거의 전하지 않고 있다.

1964년 중요 무형문화재 제3호로 지정된 '꼭두각시놀음'의 인형들과 1983년 중요 무형문화재 제79호로 지정된 '발탈', 그리고 충청남도 무형문화재 제26호 '박첨지놀이', 그리고 무형문화재 지정은 받지 못하고 있지만 유일한 그림자극인 '만석중놀이'의 인형들이 현재는 어떻게 보존되고 있는지 참으로 걱정이다.

'꼭두각시놀음'에 나오는 인형은 40여점이며, 절(조립식 법당)등과 4종의 동물이 있다. 재료는 주로 오동나무, 버드나무이며 배역에 걸맞는 얼굴과 머리치장을 하고 있다. 옷은 무명으로 입히는 것이 보통이다. 얼굴 등을 칠하는 물감은 '아교단청'이라 하는데, 흰 돌가루와 아교를 녹인(끓여서)물에 광물성 분말 물감을 첨가하여 원하는 빛을 냈다.

이 '아교단청'은 뜨거울 때와 바른 후 식었을 때의 빛이 달라서 오랜 경험이 필요하다.

빛깔 자체로는, 그것이 인형의 얼굴과 머리를 보호하는 데 효율적이고 조명 효과도 탁월한 것인데, 이제는 그 만드는 방법마저 잊혀져 가고 있다.

'발탈'에는 '조기장수'라는 단 하나의 배역이 나오는데, 연희자의 발바닥에 탈을 씌워 몸뚱이가 되는 동체 위에 올려놓고 주로 양팔을 움직여 굿거리 춤사위를 보여 준다. 그 구조가 특이하여 새로운 인형극의 구상에 소중한 단서가 됨직하다.

'박첨지놀이'는 인형이 30여점인데 주로 바가지로 만들며 상여·절 등과 5종의 새와 동물이 있다.

'만석중 놀이'의 인형들은 두꺼운 '장판지'를 오린 '십장생'과 용·잉어·목어 등의 그림자 인형이다. 각 배역의 특징을 나타내기 위하여 용이면 용의 몸에 비늘 구멍을 뚫고 물들인 창호지를 붙이니 그 빛깔도 아름다워 흡사 잘된 민화를 연상케 한다. 새로운 그림자극과 그림자 인형을 만들어 내는 데, 소중한 자료가 되리라. 끝으로 해설자이자 진행역인 '만석중'은 나무로 깎은 1미터 50센티 가량의 나무 인형으로 크기도 특이하다.

그런데 이밖에도 어린이들이 놀았던 '풀각시놀이', '수수깡 인형놀이' 흙으로 빚은 다양한 놀이들이 숱했는데 거의가 없어져 버리고 말았으니 서운하기 그지없다.

한편 '현대 인형극'이란 명목으로 이 땅에 유입된 서구형식의 인형극들은 1930년대 초 이후 주로 기독교 선교사들에 의하여 처음으로 보여지면서, 반세기를 지난 오늘에 이르기까지 수용의 차원이 아닌 흉내의 단계를 넘지 못하고 있다.

하나의 연구과제로 남은 것은, 1930년대 이후 1945년 제2차 세계대전이 끝나는 사이 주로 중국을 무대로 활약했던 '독립군 문예대'가 보여 준 인형극들이다.

다소 서구적 인형극 양식을 받아들이면서도 당시의 의지와 애환을 '꼭두각시놀음(박첨지놀이)'을 기본으로 삼으면서 엮어 냈었다는, 1930년대 말부터 중국에서 「청년전지공작대靑年戰地工作隊 예술조장」을 맡으셨던 한형석韓亨錫,(1910~1996)호 '먼구름' 투사의 고귀한 말씀을 다음에 적는다.

"인형극의 모양새는 남사당패의 '꼭두각시'를 본떴지만 줄거리는 일본군과 싸워 승리의 앞장을 선 독립군들의 마음가짐을 정성껏 그리고 있었다…."

'먼구름' 동지를 처음 뵈었던 것이 벌써 20년 전이요, 이미 세상을 떠나신지 오래이시니 이를 어쩌랴. '먼구름'을 뫼시고 그 소중한 말씀들을 정리·기록했었어야 했는데….

그저 아쉽고도 아쉬울 뿐이다.

다시금 일상적 우리나라 인형놀이의 다양한 세계를 살펴보기로 하자.

우리에게도 예부터 애완인형이 있었느냐는 물음에는 흔히 그의 대답이 궁색하기도 하다. 왜냐하면 이제는 인형하면 파랗고 노란 눈빛의 서양 봉제인형이나 화려한 옷으로 감싼 값비싼 것을 연상케 되기 때문이다.

어렸을 때의 기억을 되살려 보자.

우리는 '베개'를 아기인형으로 알고 잠재우며 업고 다녔다. 수수깡으로는 직접 사람이나 동물, 또는 '방아 찧는 일꾼의 모습과 해와 달'까지도 만들어 냈다.

그 어린 시절 누구나 흙으로 사람이나 동물을 빚어내지 않은 사람이 없을 것이다.

우리에게 상품으로서의 인형은 없었다 하더라도 우리 민족도 인형문화를 충분히 누려 왔었음에는 틀림이 없다.

그렇다면 오늘날 과연 "민족적 인형은 전하고 있는 것인가?" 이 물음에 선뜻 "예!"라고 나설 용기가 있겠는가. 솔직히 과거에는 전했던 것이 지금은 그 명맥을 잇기에 위험한 상태임을 고백하지 않을 수 없다.

이는 '인형'에 국한되는 문제가 아니다.

민족적 인형, 독창적 '전형'을 갖춘 인형이 만약에 있다면 우리 문화 전반이 지금처럼 병들어 있을 리 만무하다. 참으로 답답한 일이다.

우리 인형의 전형 典型에 대한 제언

상식론이지만 '우리적'이란 바로 하나의 개별성을 뜻한다. 그러나 그 개별성은 일반성과의 통일에서 비로소 한 몫의 성립을 이룬다. 이러한 개별성과 일반성의 통일과정을 통하여 우리는 전형성을 얻게 되는 것이다. 한 문화가 이 전형성을 얻지 못했을 때 그의 독창성 역시 없는 것이다. 하나의 전형성을 획득하는 데는 먼저 역사적 유산이 밑거름이 되어야 한다. 그리고 그것이 실생활 속에 어떤 기능을 가지고 전승되고 있는가를 분석하면서 오늘의 사회와 연관지어 그 가치가 판단되어야 한다. 물론 외래적인 사조와 양식도 전혀 배제될 근거는 없다. 이 모든 것들을 주체적 입장에서 수용하고 있느냐 만이 문제이다.

위의 상황을 다른 말로 설명하자면, 개성을 전제로 한 통일만이 전형성을 획득하는 길이라는 이야기이다.

애매하게 고유문화를 되뇜은 봉건적 잔재에 머물러 생명력을 무디게 하는 죄과를 저지르게 된다. 한 예로 우리 인형의 한 전형을 찾는다면 조선왕조의 허리 가는 기생을 1백만 개 만들어 봤자 그것은 역사의 한 편린이나 찌꺼기를 답습하는 데 불과하다. 때로는 그러한 것도 필요하기는 하지만, 끝내는 역사의 주인인 보편적 민중의 모습들이 본보기가 되어야 한다.

오늘의 우리 인형들이 뒤늦게 서구 귀족사회의 퇴폐적 유물을 재현하는 데 급급

하다면 이는 전혀 창조적 작업일 수 없다. 인형이란 특이하고 예쁘기만 한, 속빈 사람의 껍질이 아니다. 고민도 하고 일도 할 줄 아는, 그리고 꾸밈없는 슬픔과 기쁨을 머금은 그런 우리의 표정이어야 한다.

세 살 어린이의 품에 안긴 인형의 거의가 파란 눈에 노랑머리이다. 이 어린이가 자라서 무엇이 되라는 말인가. 다섯 살 어린이의 손에 든 장난감은 해괴망측한 화학무기의 모형들이다. 값이 비싸고 보면 불을 품기도 한다. 근년에 와서 장난감에 대한 각성이 어른들 간에 전혀 없는 것은 아니다. 그러나 현실은 이런 것들의 홍수이다.

어린이 인형극을 보면 뜻 모를 서양 귀신 이야기로 정의감보다 사행심을 일으키기 십상인 것이 판을 치고, 장난감도 한 술 더 떠 어린마음을 병들게 하고 있다. 어쩌다 생각있는 인사들이 그렇지 않은 것을 만들고 보면 전혀 수요자가 없다하니, 이것도 그 책임은 어린이가 아닌 어른이 져야 할 일이다.

비관적인 이야기로 끝맺을 생각은 전혀 없다. 이른바 과도기요 시작이고 보니, 어려운 여건임에도 뼈대 있는 작품을 만들기 위하여 고생하고 있는 분들이 있다. 그런데 아직은 그저 옛 모습을 재현하는 데 그치고 있다는 아쉬움이 남는다.

모든 인형들이 다 그런 것은 아니지만, 꼭두각시놀음의 인형처럼 생략적이요 집중적인 표현 양식으로 이목구비를 그리고 수더분한 옷을 걸친 모습이 그립다. 도끼로 찍어 만든 장승의 얼굴에서 풍기는 위엄과 미소가 오늘의 인형들에서는 전혀 보이질 않음은 나 혼자만의 생각일까? 곡식을 축내는 새들을 쫓아주던 '허수아비'의 모습에서 비바람 속을 꿋꿋이 살아온 우리들 농경민족의 소박한 삶의 모습이 연상케 되는 것은 무엇 때문일까? 이제는 허수아비의 효용가치가 없어져 갈망정 새로운 안목으로 재창조 됨직도 하다. 끝으로 재론코자 함은 어린이의 장남감이다. 장난감 그것은 엄연한 어린이의 발육을 도와 몸과 마음을 함께 풍요롭게 해주는 것이어야 한다. 행여나 이 장난감이 상업적 안목에서 어른들에 의하여 엉뚱하게 변질될 때, 그 결과는 큰 비극을 초래한다. 쉽게 씻어지지도 않을 고질이다.

지금까지 살펴본 것을 종합할 때, 인형의 존재는 단순한 장난품이나 노리개가 아니라 절실한 생활의 반영이요, 슬기라는 데까지 이르고 있다. 또한 우리의 인형이 나름의 전형성을 지닐 때 「민족적 인형」도 존재하는 것임은 물론이다. 그렇다면 어떤 방법으로 이 전형성을 획득할 것인가 하는 문제가 남는다. 그 방법은 오직 인형 창작자들의 투철한 역사의식이 전제된다. 그리고 인형 이란 조형물 속에 우리 겨레가 당면한 개별적이고 구체적·생산적인 예술 형상을 담아야 한다.

흔한 말로 가장 독창적인 것이 가장 민족적이요, 나아가 국제적이라 하겠다. 조금도 남의 눈치를 볼 까닭이 없다. 전통적인 것을 충실히 지닌 바탕 위에서 오늘의 생활 속에 잠재한 전형화의 응어리들을 찾아내 빚어내는 일이 있을 뿐이다. 이러한 작업을 수없이 지속하는 가운데 「우리 인형의 전형」에 대한 일차적 가능성이 보이게 되는 것이리라. 무덤 속 부장품의 복사품을 만들어 내는 것이 아니라, 오늘의 생활 속에 살고 있는 새로운 인간상을 창출해 내야 한다.

끝으로 우리 민족은 못된 열강의 잔꾀에 의하여 분단의 아픈 세월을 살고 있음을 말하고자 한다. 이 분단의 아픔을 쫓기 위하여 해야만 할 일이 있다. '남'과 '북'에서 그리고 '해외'에 살고 있는 우리 동포들이 정성껏 빚은 '오늘의 우리 인형'을 모아 큰 마당을 벌이자.

「우리의 것이 되살아 난 마음의 고향, 참으로 간절하구나!」

'우리나라 인형의 미학'은 이쯤에서 마무리하려 한다.

풍물패(인형제작 김미령, 사진 배소(裵昭))

연희장면 〈꼭두각시 놀음〉 반주자들

박첨지, 큰마누라, 작은마누라 〈꼭두각시 놀음〉

박첨지와 상여 〈꼭두각시 놀음〉

옛 꼭두각시놀음 인형(한국민속극연구소 보관)

〈결혼굿-통일의 노래〉 (인형제작 김미령, 사진 김자경)

〈꼭두각시 놀음 인형제작자〉 남사당놀이 예능보유자 박용태

〈남쪽 인형〉 서울

남남, 북녀의 인형

▋ 〈북쪽 인형〉 평양

▋ 남북의 인형

〈사진: 조문호·정영신〉

II

우리춤의 흐름을 찾아

1. 살풀이

　무릎만 구부려도 흥이 나고 손을 들면 춤이 된다는 우리였지만 언제부터인가 일상적 생활에서 춤을 잃어가고 있다. 움츠러지고 웅크리고, 땅만 보고 걸음을 걷다 보니 그렇게 된 것은 아닐까? 그나마 남아 있는 춤이라는 것은 경박하게 나풀나풀 옷자락 사위만 보이고 있으니 슬프기 그지없다. '몸의 말씀'이요 또한 '불살음'인 춤이 이렇게 된 데는 충분히 그럴 만한 이유가 있다. 사회적 타락과 그에 따른 개인적 패배심이 공범 관계로 작용하면서 극복해야만 했을 벽을 뚫지 못하고 우회 · 굴절했기 때문이다.

이 마당에 우리의 춤을 살펴봄은 바로 자구自救의 안간힘이다. 한꺼번에 욕심을 부릴 것이 아니라 딛고 나가다 보면 버릴 것, 잃은 것, 또 뒤엉킨 것들을 풀어나가게 되지는 않을까 하는 생각이다. 신앙성, 의식성이 짙은 춤으로부터 시작하여 민속무용의 '보릿대춤', '허튼춤'에 이르기까지 분에 넘치는 편력을 떠나려 한다.

재액을 막는 춤

살煞이란 인간을 비롯한 삼라만상에 끼어 있다고 믿는 독한, 모진, 해치는 기운을 말한다. '살'은 끼어

장사훈, 일지사 간 1977

있으면 안 되는 것인데 널름대지 않는 곳이 없어서 그것을 풀어내는 굿도 있고 음악도 있고 또 춤도 생겨난 것이리라.

'살'을 푸는 굿을 '살풀이굿' 또는 '액풀이굿'이라 하며, 음악으로는 '시나위' 또는 '살풀이'라 하고 춤을 말할 때도 거의 그대로 '살풀이'라 한다. 무의례에서 보이는 가장 세련된 독무獨舞로서 주로 중부 이남에서 우세하게 나타난다.

'살풀이'하면 본디는 무가巫家에서 비롯된 것이어서 의식무로서의 성격이 짙었던 것이나 근세 이후에 '굿'의 내용이 다분히 연희성을 띠게 되고 또 오신娛神이란 이름으로 유락화되고 보니 속성俗性을 많이 가미하게 되었다. 그로부터 '살풀이'도 의식성을 띤 무무巫舞만이 아닌 분화의 과정을 거치고 있다.

'살풀이'하면 요즘은 흰 치마저고리 입고 막판에 뺑뺑이 도는 춤으로 알고 있다. 아니면 교태가 넘쳐흐르는 여무女舞, 슬픔이란 뜻의 한恨이 담뿍 서린 새큰한 춤으로 통한다. 그러나 이러한 느낌은 올바르지 못한 것임을 다음에서 알 수가 있다. 흔

히 무격巫覡들이 추고 있는 춤을 도살풀이(중부지방) 또는 동살풀이(호남지방)라 하고 이와는 달리 민간에서 추어지는 것을 '민살풀이', '반살풀이'라 한다.

본디 '살풀이'인 '도살풀이'나 '동살풀이'는 보기 힘들게 되었고 '민살풀이'만이 살풀이의 전부인 양 알려지고 있다. 한마디로 무의식에서 살풀이는 퇴화의 과정을 걷는 반면 기방妓房과 한량춤판에서 연희성 짙게 새로 꾸며진 것이 판을 치고 있다. 이름 그대로 살煞을 푸는 춤, 그 '살'은 굳이 무속신앙에서의 액살이란 뜻만이 아닌 일상적인 번뇌까지도 포함된 희원希願을 풀어내는 춤이 살풀이일진데, 우리는 이 춤에 대한 정확한 분석과 전승이 요청된다 하겠다.

우리춤의 종합체

흔히 민살풀이의 장단을 말할 때, '굿거리'와 비슷한 것 또는 6/8박, 12/8박 등으로 설명한다. 그런가 하면 한국 사람이면 유독 선천적으로 품고 있다고 믿는 슬프디 슬픈 '한'의 표현으로 해석하고 있다.

흰 치마저고리에 삼선버선의 코가 차디찰 만큼 고고한 춤이라 믿고 있다. 그러나 살풀이(무속, 민간을 통틀어 넓은 뜻의)는 반듯이 여인만의 춤도 아니요, 밝은 내일, 보다 유복한 내일을 설계하기 위한 기원祈願과 통하는 것임을 알아야 한다.

'한'의 해석이 이처럼 불건강하게 된 데는 우리의 과거와 현재가 떳떳하지 못한 데서 비롯되는 것임을 자각해야 할 일이다. '살풀이' 그것은 바로 '한'의 해석만은 옷깃을 여미고 다시 내려야 하지 않을까?

'예술도 그 사회의 거울'이니 거울에 비친 내 몰골이 너무도 초라하기만 하기에 말이다. 우리는 흔히 '5장6부', '3천6백 마디'로서 '8등신'을 표현한다. '3천6백 마디' 마디마디를 감았다 풀어내면서 뿌리고 던지고 다시 감아 들이면서 살풀이는 진행된다. 반드시 젊은 여자가 아닌 성인 남녀면 누구나, '살'이 있는 사람, '한'이 있는 사람이면 출 수가 있는 것이 살풀이다.

무속의식에서의 살풀이의 장단이 지역에 따라 다소 다르긴 하지만 그 차이는 결국 '사투리' 만큼의 차이지 핏줄이 다른 것은 아니다. '살풀이 음악' 그것은 지역마다의 특성을 지닌 민속음악의 산조散調로 보아야 할 것이며, 춤에 있어서도 민속무용의 잘 짜여진 '총합체'로 본다.

우리춤의 총합체로서의 '살풀이'는 그 짜여진 성격으로 해서도 개인적인 흉살凶煞을 풀어낸다는 뜻보다는 공동체共同體의 염원을 실토 · 확인 · 승화한다는 면에서 주로 마을의 사제司祭이기도 했던 무격巫覡에 의하여 추어졌던 것이다. 그러나 한편으로는 민간에서도 이것을 받아들여 집단의지集團意志의 차원은 벗어나지만 개인적 · 소집단적 의지의 발산으로서 발전하기도 했다. 근세 이후 이것이 관능화하고 유락화한 이유는 주로 이것이 젊은 여인들에 의한 기방무妓房舞로 자리를 잡으면서 급격히 변질할 수밖에 없었기 때문이다.

넋두리 조의 '한'과 외설적 관능의 발산을 통하여 식민지시대 병든 모습으로 변해 버린 찌꺼기가 오늘까지 전하고 있는 것이다.

본디는 사회성이 가장 짙었던 집단의지의 한 표상으로서 추어졌던 것이 사사로운 푸념으로 둔갑하게 된 예는 비단 '살풀이'에서만 보이는 것이 아니라 우리 민속무용 전반에서 느끼게 되는 쓰라린 역사의 작위作爲임을 알아야 한다.

도살풀이의 춤사위들

우리나라 민속무용의 대가이며 중부지방 도당굿(큰 마을굿)에서 추어졌던 '도살풀이'의 전승자이기도 한 김숙자金淑子(韓國巫俗藝術保存會長, 1927~1991)씨의 증언에 따르면 "옛날에는 살풀이를 출 때 오늘날처럼 명주 수건을 든 것이 아니라 긴 쌀자루나 전대, 또는 성주에 걸었던 필목으로 추었다"고 한다.

동해안 지방의 이름난 무가巫家인 김석출金石出(1922~2005)씨의 얘기로는 "수건을 드는 것은 근년에 와서의 일"이라고 한다.

호남의 무가출신 박병천朴秉千(1932~2007)씨의 경우는 "'지전'이라 하는 종이장식을 양손에 들고 살풀이를 추어온다"고 한다.

황해도 출신 우옥주禹玉珠, 김금화金錦花의 경우도 명주 수건을 들지 않는다.

이렇게 놓고 볼 때, 오늘날의 '민살풀이' 춤에서 수건을 들고 있음은 중부지방 무속(주로 才人廳)의 계통임을 짐작케 한다. 오늘날 흔히 추어지고 있는 살풀이의 원조격元祖格의 하나라고 믿어지는 경기京畿도 살풀이를 예로 들어 설명한다. 동원되는 악기는 젓대, 피리, 해금, 장고, 징. 꽹과리이고, 장단은 진쇠, 조임채, 넘김채, 올림채, 겹마치기, 자진굿거리, 도도리, 당악, 반서름 등 다양한데 이러한 장인들이 기초가 되어 도살풀이춤의 한 판을 짜내는 것이다.

춤사위의 명칭도 다음과 같이 다양하다.

〔판놀음〕

① 홑사위 ― 한 번 추기

② 겹사위 ― 같은 동작을 두 번 이상 반복하기

③ 팔든 사위 ― 양팔을 옆으로 수평으로 든 동작

④ 뿌리는 사위 ― 손을 뿌리는 동작

⑤ 감는 사위 ― 팔을 몸 앞으로 감는 동작

⑥ 푸는 사위 ― 감았던 팔을 원위치로

⑦ 엊는 사위 ― 팔꿈치를 꺾어서 손을 어깨위로 엊는 동작

⑧ 젖히는 사위 ― 팔을 뒤로 젖혀 뿌리는 동작

⑨ 놓는 사위 ― 팔에 힘을 빼고 살포시 놓는 동작

⑩ 깨는 사위 ― 손을 허리나 겨드랑이 밑에 끼는 동작

⑪ 모으는 사위 ― 한팔 또는 양팔을 아래로 내려 모으는 동작

⑫ 피는 사위 ― 팔을 내림 자세에서 몸 앞으로 올려 꽃이 피듯이 양 옆으로 다시 내리는 동작

⑬ 공 그리는 사위 ― 머리 위에 원을 그리는 동작

⑭ 엎었다 뒤집는 사위 ― 팔을 엎었다 뒤집었다 하는 동작

⑮ 낙엽 사위 ― 손바닥을 위에서 밑으로 뒤집으며 힘을 빼고 낙엽 떨어지듯 힘을 뺀 동작

〔발놀음〕

① 찍는 사위 ― 숨을 일시에 멈추며 한 발을 앞이나 옆으로 뒤꿈치로 강하게 찍는 동작

② 발든 사위 ― 한 발을 든 동작

③ 옆 사위 ― 발을 옆으로 옮기는 동작

④ 발 뻗침 사위 ― 발을 앞이나 옆으로 내밀 때 발끝 쪽을 마지막 순간까지 땅에 대고 있다가 튕기듯이 들어주는 동작이 밖에도 무릎굽힘 사위, 자진걸음 사위, 도는 사위(제자리 도는, 꼬아 도는, 공그리며, 용그리며)등 다양하다.

〔온몸놀음〕

① 먹는 사위

② 얼르는 사위

③ 보는 사위

④ 어깨춤 사위

⑤ 엉덩이춤 사위

⑥ 받아들이는 사위

⑦ 앉는 사위

⑧ 저정거리는 사위

⑨ 활사위

이 밖에도 목돌이 사위, 목젖놀이 사위 등 이루 헤아릴 수 없을 만큼 분화·정립되어 있음을 알 수가 있다.

이러한 소중한 춤 유산을 하루속히 정리하여 살풀이가 지녔던 고귀한 춤 정신도 되살리려니와 건강하고도 발랄한 새로운 살풀이의 창출을 위하여 지혜를 모아야 할 때다.

2. 승무

멍석 한 닢, 아니면 두 닢의 넓이면 족했던 춤판이 널찍한 무대로 바뀌고 보니 섬세한 손·발의 사위가 쓸데없이 과장되거나 잃어져가고 있다. 손사위의 기본인 '양우선', 발사위에서의 '비정비팔' 그리고 완자거리, 잉어거리, 좌우거리, 까치걸음, 겹딛음 등이 보이질 않는다. 춤에는 '그늘'이 있어야 한다고 한다. 오랜 수련 끝에 터득되는 춤꾼의 독창적 분위기, 8등신 몸으로 추는 것이 춤이련만 그 8등신의 움직임으로 해서 느낌으로 주는 '그늘'로 통하는 멋, 그 그늘은 춤꾼의 피나는 숙련으로 되는 것이다. 오늘의 승무에서, 아니 모든 우리의 춤에서 이 '그늘'을 찾아야 하지 않을까. '염불'로 시작하여 '굿거리' · '도드리'에 이르기까지 온 감정을 안으로 배孕胎다가 '북치는 가락'에 이르러 아낌없이 발산하는 승무의 후련함, 안고 부비며 조아리다가 어르는가 하면 끝내는 한껏 두드리며 쏟아버리는 승무의 기상이 못내 아쉬운 오늘이다.

김천흥, 민속원 간 2002

시각을 통한 포교布教

이름 그대로 하면 승무란 승려의 춤이 되는데 지금으로서는 그러하지를 않다. 승무라는 춤이 어떤 경위로 시작 되었는지에 대하여는 많은 이야기가 전해지고 있다. 크게는 불교의식무용설佛敎儀式舞踊說과 민속무용설民俗舞踊說이 되겠는데, 오늘에 전해지고 있는 것은 오히려 두 계보가 합쳐진 형태로 보인다

불교의 경전經典 중 하나인 법화경에 보면 "세존께서 영취한에서 법화경을 설할 때, 천사색天死色의 채화綵花를 내리니 가섭迦葉이 이의 뜻을 알고 입가에 미소를 지으며 춤을 추었다고 하며 후세 승려들도 이를 모방하여 춤추기 시작하였다…." 고 한다. 신업공양身業供養의 본디는 합장合掌, 순회巡廻, 전진前進, 후퇴後退 등의 움직임을 염불念佛에 따라 율동하는 것이니 이를 그대로 승무라 할 수 있겠다.

한편 이와는 달리 큰스님 밑에서 도를 닦는 상좌중이 스승이 하는 기거범절起居凡節과 독경설법讀經說法의 모습을 흉내 내는 동작에서 승무가 유래하였다는 얘기도 있다.

조선왕조 중엽 이후 특히 불교가 지배 · 지식계층에 뿌리를 내리기 어렵게 되자

극락과 지옥의 설만을 중시하는 기복祈福불교로 타락하게 되면서 염불과 범패 등의 음율이 성행되고 여기에 맞추어 승려의 무용이 발달하게 된다.

조선왕조 후기로 접어들면서는 무용이 승려가 하는 필수의 과목이 되니, 이른바 '중질'이란 말은 이때부터 쓰여온 것이라 한다. 중질이란 염불, 범패, 무용 등으로 의식을 행하는 일을 말하며 이른바 '갖차비'라 하는 제의식齊儀式과 더불어 성행하게 된다.

지금까지의 내용을 정리해 보면 법화경의 염화미소拈華微笑와 불교의 악신樂神인 '건달파'에 의하여 승무의 교리적 밑받침이 마련되면서 갖가지의 승무가 파생, 발전하였을 것으로 보인다.

시각과 청각을 통한 포교의 방편으로 승무는 전승되어 온 것이다.

유흥으로 둔갑하면서

그러나 초창기의 승무가 종교적 위엄을 갖춘 이른바 법무法舞로서의 권위를 지녔다면 조선왕조 후기로 접어들면서는 대중의 말초적 시선을 사로잡는 흥미 위주로 변질되기 시작하였고 의식무용의 영역을 떠나 흥행화되는 과정을 거치고 있음을 알 수 있다. 더욱이 신도들의 사례를 받고 행하는 '제齊의식'이 절을 운영하는 수입원으로 되고 운수승雲水僧들의 탁발托鉢 수단으로 승무가 이용되기에 이르면서 점차로 종교적 의미와는 멀어져 갔다.

이와는 다른 '민속무용설'을 알아본다.

조선왕조 때(인종15년~숙종18년)의 문신이요 소설가인 서포西浦 김만중金萬重의 소설 구운몽九雲夢에서 비롯되었다는 설이 있다. 즉 "…육관대사六觀大師의 제자 성진性眞이 길을 가는 중에 8선녀가 노니는 광경을 보고 사내의 욕정으로 몹시 괴로움을 당하나 끝내 불법에 귀의함으로써 광대 무량한 법열과 해탈의 경지에 다다른다….".는 내용을 춤으로 표현 했다는 것이다.

한편 탈놀음에서 보이는 노장탈이 기원이라는 의견이 있으니 이는 불교의 전성기인 고려의 '팔관회'나 '연등회' 등에서 추어졌던 전통적인 의식무와는 계통을 달리하는 잡기雜技 의 하나이다.

또한 승려가 아닌 민간이 파계승의 번뇌를 그린 춤이 승무의 발원 이라는 것이니, 백팔번뇌를 잊으려고 북을 두드리며 춤추는 승려의 모습을 민간이 꾸며냈다는 것이다.

최승희 · 조선문학예술

지금까지는 승무의 형성과정을 살펴본 바, 승무는 결국 불교의식에서의 법무法舞, 그 가운데 법고法鼓 에서 유래한 것으로 봄이 타당할 것이다.

법고춤과 오늘의 승무는 그 기본적 기법이 유사하니, 몸과 발 놀리는 법, 두 손으로 한삼을 쓰는 법, 변화 있는 반주 음악, 춤사위의 짜임새와 순서 등이 흡사하기 때문이다. 결국은 오늘의 승무는 종교적인 의식으로서의 법고춤과, 민속무용으로서의 승무가 습합褶合 된 상태로 전해지는 것이라 하겠다. 이러한 현상은 우리 민족이 지닌 외래문화의 수용에 있어 나타나는 강인한 자기의지의 표현으로 볼 수 있겠다.

승무는 이미 중요무형문화재 제27호로 지정이 되었고 인간문화재로서 한영숙韓英淑 씨가 위촉 되었다.

그의 계보는 1933년 이래로 광무대光武臺 시절을 거쳐 오늘에 이르고 있는 고 한성준韓成俊(한영숙씨의 조부) 씨의 '바디'이다.

1933년 한성준에 의하여 성립된 '조선음악무용연구회'는 많은 전래음악과 무용

韓國文化藝術大系列
韓國傳統舞踊
成慶麟 著

성경린 · 한국전통무용

을 오늘에 전하는데 크게 공헌을 하였으니 성급히 서구식으로 무대화 하는 작업에서 변질의 과정을 겪을 수밖에 없었음은 거울삼아 기록되어야 할 일이다.

현재는 '이애주李愛珠'가 그의 줄을 잇고 있다.

한편 '이매방李梅芳'씨에 의한 이대조(무안출신, 살았으면 100세가 넘었음), 박영구(고, 화순출신) '바디'의 호남지방 승무가 전하고 있다.

승무는 주로 남자가 추었다는 이매방씨의 증언에 따르지 않는다 해도 그의 내용이나 복색服色으로 남무男舞였음은 분명하다.

무대화되고 흥행 위주로 바뀌다보니 요즈음은 치마입고 북치는 모습을 볼 수 있지만 본디의 법식은 아니다.

또한 외고북(한 개의 북, 천 가지 기법이 있다 해서 천수북이라고도 함)이 있는데 3고무, 5고무, 7고무, 9고무가 생겼고 수십명이 함께하는 '매스게임'으로 둔갑하고 있다.

손사위, 발사위 하나하나가 유연한듯 하면서도 마음으로는 '무겁고 진득진득하여 흡사 방바닥에 붙은 엿 떼듯이 하는 것'이 승무라 하는데, 격박 잡다해져서 오뇌를 이기는 한 인간의 안간힘이 아니오, 부산한 무리의 혼무混舞가 되고 말았다.

지금이라도 늦지 않으니 승무가 지니는 뜻을 되찾아 새롭게 닦아 나아가야 하겠다.

승무의 짜임새

'승무의 복색服色=舞服'은 바지, 저고리에 장삼(흰색 또는 흑색), 홍가사, 흰 고깔을 쓴다.

호남지방의 승무에서는 흑장삼을 입은 것이 법식인데 근년에 와서는 빛깔이 흉하다 해서 흰 장삼을 입는다는 것이 이매방씨의 얘기다.

'반주악곡'은 염불, 타령, 굿거리, 북치는 가락 등인데 지역에 따라 호칭이 약간 다르다. 잽이(樂士)는 장고1, 피리2, 젓대1, 해금1, 북1 등 5종에 6인이 동원된다.

① 염불

염불장단에 춤추는 승무의 첫 장단. 춤판의 중앙 뒤쪽에 세운 외북을 향하여 엎드려 있다가 천천히 일어나 합장하고 전진, 후퇴하면서 장삼을 뿌리고 젖히고 휘둘리는 등 여러 동작의 춤으로 무릎을 많이 굽히는 것이 특징이다.

② 염불 도드리(호남에서는 '졸림'이라 함)

염불장단의 느린 춤이 끝난 다음, 도드리로 바뀌며 북을 친다. 염불 도드리장단으로 북을 울리다 염불로 끝맺음을 한다.

③ 타령

염불 도드리에서 북을 치고 끝맺음을 한 다음, 뒷걸음으로 나와 정면을 향해 앉으면 타령장단이 시작된다. 염불 타령에 비해 장단이 빠른 타령에서는 잦은 어깨춤이 들어간다.

④ 타령 도드리

타령 도드리장단에 북을 친다. 장삼을 뿌리며 앉은 사위와 북을 치는 사위가 조화되면서 속도가 점점 빨라지며 끝맺음을 한다.

⑤ 굿거리

춤판 정면에서 나와 어깨춤으로부터 시작하여 본격적인 북을 칠 준비로서 장삼에서 손을 빼고 북채를 바로 쥐며 북 앞에 서서 어르고 춤춘다.

⑥ 굿거리 도드리

법고를 치기 위한 준비로서 타령 도드리 보다 더 빠르게 북을 친다.

⑦ 북 치는 가락

본격적인 법고로서 온갖 북 치는 기교를 발휘한다. 북의 구레(북판)와 변죽(각)을 심금을 울리듯이 북채로 어르며 두드린다.

⑧ 당악(호남에서는 '새산조시'라 함)

법고를 당악 장단으로 바꾸어 치며, 뛰쳐나와 북과 떨어져 더욱 자진장단으로 치며 끝맺는다.

이상의 순서는 춤꾼에 따라 다소 다르나 지역에 관계없이 큰 줄기는 함께하고 있다.

3. 처용무 處容舞

용신신앙 龍神信仰 에서 유래

'처용'이란 짚으로 사람 형상을 만든 주술인형 '제웅' 또는 '제융'의 한자차음 漢子借音으로 해석된다. '처용'이란 표기 말고도 추령 芻靈 또는 초용 草俑이라고도 적고 있으니 모두가 그 뜻은 '제웅'을 표현하고 있는 것이다.

"…옛 속신 俗信에 액년 厄年(羅睺直星의 運에 이른 해)에 당하면 정월 14일 제웅을 만들어 버림으로써 액땜을 한다고 믿었는데 남자는 11, 20, 29, 38, 47, 56세이고 여자는 10, 19, 28, 37, 46, 55세에 해당한다. 9년마다 돌아오는 이 해를 직성이 있는 해로 믿었던 것이다." 이러한 민간신앙에 바탕하면서 처용설화 處容說話가 전하고 있으니 천 년 전인 신화 헌강왕 憲康王 때로 거슬러 올라간다.

제 49대 헌강왕이 개운포開雲浦(지금의 울주)에서 놀다 돌아오는 길에 갑자기 구름과 안개가 자욱하여 길을 잃을 정도였다. 괴상히 여겨 일관日官에게 물으니 "이는 동해 용龍의 조화이므로 좋은 일을 해주어야 할 것"이라 하였다. 이에 즉시 용왕을 위하여 절을 세우도록 명하니 씻은 듯이 구름이 개고 안개가 흩어졌다. 뿐만 아니라 용왕이 일곱 아들을 데리고 임금 앞에 나타나 덕을 찬양하여 춤을 추며 풍악을 연주하였다. 이때부터 이곳을 개운포라 불렀으며, 뒤에 영취산靈鷲山에 절을 짓고 망해사望海寺 또는 신방사新房寺라 하였다. 이 때에 용왕의 한 아들이 헌강왕을 따라 서울에 와서 이름을 처용이라 하였는데 미녀로서 아내를 삼게 하고 급간級干의 벼슬까지 주었다.

하루는 역신疫神이 처용의 아내를 흠모하여 사람으로 변하여 밤에 몰래 동침하다가 처용에게 발각되었다. 그러나 착하기만한 처용은 「처용가處容歌(헌강왕 5년)」를 부르며 방문 밖으로 나가버린다.

『동경東京 밝은 달에 밤새어 노닐다가 들어와 자리를 보니 다리가 네일러라. 둘은 내해이고 둘은 뉘해인고, 본딘 내해지만 뺏겼으니 어찌하리꼬…』

이에 역신은 꿇어앉아 말하기를 "내가 공의 아내를 사모하여 지금 과오를 범하였는데 공은 노하지 아니하여 감격하여 아름다이 여기는 바입니다. 금후로는 맹세코 공의 형용을 그린 것만 보아도 들어가지 않겠나이다." 하였다. 그로부터 처용의 형상을 문에 붙여서 사귀邪鬼를 물리치게 되었다.

용신제에서 비롯되는 처용설화의 배경을 보아 개운포에 날아오는 처용암巖이란 용암龍巖일 것으로 짐작되며 그는 또한 바다로부터 온 용신으로 해석된다. 그를 그린 춤이 처용무로서 벽사진경辟邪進慶의 뜻을 갖고 오늘에 전승되고 있는 것이다.

'처용'의 본디 말인 '제웅'은 주술인형으로서 사악邪惡을 물리치는 주력呪力을 가질뿐더러 제웅이 사악을 짊어지고 대신 버려짐으로써 선善을 맞이하게 하는 진경

進慶의 주력을 갖는 복합적인 신격神格이다. 이러한 민간신앙이 변천하면서 그 형용을 그려 붙이는 문신신앙門神信仰 또는 악가무樂歌舞로 벌이는 구나무驅儺舞로서 궁중연례까지 발붙인다.

용신신앙을 거쳐 산수신제무山水神祭舞로 자리 잡으면서 처음에는 혼자 추던 춤이 오늘날의 다섯이 추는 오방五方춤으로 짜이기에 이른다. 신라 때에는 일명 상염무霜髥舞라고도 했고, 대륙계의 탈춤의 영향을 받으면서 변천하다가 고려조에 와서는 구나무驅儺舞로서의 기능만이 아닌 연악무宴樂舞로서 각종 접대연에서 연희되었다. 산대잡극山臺雜劇에서 빼놓을 수 없는 종목으로서 향가鄕歌인 '처용가'를 이루게 한 장본張本이기도 하다.

'처용가'란 우리나라 최초의 극시적劇詩的 형식을 보여주는 것이다.

춤과 노래의 화합

고려 말 이첨의 시에 의하면 그 당시까지 처용무는 경주에 전승되었음을 알 수 있고, 이곡李穀, (1298~1351)의 시에서는 둘이서 춘 적도 있음을 암시하고 있다.

조선왕조로 오면 성현(成俔, 1439~1504)이 지은 『용제총화慵齋叢話』권1에 "흑포사모黑布紗帽의 1인무로 탈은 벽사색辟邪色인 적색면赤色面"임을 적고 있다.

그러나 그 후에 5방 처용무로 확대되고 세종 때에 이르러 악가무樂歌舞를 개찬改撰하면서 세조에 이르면 다른 종목과 합설合設하기 시작한다.

이와 같이 수정을 거듭한 뒤에 처용무는 1493년에 이룩된 『악학궤범樂學軌範』권5에 보이듯 학연화대처용무합설鶴蓮花代處容舞合設로 종합가무극으로 자리를 잡는다. 뿐만 아니라 사대부가의 연악宴樂에서도 추어졌음을 단원檀園의 솜씨로 전하는 「평안감사환연도」나 사대부가의 수연壽宴을 기록한 「담락연도湛樂宴圖」에서 볼 수 있다.

처용무는 흔히 '5방 처용무'라 부르는데 5방을 상징하는 동=청靑, 남=홍紅, 중앙=황黃, 서=백白, 북=흑黑의 5인 군무로 짜였다. 다섯 사람은 두팔을 허리에 붙이고 청, 총, 황, 백의 차례로 수제천壽齊天(일명 벗가락 井邑)반주로 들어와 좌左로 돌아 북향하여 서고, 음악이 그치면 「처용가」를 부른다.(歌曲 言樂: 男昌 歌曲 羽調 10번째 曲)

신라성대조성대新羅聖代照盛代

천하태평나후덕天下太平羅候德

처용아비, 이시인생以是人生 에

상불어相不語 하시란대

삼재팔난三災八難 이 일시소멸一時消滅 하샷다.

다시 반주곡인 향당교주鄉唐交奏(呈才舞樂의 하나)에 따라 다섯이 모두 허리를 구부리고 두 소매를 들었다가 다시 허리 위에 얹고, 허리를 구부려 마주본다. 청-홍, 백-흑은 상대하고 황은 동쪽으로 향한다.

내족內足(왼쪽 사람은 왼발, 오른쪽 사람은 오른발이 내족이 된다)을 들어 다시 북향하여 섰다가 허리를 젖혀 맞본다.

흑청과 홍, 백과 흑이 서로 등을 돌려 상배相背하고 황은 서쪽을 향함을 '무릎디피춤'이라 한다.

다음 청·홍·흑·백은 모두 외족外足(내족의 반대)을 먼저 들고 황은 왼발을 먼저 들어 상면相面 두 번, 상배相背 두 번의 춤을 춘다.

청·홍·흑·백은 소매를 들어 안으로 끼고 황은 손춤을 추면서 우협右挾(우측으로 낌)하고, 그와 반대로 외협外挾(밖으로 낌), 황은 좌협左挾(왼쪽으로 낌)을 한다. 이것을 '도동춤'이라 한다.

청·홍·흑·백은 내족으로 선진先進하고 황은 오른발로 선진하는 '발바딧춤

(발을 올려 걸으며 무릎을 굽히는 동작)'으로 전정殿庭 중앙에서 일제히 북향하고 선다.

다시 황은 동, 청·홍·흑·백은 서로 향하여 춤춘 다음 반대로 황은 서쪽, 청·홍·흑·백은 동쪽을 보고 춤춘다.

홍은 오른발을 들어 무퇴舞退(춤추며 뒤로 물러섬)하여 남쪽에 서고 흑은 발을 들어 무진舞進(춤추며 앞으로 나아감)으로 북에 선다. 즉 황은 중앙에, 청·홍·흑·백은 서에서 '발바딧작대무作隊舞'를 한다.

황은 북을 향하여 춤추고垂揚手(무릎디피춤), 청·홍·흑·백은 중앙을 향하여 처음 흑과 황이 맞춤對舞을 추고, 차례로 청·홍·흑·백과 맞춤을 춘 다음 중앙을 등지고 제자리를 향하여 춤춘다.

회선回旋, 우선右旋으로 흑이 먼저 나오고 황과 백과 홍의 사이에 들어가 거의 모두 제자리에 돌아왔을 때에 흑은 뒤로 물러서고 홍은 앞으로 나아가 다섯 사람이 일렬횡대로 서면 일제히 무퇴하여 북향하고 선 다음 '우편羽編 남창가곡 우조의 11째 곡'을 부른다.

산하천리국山河千里國에
가기울총총佳氣鬱蔥蔥하샷다
금전구중金殿九重에
명일월明日月하시니
군신천재群臣千載에
회운룡會雲龍이샷다
희희서속熙熙庶俗은
춘대상春臺上이어늘
수역중壽域中이샷다
다시 변주곡 '웃도드리(步虛子의 변주곡으로 궁중연례악의 하나)'로 '낙화유수洛花流水

(전진하면서 한삼을 좌우 어깨에 차례로 대었다가 앞으로 뿌리는 사위)'를 추었다가 차례로 회선하며 나가는 것이 대충 순서이다.

음악과 춤사위

처용무에 쓰이는 음악을 봉황음鳳凰音(궁중연례악의 하나)이하 하는데 조선왕조 세종 때의 윤회尹淮의 개찬改撰으로 전한다. 3단계로 나누어 서무序務의 음악은 봉황음 1기機라 하고 중간을 봉황음 중기中機, 후부를 봉황음 급기急機라 한다. 그러나 현행 처용무는 생략화된 것이 사실이다.

춤사위는 크게 보아도 15가지나 되는데 그 명칭만을 소개키로 한다.

'무릎디피춤', '홍정紅鞓도듬춤', '발바딧춤', '입무入舞', '발바릿작대作隊춤', '수양수垂揚手무릎디피춤', '수양수 5방무', '주선周旋', '회무回舞', '무퇴舞退', '제행이무齊行而舞', '정읍무井邑舞', '환장무懽場舞', '낙화유수洛花流水'춤.

이상 여러 춤사위는 섬세한 가운데서도 남성무용으로서의 무게와 박진감을 온몸에 먹으면서 감고 풀어내는 것이어서, 소중히 살펴 오늘에 이음은 무용 유산의 보존이란 차원을 넘어서 한국 무용의 기품을 되찾는 데 긴요한 작업으로 생각한다.

현존하는 처용무는 중요 무형문화재 제39호로 지정되어 국립국악원에서 전승되고 있는데, 1923년경 이왕직 아악부李王職 雅樂部 때의 아악사인 김령제金寧齊, 함화진咸和鎭, 그리고 아악평장平長 이수경李壽卿 등에 의해서 『악학궤범』에 실려 있는 홀기를 바탕으로 복원된 것이다.

「사물놀이」란 풍물패 생겨나다

지난 1978년이니 거의 30여 년 전의 일이다.

평소 나와 가까이 지낸 제자들, 김덕수(장고), 김용배(꽹과리), 이광수(북), 최종실(징) 등 넷이서 찾아왔다.

나는 그 무렵 서울 종로구 원서동에 있는 「공간사랑」 소극장과 함께 있었던 찻집에 국창 김소희 여사와 함께 있었다.

그들이 하는 말은 넷이서 풍물패를 만들고자 하니 좋은 이름을 지어 달란다.

그들은 부친 대로부터 풍물이 몸에 밴 젊은이들이니 썩 잘된 일이라 싶어 적당한 이름을 찾아보겠다고 성큼 승낙을 했다. 함께 계셨던 김소희 여사께서도 참으로 반가운 일이라시며 재촉을 하신다. 그런데 선뜻 그럴싸한 이름이 떠오르지를 않는다.

이광수, 김덕수, 최종실, 김용배

(고)김용배

　이미 세상을 떠나신 그들의 선친들께서는 마지막 '남사당패'에 몸을 담았던 분들이신데, 말년에는 걸립패(풍물과 덕담을 놀고, 곡식이나 돈을 받으며 떠돌았던 예인집단의 하나)도 겸하셨다.

　이러한 추억을 되새기면서 벌써 오래 전 고인이 되신 김용배의 양아버지이셨던「최성구 옹」의 말씀이 떠올랐다.

　"…꽹과리 그건 사람의「맥」이여, 징은「심장」이구, 북은 목덜미 굵은「핏대」구, 장고 그건 바지런한 아낙처럼「북편 채편」도닥거리면서「풍물」되는 것이여…, '사물'의 조화이지…."

　실상 사물에는 두 가지가 있다.

　일반 백성이 하는「민사물」로는 꽹과리, 징, 북, 장고가 있고,「절사물」에는 법고法鼓, 운판雲版, 목어木魚, 대종大鐘이 있다.

　그렇지!

　최성구 옹 말씀대로 풍물이란 사물의 조화인 것이니, 이 '사물'에다가 우리가 전통예능 끝에 잘 붙이는 '놀이'를 더해서「사물놀이」하면 어떨까?

　허허 그럴싸하지 않은가!

1978. 9.27 공간사랑 뒤뜰에서

이렇게 '사물'에 '놀이'를 합쳐 꾸며낸 이름이 「사물놀이」였다.

지금은 사전에도 실려 있지만, 당시는 「우리말 큰 사전」에서 찾아도 실려 있지 않았었다. 새로 생긴 「고유명사」였던 것이다.

그 후 이들의 「사물놀이」는 '공간사랑'에서 첫 선을 보인 후, 열심히 노력을 해서 큰 환영을 받기에 이른다. 국내외로 그 이름이 널리 알려지면서 참으로 엉뚱한 일이 벌어진다. 「사물놀이」란 이름으로 여러 개의 '풍물패'가 생겨난 것이다. 이런 세월이 한참을 지내더니 이제는 조금씩 깨달아지게 되었는가 싶다.

이 글을 마무리 하면서, 한 말씀 드리고 싶다.

…혹시 「사물놀이」란 이름을 지어낸 당사자라 해서, 무슨 권리주장을 하는 것으로 오해 없으시길 바란다. 거듭 밝히거니와 「사물놀이」란 보통명사가 아니다. 20여 년 전에 지어낸 한 '풍물패'의 「고유명사」인 것이다.

사물四物의 이치를 알려주신
최성구崔聖九옹

'사물'이란?

요즘도 풍물을 '농악'이라 하는 사람이 있지만 이는 잘못된 말이다.

'풍물'의 본디 이름은 지방에 따라서 달랐었다.

중부지방에서는 '풍물', 호남에서는 '풍장', 영남에서는 '매구' 또는 '풍물'이라
했다.

이 밖에도 섬나라 제주에서는 '걸궁', 도는 '걸굿'이라 했음을 문헌이 전한다.

'농악'이라 부르게 된 데는 다분히 이것을 얕잡아 보자는 뜻이 도사려 있었음을
우리는 알아야 한다. 지금처럼 직업에 귀천이 없는 시절이 아니었기에 '농사꾼'이

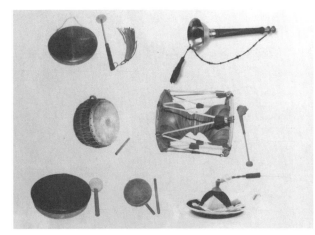

남사당 사물놀이 악기들

단 한장 남긴 최성구 옹 모습

나 즐기는 음악이라는 속셈으로 붙여진 이름이었다.

이렇게 만든 '주범'은 바로 우리 땅을 강점했던 침략자 일제日帝에 의한 것임은 물론이다. 농사꾼이나 즐기는 소리라는 속셈이었는데 어쩌다보니 속고 말았다.

'풍물'이란 호칭은 우리 모두의 대표적 민속음악으로 길들여온 것임은 물론이다. 그러면 이 풍물을 이루는 기본 악기 네 종류가 있는데, 누구나 아는 바와 같이 '꾕과리', '징', '북', '장고'이다. 이 네 악기를 우리는 '사물'이라 했다. 이들 사물의 생김새는 모르는 사람이 없을 것이니 설명을 생략하기로 하고 각기 어떤 예능을 하는 것인가를 살펴보기로 한다.

이에 앞서 사물에도 크게 두 가지가 있음을 설명해 두는 것이 좋겠다.

규모가 좀 큰 절寺刹에는 의례히 갖추고 있는 '절 사물'이 있었다. '절 사물'에는 '법고法鼓', '운판雲版', '목어木魚', '대종大鐘'의 네 가지가 있다.

옛날에는 일반 민중이 쓰는 사물은 '민 사물'이라 하여 서로를 구별했던 것이

남사당패 풍물놀이

다. '민 사물', 즉 풍물에서의 사물하면 '꽹과리', '징', '북', '장고'임은 누구나 아는 일이다.

마지막 상쇠 '최성구'옹의 이야기

우리나라 떠돌이 예인집단藝人集團 '남사당패'의 마지막 상쇠였으며 그 이전에는 '솟대쟁이패'에서 상쇠도 맡았던 최성구崔聖九옹을 기억하는 사람은 그다지 많지 않다. 그는 자기의 정확한 나이를 모를 만치, 아주 일찍 '떠돌이패'가 되어 평생을 떠돌며 '꽹과리'만 치다가 1977년 65세(?) 쯤에 저 세상으로 가신 분이다.

'마을굿' 하는 풍물패

"…꽹과리는 사람으로 치면 팔뚝의 맥과 같은 것이니, 그것이 끊어지면 다 없는 것 아니겠어? 또 징이란 가슴의 고동이니 심장 소리지, 북은 목줄기에 선 굵은 동맥과 같은 것이여, 이 셋은 함께 어울리기도 하지만 제각기 두들겨 대기도 하지. 그러나 이것을 살림 잘하는 마누라처럼 '북편 개편(장고의 양면)'을 도닥거려 하나로 얽어놓는 것이 장고란 말이여, 하늘과 땅, 음과 양 그러니까 세상 이루어지는 이치와 똑같은 것이지. 이 이치를 요즘 사람들은 몰라주고 있어…. 꽹과리 하나만 놓고 봐

풍물패 (오윤 그림)

도 '암쇠', '숫쇠'가 있지. 젊은 사람의 꽹과리 소리 들어보면 시끄럽기만 해요. 딱한 일이지, 쯧쯧.(한숨을 쉰다)"

최성구옹의 이 사물의 분석은 어느덧 동양철학의 세계로 우리를 깊숙이 끌어 들이고 있다. 하기는 요즘 풍물소리를 들어보면 시끄러운 면도 없지 않다. 오랜 세월을 거치질 못하고 보니 그저 흉내를 내는 데서 오는 것이리라.

최성구옹의 꽹과리를 듣노라면 타악기의 소리가 흡사 현악기처럼 들릴 때가 있다.

최옹의 또 다음과 같은 이야기가 기억에 생생하다.

"…꽹과리를 왼손에 들고, 바른손에 쥔 '채'로 치게 되는데, 소리를 딱 끊으려 할 때에는 왼 손바닥이 꽹과리의 안 편에 찰싹 붙어야 해요. 손금까지도 쫙 펴서 붙여야 하는 것이야. 오묘한 소리의 높낮이는 왼 손바닥을 뗐다 붙였다 하는 데서 나오는 것이지…."

그의 꽹과리 치는 모습을 보면 채로 때리는 것이 아니라 비벼대는 것이 아닌가하는 착각을 하게 된다.

아직도 전국에 몇 분의 뛰어난 상쇠들이 생존해 계신다. 그런데 모두가 90세를 넘으신 노인들이시니 서둘러서 그 기예技藝를 이어받아야 할 것이다.

다시 생활 속에 뿌리 내려지기를

옛날에는 마을과 마을 사이의 급한 연락을 할 때, '징'을 울려댔다.

기쁜 소식과 슬픈 소식, 또는 다급한 난리가 나도 '징소리'로 신호를 보냈었다.

그러기에 '사물' 가운데서도 '징소리'는 꽹과리에 못지않게 우리 마음의 깊숙한 데까지를 건드려 주었었다.

35년간 일본 사람들의 억압을 받다가 해방이 된 1945년, 그 때에는 징소리만 들어도 서로 손을 잡고 눈물을 흘렸었다. 더구나 사물을 갖추어 멋들어진 풍물가락이 울리게 되면, 얼싸안고 덩실덩실 춤을 추었었다.

그런데 사물이 어울려 이루어내는 흥취는 그대로 들뜨기만 하는 것이 아니라 마음의 바닥으로부터 희열이 솟아오르면서 온몸으로 확산되는, 웅비雄飛하는 춤사위였다. 그것은 마음에서 몸으로 승화되는 생명의 숨통이었다. 이 풍물가락을 반주삼아 우리 조상들은 농사를 지었고, 고기를 잡았으며, 축제를 벌였고, '한풀이'까지 했다.

　지금이라도 늦지는 않다. 가슴 뜨거운 '최성구'옹의 뜻과 마음을 되살려보자.

　마을마다 '사물'을 갖추어 당장은 서툴더라도 옛 조상의 풍물가락이 마음속에 닿을 때까지 치고 또 쳐보자! 풍물이란 훌륭한 민족의 소리이고 보면 어느 경지에 이르기까지에는 상당한 시간이 필요할 것은 물론이다. 그러나 꼭 해낼 만한 가치가 있다.

　옛날 중국 사람들은 우리 민족을 일러 '…두드리면 음악이 되고, 손을 들면 춤이 되는 민족…'이라고 했다.

　오랜 역사의 슬기로 다듬어져 전하는 풍물이 다시금 우리의 마음에서 삶의 소리이자 근로악勤勞樂으로 뿌리 내리게 되어야 한다.

　신명지고 우렁찬 「꽹과리 · 징 · 북 · 장고」 사물이 협화하는 소리, 약동하는 소리가 못내 아쉽고도 그리운 오늘과 내일이다.

두 큰 어른의 마지막 춤판

벌써 오래전 가셨건만 뵙고만 싶습니다

흡사 쌍수정雙樹亭이셨던 두 어른

유서 깊은 마을에는 수백 년이나 묵은 큰 나무가 서 있기 마련이죠. 으레 그 나무 밑 주변은 마당을 이루니 남녀노소의 쉼터, 마을의 공동관심사를 논의하고 결정하는 회의장소가 되기도 합니다.

마을의 지킴이로 숭상해온 이 거목이 때로는 나란히 서 있고, 그 옆에는 단아한 정자를 갖추고 보면 더욱 운치가 있습니다. 이런 정자를 이름하여 흔히 '쌍수정'이라하지요.

우리 민속춤 계에 이와 비유되는 두 어른의 큰 거목이 계셨으니 '진쇠춤'의 명인

이동안(1906~1995)선생과 '북춤'의 명인 하보경(1909~1997)선생이십니다. 벌써 가신지 오래이건만, 두 어른께서 마지막 춤판으로 삼으셨던 옛 '문예회관 대극장'이 지금은 명칭도 바뀌었건만 그 앞을 지나며 이글을 쓰고 싶군요….

이동안 선생님은 춤과 함께 춤 장단에 통달하셔서 이 바닥의 큰 어른이셨는데 어쩐 연유인지 엉뚱하게도 인형놀이의 하나인 발탈(중요 무형문화재 제79호)의 예능보유자가 되셨고, 하보경 선생님은 밀양 백중놀이(중요 무형문화재 제68호)의 예능보유자로 '양반춤'과 '범부춤'을 맡으셨었습니다. 그런데 장기는 '북춤'이셨었죠….

이 두 어른께서는 누구나 떠받드는 우리 민속춤의 기둥이셨습니다. 저를 지극히 사랑해 주신 두 어른께서 다 저 세상으로 가신지 오래이니 허허 텅 빈 '쌍수정'이 되고 말았군요!

한 무대 위의 두 별빛

1995년 늦가을이었습니다. 서울시 종로구 동숭동 문예회관 대극장에서 두 어른이 나란히 춤을 추시던 자리가 결국 마지막 해후이셨는가 합니다.

그 후로는 두 분이 다 몸이 불편하셔서 제대로 춤판을 펼치질 못하셨지요. 그 마지막 춤판이 있던 날 분장실에서 주신 귀한 가르침이 지금껏 귓전에 생생하니 이렇게 고마울 수가 없습니다.

이선생: 우리 이 늙은 것 구경 한다구 웬 사람이 저렇게 모였다우? '인생 칠십 고래희'라는데 우린 구십이 내일 모레니 징글맞게도 살았어! 여보게, 나무나 바위는 묵을수록 귀물인데, 이 인간은 늙을수록 추하니 그저 덧없는 것 인생인가 봐? 그렇잖소, 허허 보경이….

■ 이동안, 하보경 큰 춤판 1995년 10월 10일 문예회관 대극장, 사진 박옥수

　하선생: 그런가봐…허허…그런데 당신은 어떻게 생각하나? 난 이제 겨우 '춤속'
을 조금이나마 알 듯도 하니…허허허….

　이선생: 음…그래, 허긴 나두 그런 것 같구려….

　하선생: 허허, 그렇기에 철들자 망령든다 했는가 봐….

　이 두 어른의 옆자리를 지키던 내가 무엄하게도 불숙 참견을 했구나!?

　"아니에요. 선생님들께서는 바로 천년 묵은 고목이셔요. 이선생님! 언젠가 말씀
하셨잖아요.「춤은 그늘이 짙어야 한다」고…그 그늘을 보려고 저렇게 많은 사람들
이 모인 것이지요! 하선생님! 선생님께서는「춤꾼의 무게는 가랑잎이었다, 바위가
되고 바위 였다가, 가랑잎인가 하면, 한 몸에 가랑잎과 바위가 함께 도사려 있다」

이동안, 하보경 큰 춤판 1995년 10월 10일 문예회관 대극장, 사진 박옥수

고 하셨잖아요! 선생님! 두 어른께서는 바로 이 시대 우리 춤판의 우뚝한 고목 이 십니다."

이 때, 선생님들 차례라며 앳된 제자에게 끌려 무대로 나가셨고, 사진가 '박옥수' 님이 마지막 두 거목의 자태를 한 장의 사진으로 남겨 주셨습니다.

그늘 짙은 춤사위를 이제는 이사진으로 밖에 만날 수 없게 되고 말았습니다. 텅 빈 '쌍수정' 앞에 우린 외롭게 서 있군요.

두 어른이시여, 내내 편안하옵소서….

III

옛날에 세운 남산南山 국사당國師堂

남산의 옛 이름

조선왕조 이태조李太祖 재위 3년이 되던 해(1934년) 10월 28일(음력 11월 29일) 한양으로 도읍을 옮기면서 종묘宗廟 사직단社稷壇 궁궐宮闕이 준공되자 경사로움을 천후토신天候土神에게 사뢰어 알림과 동시에 백악百嶽(北嶽)과 목멱산木覓山(=南山)에서도 고제告祭를 올렸다.

(이 사실은 〈태조실록〉에 기록되어 있음)

그로부터 한 달쯤 지나 북악을 봉하여 진국백鎭國伯을 삼고 목멱산을 봉하여 목

1885년 A.H.SAVAGE-LANDOR 작가의 '고요한 아침의   1915년 국사당 외부 전경
나라 조선' 책에 수록된 국사당 외부 스케치

멱대왕木覓大王을 삼아 지체 높은 벼슬아치를 위시하여 양반 서민 가릴 것 없이 그 누구도 사사로이 두 산신에게 제를 올리지 못하게 하였다.('세종실록 지리지'에서)

'경도 한성부京都 漢城府 조'에는 '목멱산 신사가 도성인 남산의 꼭대기에 있고 소사小祀로 제를 지낸다.'고 하였다.

이렇듯 남산 정상에 자리한 목멱 신사를 나라에서 제祭를 지내는 사당이라 하여 일명 국사당國師堂이라 하였다.

일제에 의하여 마구 파헤쳐진 목멱산! 그 산 증거인 지도가 여기 있습니다.

그런데 우리나라를 강점한 일제日製는 위의 지도에 그려있는 'ㅇ표'처럼 저들이 '조선신궁朝鮮神宮과 헌병대, 총독부 관사 등을 마구 지었다.

그러면서 그들의 신사紳士 위에 있는 국사당國師堂이 눈에 거슬려 '인왕산' 밑 현저동 꼭대기로 몰아냈다.

그러나 남산 중턱에 자리한 '목멱사랑회', '남산 도깨비 예언궁' 제사장 '김재연'은 지난 1993년 「목멱산 대천제大天祭」를 시작하면서 어언 올해로 20회를 맞이하게 되었다.

요즈음은 '목멱산'보다 '남산'으로 통한다.

남산南山은 서울 중구와 용산구를 경계로 하고 있는 높이 262m정도의 산으로 인경산引慶山 또는 열경산列慶山, 목멱산木覓山 등의 이칭異稱을 가지고 있다.

경주의 남산, 강릉의 남산 등 대개 각 지역에 산재한 남산은 풍수지리학상 안산案山에 해당하는데 서울의 남산은 안산 겸 주작朱雀의 기능까지 하고 있는 중요한 곳이다.

이태조가 한양에 터를 잡고, 이곳 남산의 정상에 목멱산신사木覓山神祠를 지어 국태민안國泰民安을 빌면서 산 이름까지 '목멱산'이라 명명했다.

조선조 중기까지 국가에서 봄·가을로 초제醮祭를 지냈고 큰 신을 모셨기에 국사당제國師堂祭라 일러 왔다.

특히 조선조 말기 명성황후가 국가 안위를 걱정하며 자주 드나들었다고 하니 얼마나 격조가 높은 신당이었는지 이해할 수 있다. 그러나 이 땅을 강점했던 일제는 1925년 그들의 신당인 신사神社를 짓기 위해 '국사당'을 헐어버리는 만행을 저지른다. 게다가 민족혼이 서려있는 '소나무'를 거세하고 망국수亡國樹인 '아카시아'까지 잔뜩 심어 놓았으니 저들의 문화정책이라는 허울 좋은 구호가 어떠했는지 알 만하다.

'국사당'의 당내堂內에는 한국의 역사를 창조한 '단군'으로부터 최근세의 주인공인 '명성왕후'까지 등장을 한다. 그뿐 아니라 왕조를 초월한 많은 민족신이 모여 있다는 점에서 이들의 '신격위상'을 호국신들에서 찾게 된다.

조선조 서울에는 사직단社稷壇이 있었다. 사社는 지신을 의미하고 직稷은 곡식을 의미한다.

이미 세조 3년에 설치되었으며 '종묘대제'와 함께 왕이 친히 대사大祀의 예를 갖추어 몸소 친제親祭 하였으니 그 목적은 신의 도움으로 오곡의 풍요를 기원하기 위해서였다.

사직단에서 임금이 무릎 꿇고 친히 제를 올렸고, 흉년이 들 때는 하늘의 뜻이 왕조에 미치지 않는다 하여 민심까지 흉흉했다.

농사가 천하의 대본大本이었던 우리 민중들에게 비는 바로 신의 눈물이요 오줌에 해당하였던 것이다.

'대본'이 무너지는 것, 그 자체가 국가의 존망과 직결되기 때문에 매년 왕들은 사직단에서 토지지신土地之神과 곡신穀神에게 풍농을 기원하였고, 국사당 호국신을 찾아가 국토의 안위를 빌었던 것이다.

이미 앞에서도 언급한 바 있듯이 「목멱산 대천제」 제사장 '김재연'은 힘을 다하여 남산 팔각정 앞에서 해마다 10월에 '국사당' 되세워 '남산' 아니 이 나라가 평온하기를 기원하고 있다.

나도 어쩌다 20년 전 첫 '대천제'부터 참여하고 보니, 잊을 수 없는 생일처럼 되고 말았다. 지난 2010년 10월 24일, 제18회 「목멱산 대천제」에 쓴 '경축사'를 옮긴다.

제18회 목멱산 대천제를 올리며

조선왕조 태조太祖 이성계李成桂께서 한양을 도읍으로 정하시면서 목멱산남산에 목멱신사木覓神祠를 세워 이곳을 국사당國師堂이라 했다.

그런데 일제日帝가 이 땅을 침범하면서 자신들의 신궁神宮을 세우기 위하여 마구 헐고, 1925년에는 '국사당'을 한양의 변두리인 인왕산 밑으로 옮겨버리고 말았다.

이제는 '일제'로부터 해방된지도 70년이나 되련만 아직도 '국사당'은 제자리로 돌아오지 못하고 있어 이를 가슴 아프게 여긴 '남산 도깨비 문화원' 김재연 제사장께서는 '국사당' 제자리 찾기 운동으로 「목멱산 대천제」의 정신을 바꾸고 있다.

중략

'남산 도깨비 문화원'도 이제는 성국하여 '팔당'에 「팔당 도깨비 박물관」까지 세우게 되었으니 목멱산으로 '국사당' 모시는 일도 성취되기를….

부디 하루 속히 성취되기를!

'목멱산 대천제' 제사장 김재연 이시여

만세 만세 만만세 하옵소서!

2010. 10. 24.

한국민속극연구소장 심 우 성

남산 도깨비 문화원 원장 김재연

인왕산 국사당 내부

인왕산 국사당 외부

국사당을 내쫓고 세운 조선신궁의 정문(없어짐)

「솟대쟁이패」 문을 열다

우리나라에서 대표적인 민중연희 두 가지를 든다면 솟대쟁이패와 남사당패를 꼽게 되는데, 1900년대로 접어들면서 솟대쟁이패의 전승력은 갑자기 약해지는가 하면 남사당패는 그의 전승력이 힘을 얻어 국가지정 중요 무형문화재(제3호)로 지정이 되었지만 솟대쟁이패는 약한 놀이로 힘을 잃어가고 있었는데 근년에 들어 전승의 중심지였던 「경상남도 진주」가 활발한 재현의 길을 열고 있다.

솟대쟁이패에 관심이 있는 선각자, 학자들에 의하여 발표된 강연, 문헌자료 등이 놀랍게도 많다. 일단 수입된 대로 소개하려 한다.

솟대쟁이놀이보존회 소개

1. 솟대쟁이패란 무엇인가?

솟대쟁이패는 1900년대 전후로 진주지역을 본거지로 하여 전국을 떠돌아다니며 활동한 전문연예집단을 일컫는다. 솟대쟁이패라는 명칭은 이 패거리들이 놀이판을 꾸밀 때 한가운데에 솟대와 같은 긴 장대를 세운 뒤, 그 꼭대기로부터 양편으로 두 가닥씩 네 가닥의 줄을 늘여놓고 그 위에서 몇 가지 재주를 부린 데서 비롯된 것이다. 솟대쟁이패는 일명 솟대패라고도 하는데 1920~30년대에 활동한 4대 꼭두쇠 이우문에 이르기까지 전승이 지속되었다. 대표적인 기예는 솟대 위에서 쌍줄타기를 하거나 버나를 돌리며, 풍물(농악), 새미놀이(무동), 얼른(요술), 꼰두질(실판), 오광대(탈놀음), 병신굿 등을 전문으로 하였는데 우리나라 교예단(민속제기, 곡예, 써커스)의 전신으로 여긴다. 경기도 지방의 남사당패와 쌍벽을 이루며 서로 교류가 잦았다. 솟대쟁이패는 벅구놀이가 뛰어나 '경상도 벅구놀이'를 전국적으로 알리며 유명세를 탔다.

1920~30년대에 활동한 솟대쟁이패의 예인들을 꼽는다면 꼰두쇠 이우문을 중심으로 그 동생들인 이재문·기문 형제, 그리고 김성세, 김인포, 김수갑, 조판조, 윤판옥, 황을생, 김도생, 문현재, 송철수, 이차생, 이춘일, 김양옥, 박희철 등이다. 이 분들은 그 당시 같은 구성원이었던 송순갑 선생(대전 웃다리 농악 상쇠, 8세에 부모님을 여의고 진주 이우문 행중에서 살판을 배움)의 증언으로 확인되었다. 당대에 뛰어난 기예로 명성이 자자하던 솟대쟁이패는 안타깝게도 1936년 황해도 원산 공연을 마지막으로 해체하게 된다. 당시에 서슬이 시퍼렇던 일제의 민족문화 말살정책에 당해낼 재간이 없었고 일본곡마단에 관심을 돌린 대중들의 외면으로 흥행 실패가 거듭되어 패거리를 지켜내기가 쉽지 않았을 것이다. 결국 솟대쟁이패는 일제강점기

를 정점으로 해산하게 되었다.

2. 솟대쟁이패 연행 계승 사업

그러나 다행스럽게도 솟대쟁이패의 연행종목 가운데 풍물은 해방이후 강두금 선생(현재 진주삼천포농악 인간문화재인 김선옥선생의 외조부)이 진주농악회를 구성하면서 그 계통을 이어갔고 황일백, 조명수, 송철수, 윤판옥, 김도생, 문현재, 조판조 등의 명인들이 당대에 같이 활동하면서 기능이 전수되었다. 이후 문화재 보호정책의 일환으로 국가로부터 무형문화재 조사(1965년 7월)가 진행되었고, 이듬해인(1966년 6월 29일)중요무형문화재 제11호 '농악12차'로 명명되어 전승의 토대가 마련되었다. 현재 활동하고 있는 두 분의 선생(박염, 김선옥)은 솟대쟁이패 출신의 명인들로부터 사사받아 오늘날 '진주삼천포농악'의 인간문화재로 활동하며 그 계통을 잇고 있다.

솟대쟁이패의 탈놀음은 진주오광대가 복원됨으로써 그 내용의 일부를 다시 만날 수 있었다. 1998년 1월 9일 진주 시민들의 힘으로 진주오광대복원사업회가 구성되었고, 뒤이어 제3회 진주탈춤한마당을 통하여 진주의 토박이오광대가 복원 공연(1998년 5월 23일)됨으로써 솟대쟁이패의 전문직업적인 오광대 자취를 찾을 수 있었다. 이후 진주오광대는 2003년 6월 7일에 이르러 경상남도 무형문화재 제27호로 지정되어 전승의 기틀이 마련되었다. 솟대쟁이패 명인들의 신기에 가까운 기예들을 지금은 볼 수 없지만 그분들의 예술혼과 정신은 고스란히 후배 예인들에게 계승되었고 그 몸짓과 장단은 오늘날 창조적으로 발현되고 있다.

3. 솟대쟁이놀이보존회 발족

마침내 2013년 12월 솟대쟁이패의 기예와 묘기를 체계적으로 전승하기 위해 솟대쟁이놀이보존회를 발족하였다. 그동안 지역에서는 전통연희를 되살리자는 문화운동 측면에서 솟대쟁이패 후예 공연을 시작으로 전통예술원「마루」가 지속적으로 솟대쟁이패 놀이의 재현 작업에 매달려 왔다. 그러한 결과로 죽방울놀이, 나무다리 타기, 버나놀이, 무동, 얼른과 같은 몇 몇 연행종목을 되살려 현재에도 공연을 하고 있다. 지역의 전통예술 종사자들이 합심하여 솟대쟁이패 놀이를 재현해 오던 그간의 분위기를 일신하여 구체적이고 본격적인 복원과 계승 작업에 매진할 수 있도록 하기 위해 솟대쟁이놀이보존회를 발족하게 된 것이다. 따라서 솟대쟁이패 후손과 후예들이 중심이 되어 열성적으로 사업을 추진하고 있다.

▶ 솟대쟁이놀이보존회 활동내용

2004. 솟대쟁이 1「풍물굿」: 솟대쟁이의 후예 – 진주민예총

2005. 솟대쟁이 2「창작풍물굿」: 이우문 행중 – 진주민예총 전통연희연구회

2006. 솟대쟁이 그들과 후예 1 "솟대쟁이놀이 되풀이 굿" – 전통예술원 마루

2007. 솟대쟁이 그들과 후예 2 – 전통예술원 마루

2008. 솟대쟁이 그들과 후예 3 – 전통예술원 마루

2008. 5. 24.「학술행사」'한국 교예연행의 양상과 솟대쟁이패' – 진주문화연구소

2009. 12. 27. 솟대쟁이 그들과 후예 4 – 전통예술원 마루

2010. 8. 1. 솟대쟁이 그들과 후예 5 – 전통예술원 마루

2012. 10. 2. 솟대쟁이 그들과 후예 6 "기원하고 기원하는" – 전통예술원 마루

2012. 12. 7. 전문예인집단 '진주 솟대쟁이패' 복원을 위한 발기 모임

　　　　"진주 솟대쟁이패 후예·후손을 모시고" 행사개최 – 진주문화연구소

2014. 1. 솟대쟁이놀이보존회 발족

2014. 5. 24.「초청좌담회1」심우성 선생님 초청좌담회 개최

2014. 6. 7.「초청좌담회2」시연회 및 자문회 개최

2014. 7. 3. 「연수회」 심우성 선생님께 배우는 넋전만들기와 넋전춤 개최

▶ 솟대쟁이놀이보존회
- 회장 김선옥
- 부회장 송덕수, 정병훈, 남성진, 강동옥, 정대균, 강민아
- 학술부장 남성진(겸임)
- 연희부장 이훈호
- 연희차장 문학종
- 홍보부장 곽재균
- 홍보차장 하정용
- 사무국장 강영진
- 사무간사 문은진

▶ 솟대쟁이놀이 연희자
- 얼른: 김선옥(65)
- 솟대 및 쌍줄타기: 김태록(30), 최창원(28)
- 살: 송덕수(58), 박재묵(30), 이정원(21)
- 죽방울놀이: 문학종(36), 황희준(33), 정성재(34)
- 버나놀이: 강영진(35), 박재묵(30)
- 넋전춤: 이수정(46), 김영주(45), 하정용(39), 박소희(28)
- 풍물: 박염(74), 한승헌(43), 김한준(39)
- 새미놀이: 송덕수(58), 박재묵(30)
- 벅구놀이: 김선옥(65), 류재철(40), 송진호(25)

• 매호씨, 소리: 김동현(38)

▶ **숫대쟁이패 후예 · 후손**

1 제자(후예)

• 김선옥 진주/윤판옥, 김도생, 문현재, 조판조, 이차생, 김수갑, 황일백 등 사사

• 박염 삼천포/송철수 사사

• 이금조 밀양/윤판옥, 김도생, 문현재, 황일백 등 사사

• 진도곤 진주/윤판옥, 김도생, 문현재 등 사사

• 송덕수 대전/송순갑, 양도일 사사

2 후손

• 송철수 후손: 아들 송일조[의령], 딸 송숙자[대전], 손자 송진호[진주]

• 문일(본명:문현재) 후손: 아들 문기주[진주], 딸 김애선[진도]

• 강판세(본명:강두금) 후손: 외손자 김선옥[진주], 손자 강종수[부산],

  손자 강종래[부산], 손녀 강선자[평택]

• 정삼수 후손: 아들 정우식[진주]

• 김삼삼 후손: 아들 김수찬[거제], 김수용[진주]

〔**참고문헌**〕

〈논문자료〉

김시덕, 「솟대타기 연희의 기원과 전개 양상」, 『한국민속학』 제38권, 한국민속
학회, 2003.

남성진, 「진주삼천포풍물의 전통형성과 전승주체의 현실대응」, 안동대대학원민

속학과, 2003.

　노동은, 「노동은의 우리나라 음악사 교실Ⅳ」, 『계간 낭만음악』제5권 제3호, 1993
년 여름호

　신근영, 「솟대타기의 역사적 전개와 연희양상」, 『민속학연구』제13호, 국립민속
박물관, 2007.

　안태현, 「농환弄丸의 역사적 전개와 연희양상」, 『민속학연구』제13호, 국립민속
박물관, 2007.

　최상수, 「야류 · 오광대 가면극」, 『경상남도지−하권』, 경상남도지편찬위원회,
1964

〈단행본〉

심우성, 《男寺黨牌研究》, 同和出版公社, 1980.

심우성, 《韓國의 民俗劇》, 創作과 批評社, 1981.

이두현, 『韓國 假面劇』, 문화재관리국, 1969.

윤광봉, 『유랑연예집단과 꼭두각시 놀음』, 밀알, 1994.

전경욱, 『한국의 전통연희』, 학고재, 2004.

전상박, 『오광대와 들놀음 연구』, 집문당, 1990.

〈사진자료〉

심우성(한국민속극 자료), 전경욱(진주학예굿 발표자료), 신근영(논문 자료)

[참고문헌] 솟대쟁이놀이의 연행방식과 놀이전승의 양상

1. 자료편

『北史』권 94 열전 제 82 백제.

『隨書』권 81 열전 제 46 동이, 백제.

『周書』권 49 열전 제 41 異城上, 백제.

『삼국사기』권 제32, 雜志 제1樂, 鄕樂雜詠.

고구려 고분벽화, 장천 1호분, 팔청리, 수산리, 약수리고분벽화.

성현『허백당집』권 7, 觀儺詩, 권 14 '觀傀儡雜戲詩'.

『문종실록』즉위년, 6월10일.

'奉使圖' 제 7폭(1724, 중국 북경 중앙민족대)

『기산풍속도箕山風俗圖』, 독일 함부르크민족학박물관, 프랑스 기메박물관.

『甘露-조선시대 감로탱』, 상, 하권, 통도사성보박물관, 2005. 10.

최남선, 『조선상식』5, 儀禮편, 농주, 동명사, 1946.6.(1937 매일신보 160회 연재)

최영년, '죽방울', 『속악유희』, 1921.

2. 단행본과 논문

구미래, 「의례장면을 통해 본 감로탱의 비유와 상징」, 『甘露-조선시대 감로탱』, 상권, 통도사성보박물관, 2005.10.

김승희, 「감로탱의 이해-어디서 무엇이 되어 만나랴」, 『甘露-조선시대 감로탱』, 하권, 통도사성보박물관, 2005.10.

박은경, 「일본 소재 조선 16세기 수륙회 – 佛畵, 甘露幀」, 『甘露-조선시대 감로탱』, 상권, 통도사 성보박물관, 2005.10.

서연호, 「땅재주의 옛 명인 송순갑옹」, 『꼭두극』, 1988 봄호.

심우성, 『남사당패연구』, 동문선, 1989.6.

심우성, 『한국전통예술개론』, 동문선, 2001. 3.

양재연, 「신라 金丸戱에 대하여」, 『국문학연구산고』, 전예원, 1983(일신사 1976 초판).

윤광봉, 『한국연희시연구』, 이우출판사, 1987. 2.

이두현, 『한국가면극』, 문화재관리국, 1969.

이두현, 『한국의 가면극』, 일지사, 1979. 2.

이지영, 「동아시아 농환弄丸의 역사와 연행방식」, 『한국민속학』 50호, 한국민속학회, 2009. 11.

전경욱, 『한국의 전통연희』, 학고재, 2004. 4.

정형호, 「한국 나례의 가면극사적 의미 고찰」, 『동아시아고대학』 2집, 동아시아고대학회, 2002. 12.

최상수, 『야류 · 오광대 가면극 연구』, 성문각, 1984. 2. 초판 1998. 7. 재판

한남수, 「쿵주空竹놀이의 변용과 축제화 과정」, 『비교민속학』 47호, 비교민속학회, 2012. 4.

※ 이 밖에도 수많은 문헌자료가 있어 계속 조사 발표되어야 할 것임.

이상의 성과를 보고, 배우면서 민속학도民俗學徒의 한 사람인 본인은 가능한 한 솟대쟁이패의 본거지 진주를 그 동안 오가며 3편의 글을 쓴 것이 있기에 이번에 「도서출판 답게」에서 간행하여 주는 「전통문화 오늘과 내일」에 함께 넣으려고 한다.

2014. 5 24 솟대쟁이놀이보존회 초청좌담회

2014. 7. 3 솟대쟁이놀이보존회 초청연수회넋전춤

2014. 7. 13 넋전 오리기 연수회

2014. 7. 13 넋전춤 연수장

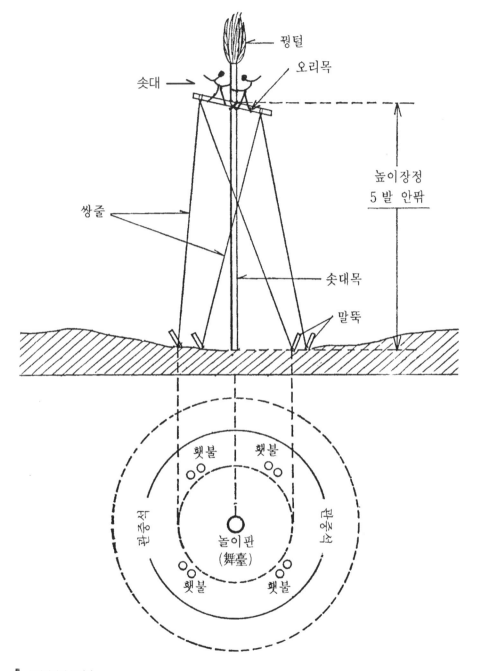

꿩털
오리목
솟대
높이장정
5 발 안팎
쌍줄
솟대목
말뚝
햇불
햇불
관중석
관중석
놀이판
(舞臺)
햇불
햇불

솟대쟁이의 놀이판

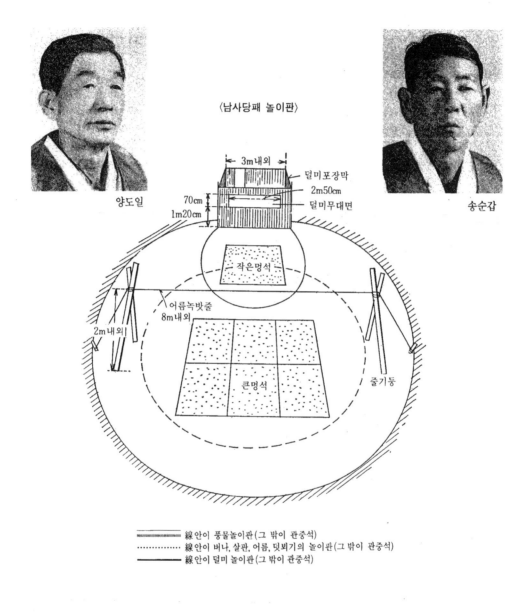

〈남사당패 놀이판〉

양도일

송순갑

3m내외
덜미포장막
2m50cm
70cm
1m20cm
덜미무대면

작은멍석

어름녹밧줄
8m내외

2m내외

큰멍석

줄기둥

▦▦▦ 線안이 풍물놀이판(그 밖이 관중석)
············· 線안이 버나, 살판, 어름, 덧뵈기의 놀이판(그 밖이 관중석)
━━━ 線안이 덜미 놀이판(그 밖이 관중석)

▌ 남사당패 놀이판

「솟대쟁이패」 문을 연다

1. 솟대쟁이패 남사당패 일러주신 떠돌이 정광진丁廣珍 옹
2. 솟대쟁이패 남사당패 은어隱語
3. 되살아 난 솟대쟁이패

위의 허술한 글들이 앞으로 진행될 솟대쟁이패 연구 · 발전에 작은 씨앗이나마 되었으면 하는 마음으로 부끄러운 문을 연다.

'솟대쟁이패', '남사당패'를 일러주신 떠돌이 정광진丁廣珍 옹

1950년 「6.25 난리」때, 나는 열일곱 살이었다.

서울의 종로 중심에 있었던 '휘문중학' 4학년생이었다.(당시 중학 6년제) 당시 난리가 났다고 며칠 동안을 웅성웅성 했었는데, 그런 어느 날 아침, 대문 밖이 시끌시끌하여 나가보니, 이웃 아저씨가 오셔서 말씀하신다.

인민군이 들어왔다는 말씀이시다.

그로부터 근 한 달 동안 선배에게 이리저리 끌려다니며 별별 경험을 다 했다. 동족상잔 난리통의 부끄러운 이야기들이니 시시콜콜 말하고 싶지도 않구나! 나는 그 당시 인민군 선배에 끌려 남쪽으로 남쪽으로 걷고 걸었다.

실은 나는 그 당시 고약한 배탈이 나서 싸고 또 싸가며 걷기만 했다.

그런데… 마침 나는 서울에서 300여리 남으로 떨어져있는 충청도 나의 고향 땅을 지나고 있었다.

충청남도 공주군 의당면 율정리(당시 지명).

불행 중 요행이라고나 할까? 나의 극심한 설사를 본 인민군 장교가 한참을 보더니

저 동지는 함께 가질 못하겠군? 그런데 일행은 나만 그대로 두고 모두가 저 멀리 사라진다…. 그래서 나는 어찔어찔 정신을 가다듬으며 '고향집'을 찾아 걷고 또 걸었다.

모처럼 찾아 든 고향집에는 할아버지도 할머니도 다 어디로 가셨는지 보이지 않고, 걸음걸이도 시원치 않으신 70이 넘으신 '정노인'이란 '머슴'만이 계시다.

나는 이 노인과 둘이서 조석을 해먹어가며 피난살이를 하는 수밖에 없었다.

이 '머슴'은 벌써 10여년 전 병든 노인으로 행랑채 빈방의 식객이 되면서 명색은 '머슴'이 된 분이란다.

자기 이름도 쓸 줄 모르고 한자漢字도 몰랐으나 '면사무소'에 등록을 할 때, 마을 이장里長이 자기 이름이라는 '머슴'의 목소리에 맞춰 정광진丁廣珍이라고 면사무소에 등록을 했단다.

그는 경상도 사투리를 몹시 쓰는데, 고향이 마산馬山이랬다, 진주晉州랬다 왔다갔다한다.

그러던 어느 날, 내가 보고 있는 책《金在喆, 朝鮮演劇史, 1933, 朝鮮語文學會刊》을 자기도 좀 보잔다. 책에 있는 글씨보다는 사진과 그림들을 한참 뒤적이더니 무척이나 반가워한다.

그 내용인 즉, 자기는 병들기 전 젊어서는「솟대쟁이패」,「남사당패」를 오가며 별별 놀이를 다 했었단다.

벅구(풍물)도 하고, 곤두질(땅재주)도 하고, 박첨지(꼭두각시놀음)도 놀았단다.

한 때는 '솟대쟁이패', '남사당패'의 뜬쇠(숙련된 연희자)로 이름을 날렸었는데, 갑작스런 속병이 들어 패거리를 나와 떠돌던 끝에 여기까지 오게 되었단다.

정 노인의 이야기를 듣고, 나는 그가 놀았다는 '솟대쟁이패', '남사당패'의 놀이들을 연상하며 야릇한 궁금증에 빠지고 말았다.

그러던 어느 날, 나는 정 옹에게 '솟대쟁이패', '남사당패'의 이야기를 본격적으로 묻기 시작했다.

그는 더듬거리는 말수지만 다음과 같은 소중한 내용을 엮어 주신다.

"… 지금은 경상도『진주』에 가도 '솟대패'는 없어졌겠지만 내가 젊어서만 해도 있었지. 글쎄 몇 사람이나 지금도 살아 있을지? 허 허. '솟대패', '남사당패' 놀이는 각기 일곱 가지씩 있었지."

『솟대쟁이패』

'풍물', '땅재주', '얼른(요술)', '줄타기', '병신굿', '솟대타기', '넋전춤'

『남사당패』

'풍물', '버나(대접돌리기)', '살판(땅재주)', '어름(줄타기)', '덧뵈기(탈놀이)', '덜미(꼭두 각시놀음)', '넋전춤'

"그런데 아마도 이제는 '솟대패'의 중심지였던 경상도 진주에도 앞서 말했듯이 '놀이패'들이 거의 없어졌고, '남사당패'의 중심지였던 경기도 '안성'이나 충청도 회덕, 당진, 평택… 등에는 몇 사람이 흩어져 살고 있겠지. '솟대패'와 '남사당패'를 오고갔던 사람으로는 '양도일', '송순갑', '최은창', '정일파', 나 '정광진'이 있었는데…."

그러던 어느 날, 다시 '국군'이 들어오고 '인민군위원회'의 일을 봤던 사람들이 붙잡혀 가는 소란통에 피난 가셨던 할아버님 내외분께서 돌아오시니 집안은 다시 생기가 돌았다.

그러나 할아버님께서는 아직 서울은 난리 속일 것이니 꼼짝 말라신다.

다음 해인 1952년 봄 서울 집에 부모님께서 돌아오셨다는 기쁜 소식이다.

자녀 셋을 낳으시고는 젊어서 혼자되신 '이모님'의 시댁이 경기도 '가평'. 산속 마을 '잣'이 많이 나는 곳에서 나의 부모님께서 6.25 난리를 보내시고 무사히 서울로 돌아오셨단다.

나는 서둘러 개나리 봇짐을 메고, 서울을 향하여 공주를 떠나게 되었는데 둘러 멘 보따리 속에는 '솟대쟁이패', '남사당패'를 적은 누런 종이쪽지가 「조선연극사」 사이에 끼어있었다.

이것이 정광진 옹과의 마지막이 되었다.

나는 서울로 돌아와 한 동안을 방황하다가 1953년 10월 '서울방송국'에서 '아나운서'를 뽑는다기에 시험에 참여했는데 다행히 합격을 했다.

그런데 같은 해 10월에 '정 노인'께서는 세상을 떠나셨다는 슬픈 소식이 들려온다.

정광진 옹의 '주검'은 마을에서 한참 떨어진 시냇가 자갈밭에 '천장'으로 모셔져 있었다. 묘자리 구하기도 어려울뿐더러 평생의 시름을 흐르는 물로 씻어주자는 마을 어른들의 발의로 그렇게 뫼셨단다. 수북이 쌓은 돌무덤을 뒤로 하며 나는 '솟대쟁이패', '남사당패'를 중얼거리며 서울로 돌아왔다.

나의 '아나운서' 생활은 길지를 못했다. 1950년 6.25 때 인민군에 끌려갔었던 것이 발각되어 어쩔 수가 없었다.

그런데 1975년으로 기억된다.

평소 스승으로 뫼셨던 「임석재 선생님」, 그리고 당시 국악예술학교 설립에 골몰하셨던 「박헌봉 선생님」께서 '한미재단'으로부터 향토민요 채록사업의 지원금을 받았으니 자네도 함께 일하여보자 하신다.

나의 향토민요 채록작업은 그저 신명나기만 했다.

허허, 이런 기회도 있구나….

그 때 나에게는 '정광진 옹'으로부터 물려받은 '솟대쟁이패', '남사당패'의 보물자료가 있었으니 이두 가지의 확인 작업은 흐르는 물결과 같았다.

'민속학도'가 될 수 있도록 깨우쳐 주신 '임석재', '박헌봉' 선생님.

'솟대쟁이패' 글을 쓰게 해주시고 '남사당패 연구' 책을 낼 수 있도록 해주셨습니다.

그리고 미리 길을 알려주셨던 정광진 옹이시여,

고맙기 그지없습니다.

여러 어른들이시여.

명복 만만복 하옵소서.

▌ 정광진옹 젊은시절

솟대쟁이패 · 남사당패의 은어隱語

다음에 모은 '솟대쟁이패', '남사당패'의 은어들은 1950년대 이래 두 패거리를 서로 오갔던 연희자들로부터 수합한 것으로 공식적으로 이를 발표함은 처음 있는 일이다.

처음으로 관심을 갖게된 데는 1950년 6 · 25난리를 맞아 할아버님 내외께서 살고 계신 고향인 「충청남도 공주군 의당면 율정리」에 갔었을 때였다.

할아버님 댁에는 명색은 '머슴'이라 했었지만 걸음걸이도 불편하신 70세가 넘으신 한 노인이 계실 뿐, 모든 식구들은 어디로 피난을 가셨는지 집안이 텅 비어 있었다.

그러다 보니 나와 '머슴'이신 노인과 둘이서 밥을 지어 먹으며 나날을 보내게 되었다.

'머슴'께서는 성함이 정광진丁廣珍이라 하셨는데, 나이는 말씀하실 때마다 한두

살이 늘었다 줄었다 했다. 아마도 70몇 세 이신 듯하다.

성함도 율정리栗亭里 이장이 면사무소에 등록을 하기 위하여 지으신 것이라 했다. 고무래 정丁, 넓을 광廣, 보배 진珍이라 정했단다.

'솟대쟁이패'와의 관계는 자기가 어릴 때와 젊었을 때, 경상남도 '진주'에서 주로 놀았었는데, 아마도 요즘은 거의 나이가 들어 세상을 떠났거나 아마도 없어졌을 듯하단다.

'남사당패'는 경기도 '안성', 충청도 '대전' 등이 중심지였는데, 지금도 대여섯 명 살아 있을 듯하단다.

경기도, 충청도의 곳곳에 있는 사람으로 '방태근', '전근배', '남운용', '양도일', '송순갑', '최성구', '정일파', '지수문', '김문학', '최은창', '이돌천' 등 여럿이 있었는데, 아마도 이들 중 세상을 떠난 사람도 적지 않을 것이란다.

당신이 이 마을로 들어오기 전에는 오며가며 여럿을 만났었단다.

알려주신 소중한 내용은 이에 그치칠 않았다. 「솟대쟁이패」와 「남사당패」의 연희종목을 일러 주신다.

패거리 마다 대충 일곱 가지의 놀이를 놀았단다.

『솟대쟁이패』

'풍물', '땅재주', '얼른(요술)', '줄타기', '병신굿', '솟대타기', '넋전춤'

『남사당패』

'풍물(서울 경기) · 풍물(전라) · 풍장(경상) · 매구'

'버나(대접돌리기)', '살판(땅재주)', '어름(줄타기)', '덧뵈기(탈놀이)', '넋전춤', '덜미(꼭두각시놀음)'

거의 비슷한 일곱 가지의 놀이를 논다.

나는 '정광진' 옹 덕분에 연세 많으신 연희자 출신 노인들과 가까워지면서 배우는 것이 꽤나 많아졌다.

그 가운데서도 특히 '솟대쟁이패'와 '남사당패'가 걸어온 길은 바로 '민중사'의 한 몫을 차지하고 있음을 알게 되었다.

또한 구체적으로 공부란 어떻게 해야 하는 것인가 하는데, 고민도 갖게 되었다.

그러던 참에 연희패들 간에 주고받는 은어隱語가 있음을 알게 되었는데, 당신들끼리는 '은어'라 하질 않고, '변(漢字로는 없음)'이라 한단다. 사전에서 찾아보아도 없고, 일반인 가운데 아는 사람도 거의 없다.

'변'__, '변'__, '변'__. 참으로 당신들끼리만 통하는 '변'이라니?

이제는 벌써 세상을 떠나신 '정광진 옹'께서 하시는 말씀 중 뜻을 알 수가 없었던 괴상한 소리들은 그러니까 모두가 '변'에 속하는 것이었던가?!

두 패거리가 거의 같게 썼던 '변'은 실은 고故 '양도일'. '남운용', '송순갑', '최성구' 등 여러 어른께서 제공·정리하여 주신 것임을 밝히는 바이다.

솟대쟁이패 남사당패 변隱語

1) 신체 부위

머리_글빡, 구리대, 눈_저울

코_흥대, 입_서삼집, 이빨_서삼틀

배_서삼통, 젖_육통, 손_육갑

발_디딤·버선신발, 항문_구멍똥

남자성기_작숭이, 여자성기_뽁·엿

2) 가족관계 및 인물

노인 · 할아버지_감냉이, 할머니_구망 · 허리벅

아버지_붓자, 어머니_미녀, 형_웃마디

동생_아랫마디, 신랑 · 남편_방서

신부_마누라, 마누라_해주, 작은 마누라_작은 해주

남자총각_남자동, 여자 처녀_여자동, 어린아이_자동

홀애비_애비홀, 영감_감영, 과부_부과

3) 음식(식물, 동물)

음식_서금, 밥_서삼 · 글, 떡_시럭,

고기_사지, 쇠고기_울자사지, 돼지고기_냉갈이 사지

국수_수국, 불고기 백반_사지서삼, 술_탈이 · 이탈

담배_배담, 쌀_미새, 벼_끼리

보리_퉁이, 닭_춘이, 달걀_춘이알, 개_서귀

4) 주거住居

집_두렁, 방_지단, 이불_덮정

5) 의복衣服

옷_버삼, 두루마기_웃버삼

6) 악기

꽹과리_구리갱, 징_왱이, 북_타귀, 장고_고장

7) 수효(개)

하나1_제푼(개)

둘2_장원(개)

셋3_우슨(개)

넷4_죽은(개)

다섯5_조은(개)

여섯6_업슨(개)

일곱7_결연(개)

여덟8_얼른(개)

아홉9_먹은(개)

열10_맛땅(개)

8) 기타 다방면의 '변'

무당_지미, 큰무당_큰지미, 작은무당_더러니, 신당神堂_당신, 단골무당_골
단, 남자무당_쑤백이, 굿_어정, 선굿_큰어정, 앉은굿_앉은구명, 점_꾸리뭇, 점
쟁이_꾸리뭇쟁이, 푸닥걸이_닥구리, 살풀이_풀이살, 판수_사봉, 장님_자봉, 수
양어머니_영수머냐, 수양아들_솟새, 대감_감대, 춤_발림, 놀음꾼_옴돌쟁이·옴
돌꾼, 눈치꾼_치눈쟁이, 미운놈_거실한 놈, 바보_여디, 손님_임소, 접대부−탈이
술 파는 자동, 쓸데없는 놈_구정살, 비국악인_비개비, 형사·경찰_바리, 도둑_적
도, 소리꾼_패기꾼, 악사_잽이·면사, 황자_드러병, 일본사람_왜짜, 주인_연주,
벙어리_어리병, 병신_신병, 중_모구리, 고기장사_사지수장·무냐, 머슴_섬사, 대
물림 양반_대철지, 양반_철지, 도깨비_개비도, 광대_대광·산이, 부자_자부, 기
생_생짜, 안경_저울집, 예쁘다_뼈입하다, 월경_도경, 방구_구방, 온다_실린다, 가

짜·거짓말_석부, 돈_이돌, 가짜 돈_석부이돌, 돈내다_이돌내다, 사랑하다·좋아하다_지순다, 죽여라_귀사시켜라, 도둑질_적도질, 매_타구리, 화낸다_절낸다, 꾸지람하다_남소하다, 잠자다_굽힌다, 도망가다_명도질 하다, 이리온다_이리 실린다, 변소_구성간, 아편_꼬챙이·소낭, 전라도_라도절, 죽이다_귀사시키다, 인사말_살인말, 작구_두작, 무가巫家_어정집, 죽음_귀사·사귀, 귀신_신귀, 부적_적부, 넋_진오귀, 궁웅굿_능구굿, 창부倡夫_붓창, 재수굿_수재굿, 사주四柱_주사, 말_서삼질, 말하지마_서삼질마, 바쁘다·보기싫다_거실하다, 나쁜놈_거실린놈, 환갑_갑환, 성교한다_챈다, 먹어라_채라, 똥_구성, 요강_강요, 간다·나들이한다_출한다, 소리_패운다·앵두딴다, 잠_시금.

뒷손질을 하여주신 '양도일', '송순갑' 두어른 고마웠습니다.

되살아 난 솟대쟁이패
시작의 말씀

경상남도 진주晋州지방은 예로부터 '솟대쟁이패'의 중심지로 이름난 곳이다.

이 고장에 전하는 '솟대쟁이패 놀이'와 연관된 여러 문헌 중 특히 '진주문화연구소'가 간행한 자료들을 인용·수합하여 다음에 소개하기로 한다.

…'솟대쟁이패'란 1900년대 전후로 진주지역을 본거지로 하여 전국을 떠돌아다니며 활동한 예인집단을 일컫는다. '솟대쟁이패'란 명칭은 이 패거리들이 굵고 긴 '솟대막대'를 세우고 그 꼭대기로부터 양편으로 두 줄씩 네 줄의 '쌍줄'을 늘여놓고 그 뒤에서 몇 가지의 재주를 부린데서 붙여진 명칭이다.

진주를 중심으로 이 놀이가 성행하면서 전국을 오갔던 이 놀이패는 '솟대패'라고도 했었다.

1920~30년대에 이 지역에서 활동한 사람으로는 4대 꼭두쇠(우두머리)인 '이우문'에 이르기까지 그의 전승이 지속되었다.

대표적인 기예로는 '솟대막대' 위에서 '쌍줄타기'를 하거나 '버나'를 돌리며, 풍물, 세미(무동), 얼른(요술), 꼭두질(살판), 넋전 춤, 오광대(탈놀이) 등을 놀았으니 우리나라 곡예단(써커스)의 전신으로 여겨진다.

경기도 지방(안성)의 '남사당패'와 쌍벽을 이루었던 '솟대쟁이패'!

참으로 우리나라를 대표하는 규모 큰 예인집단이었다.

솟대쟁이패는 벅구놀이(풍물)가 특히 뛰어나 「경상도 벅구」를 전국에 알리는 유명세를 자랑했었다.

1920~30년대에 활동한 솟대쟁이패의 예인들을 꼽는다면 꼭두쇠 '이우문'을 중심으로 그의 동생들인 '재문', '기문' 형제 그리고 '김성세', '김인포', '김수갑', '조관조', '윤판옥', '황을생', '김도생', '문현재', '송철수', '송순갑', '이차생', '이춘일', '김양옥', '박희철' 등이다.

위의 분들 가운데 '송순갑'은 고향이 진주가 아니고 본디는 충청남도 대덕군 출생이었는데 여덟살에 부모를 여의고 진주 '이우문 행중'에서 '살판'을 배우고 일찍이 놀이꾼이 된 사람이다.

그런데 당대에는 뛰어난 기예로 명성이 자자했었지만 안타깝게도 1936년 황해도 일원의 공연을 마지막으로 해체할 수밖에 없었다고 한다.

당시 침략자 일제日帝의 우리민족 문화말살정책에 당해낼 재간이 없었으니 대표적 민중놀이인 솟대쟁이패, 남사당패의 존재는 견딜 수가 없었다.

해방과 함께 세상이 바뀌었다

다행스럽게도 1945년 해방 이후 민중놀이의 신명난 종목의 하나였던 풍물(농악)을 '강두금'씨(현재 삼천포농악 인간문화재 김선옥씨의 외조부)가 「진주농악회」를 구성하면서 다행이 소중한 계통을 잇게 되었다.

특히 '황일백', '조현수', '송철수', '윤판옥', '김도생', '문현재', '조관조' 등의 명인들이 한데 어울리면서 발전의 길을 열었다.

그 후 문화재 보호정책의 일환으로 국가로부터 무형문화재 조사(1965년 7월)가 진행되었고 이듬해(1966년 6월29일) 중요 무형문화재 제11호 「농악12차」로 명명 되면서 전승의 토대가 마련되었다.

현재 활동하고 있는 두 분의 명인(박염, 김선옥)은 솟대쟁이패 출신의 선배들로부터 사사를 받아 오늘날 「진주삼천포농악」의 인간문화재로 활동하며 그의 줄기를 잇고 있다. '솟대쟁이패의'의 '탈놀음'은 '진주오광대'가 복원됨으로써 그 내용의 일부를 다시 만나게 되었다.

1998년 1월9일, 진주시민들의 힘으로 '진주오광대사업회'가 구성되었고, 뒤이어 제3회「진주탈춤한마당」을 통하여 진주의 '토박이오광대'가 복원 공연(1998년 5월23일)됨으로써 솟대쟁이패의 전통적인 오광대의 자취를 찾을 수가 있었다.

그 후 '진주오광대'는 2003년 6월7일에 이르러 경상남도 무형 문화재 제27호로 지정되어 전승의 기틀이 마련되었다.

솟대쟁이패 옛 명인들의 신기에 가까운 기예들을 이제는 볼 수가 없게 되었지만 그 어른들의 예술혼과 정신은 고스란히 후배 예인들에게 계승되었고 그 몸짓과 장단들은 오늘날에도 후예들에게 창의적으로 발현되고 있다.

이상의 글들은 특히 (사)진주문화연구소 김수업 이사장, 김선옥 보존회장, 남성진 수무장 그리고 중요한 각 분야를 지키고 있는 회원 여러분들께서 함께 엮어주신 소중한 자료들의 덕이다.

앞의 글 가운데 지난 시절 솟대쟁이패를 꾸미며 이끌어 온 수고하셨던 많은 분들의 성함이 알려진 것은 참으로 반가운 일이다.

그 가운데는 진주지역 출신이 아닌 분도 적지아니 보인다.

그 중에서도 충청남도 출신으로 여덟 살 무렵, '진주 솟대패'의 어린 일꾼이자 놀이꾼으로 들어온 송순갑宋淳甲이 특이하다.

솟대쟁이패는 1800년대부터 진주 지역을 본거지로 하여 전국을 떠돌아다니며 활동한 전문예인집단을 말합니다. 솟대쟁이패가 놀던 놀이는 1920 ~ 1930년대에 활동한 4대 꼰두쇠 이우문에 이르기까지 전승이 이어졌는데, 대표적인 기예로는 솟대타기, 쌍줄백이, 버나놀이, 풍물(농악), 새미놀이(무동), 얼른(요술), 꼰두질(살판), 오광대(탈놀음), 병신굿 등이 있습니다. 우리나라 써커스의 전신으로 여겨지는 솟대쟁이패는 일제강점기인 1936년도 황해도 원산 공연을 마지막으로 해체하게 되어 그 기예가 이어지지 못 했습니다.

그동안 지역에서는 솟대쟁이놀이를 되살리고자 2004년 진주민예총의 "솟대쟁이패 후예" 공연을 시작으로 전통예술원 마루에서 죽방울놀이, 나무다리타기, 버나놀이, 무동 등의 연행종목을 지속적으로 재현해 왔습니다. 여러 사람들이 모여 좀 더 체계적인 재현 복원을 하기 위해 솟대쟁이놀이를 되살리는 일을 하루 바삐 서둘러 보자고 뜻을 모았습니다. 마침내 2013년 12월 28일 "솟대쟁이 후예·후손모임"을 시작으로 **솟대쟁이놀이보존회**를 발족하였습니다.

18년 전 진주오광대를 시민의 힘으로 복원한 것처럼 진주삼천포농악과 진주오광대의 앞모습인 솟대쟁이놀이를 진주시민의 힘으로 되살리고자 합니다. 시민 여러분의 힘을 보태어주세요~!

★ **2014년 공연 일정** ★
◎ 시연공연 : 9월 13일(土) 오후 5시, 예술회관 앞 야외공연장(진주탈춤한마당 내)
◎ 복원재현공연 및 학술행사 : 11월 1일(土) 시간 미정, 예술회관 앞 야외공연장

2014년 9월
솟대쟁이놀이보존회장 김선옥 올림

▶ 죽방울 재현 공연

▶ 심우성 선생님 초청강연회

▶ 솟대타기. 쌍줄백이 연습

진주 '솟대쟁이패'에 대하여

나는 1975년 '창작과 비평사'에서 「韓國의 民俗劇」이란 책을 낸 바 있는데 그 가운데 글을 다음에 소개한다.

"…오광대놀이에 영향을 끼친 전문·직업적인 유랑예인집단流浪藝人集團으로 '대광대패'는 그런대로 알려져 있는 편이나 거의 같은 역할을 한 '솟대쟁이패'에 대하여는 밝혀지지 않고 있는 실정이다."

솟대쟁이패의 '꼰곤두쇠頭目'였던 송순갑宋淳甲(62세, 忠淸南道 懷德面 法洞 거주)의 다음과 같은 회고적 증언이 이 방면의 궁금증을 크게 풀어주고 있다.

"…경상도 진주晉州가 쇳(솟)대쟁이패의 본거지였는데…, 내가 여덟살 때 고아孤兒로 이 패거리에 들어갔을 때, 이우문(진주사람)이란 사람으로부터 '살판'을 배웠단다.

이우문은 전前 4대째 내려오는 쇳대쟁이패의 꼭두쇠頭目였다.

이우문 밑으로 사자(성은 김씨)로 불리던 지금껏 살았으면 100세쯤 되었을 사람과 경기도 사람 박희철(역시 살았으면 100세쯤 되었음), 그리고 이우문의 동생인 이재문(살았으면 70세 전후), 날라리를 불고 얼른(요술)을 잡던 지금은 충청남도 당진에 살고있는 정일파鄭一波 등과 함께 새미(무등)놀이, 얼른(요술), 병신굿(탈을 쓰지 않음), 꼰(곤)두질(땅재주), 오광대(탈을 씀), 쌍줄백이(쌍줄타기) 등을 가지고 경상도를 떠돌아 다녔다."

쌍줄백이라 하는 것은 솟대竿처럼 높은 장대를 하나 세우고 그 꼭대기로부터 두 가닥의 줄(가는 밧줄)을 평행平行으로 늘여, 밑에 두 개의 말뚝을 박아 고정시키고 그 위에서 두 사람의 쌍줄백이꾼이 팔걸음, 고물무치기 등의 묘미를 논다.

새미놀이는 풍물에서의 무동놀이와 비슷한 것이고, 꼰두질은 두 사람 내지 네 사람의 꼰두쇠가 솟대 밑에 깐 5~6닢의 멍석 위에서 앞곤두, 뒷곤두, 팔걸음, 살판 등을 하는 것이다.

병신굿은 양반과 쌍놈(머슴) 두 사람의 역할을 맡은 두 사람의 어릿광대가 나와 양반이나 쌍놈이나 못된 짓 하는 놈은 모두 병신이란 줄거리의 놀음놀이를 하는데 탈은 쓰지 않는다.

(솟대쟁이패의 병신굿 연희본은 필자가 이미 채록한 바 있어 다른 기회에 발표할 예정이다.)

오광대는 탈을 쓰고 노는 놀음놀이인데 대광대패의 놀이와 아주 비슷한 것이다.

(1963년 宋淳甲옹과 필자와의 대담에서 내용은 주고받은 바 있음)

현재 완전치는 못하나마 경상남도 밀양密陽지방에 전하고 있는 병신굿과 끼줄땡기기 등에서의 병신굿은 솟대쟁이패의 병신굿이나 명칭상부한 점도 있고 하여 오광대놀이와의 관련여부가 궁금한 것이기도 하다.

그리고 솟대쟁이패의 오광대놀이는 그 내용이 전하지 못하고 있어 그 윤곽마저 잡을 수 없어서 앞으로도 계속 답사 · 채록되어야 할 문제이다.

그렇다면 오늘날의 오광대놀이에 영향을 준 놀이패는 대광대패뿐만 아니라 솟대쟁이패까지도 포함시켜야 하는 것으로 된다.

이밖에도 중매구 걸립패 등의 문제도 있는 바 다음 기회로 미루기로 한다.

다음의 짧은 글은 2010년 9월 가을호「공연과 리뷰」220호에 실려있는 솟대쟁이패에 관한 내용이다.

『…'솟대'란 본디 삼한시대이래로 천신天神에 제사를 드렸던 지역 또는 그곳에 세웠던 '방울'과 '북'을 달았던 높은 장대를 일컫는 말인데 지금도 그 유물이 몇 곳에

▮ 양도일   ▮ 송순갑

있으며, 해마다 정월에 당굿을 올리는 마을도 몇 곳 있다.

솟대쟁이패란 명칭은 꾸미는 놀이판(무대)의 한 가운데에 반드시 '솟대'와 같은 긴 장대를 세우고 그 꼭대기로부터 양 편에 두 가닥씩 네 가닥의 줄을 늘여놓고, 그 위에서 몇 가지 재주를 부린 데서 비롯된 것으로 보인다.

남사당패나 사당패가 춤과 음악과 연극적인 연희를 주로 행하면 이 패거리는 곡예를 위주로 했으니 오늘날의 '서커스'의 할아버지 격이 되는 셈이다.』

이제까지의 말씀 중, 솟대쟁이패에 대하여 주로 알려주신 분 두 분을 든다면 양도일梁道一, 송순갑宋淳甲 씨인데 두 분이 젊어서 사시던 곳도 「충청남도 대덕군 회덕면 법동리」같은 곳, 같은 마을이었다. 그들이 놀았던 놀이도 같은 두 가지인 솟대쟁이패, 남사당패를 서로가 오고 갔었다.

그리고 이 두 패거리의 놀이도 거의 비슷하며 수효도 같은 '일곱 가지'였다.

이 글을 마무리하며, 반가운 말씀을 올리려 한다.

이제는 거의 없어져 가고 있던 솟대쟁이패 놀이가 옛 중심지 였던 '진주'에서 되살아나고 있다.

「색동회」와 「어린이 날」

「색동회」와 「어린이 날」이야기를 하려다보니, 먼저 소파 방정환 方定煥(1899~1931) 선생님 생각이 납니다. 그런데 제가 낳기도 3년이나 앞서 세상을 떠나셨고 보니 뵙지도 못한 분이십니다.

또 한 어른께서는 근 50년이나 전인 1965년쯤, 「민속학」공부에 큰 도움을 주신 윤극영 尹克榮(1903~1988) 선생님의 생각이 나는군요.

윤 선생님께는 특히 방 선생님 말씀을 많이도 해주셨습니다.

『…옛날 조선일보, 동아일보 그리고 조선중앙일보 등을 보면 '동요작가'로서 방정환선생님이 많이도 나오셨어요. 또 '색동회'가 자주 소개되고 있었죠. …음…방 선생께서는 훌륭한 분이셨어 나보다 너덧 살 위셨지. 그런데 큰 일 많이 하시다가 서른 갓 넘어 세상을 떠났으니 참으로 아까운 분이시지….

나의 '반달' 보다 '소파'선배의 '형제별'이 먼저 생각이 나는군 …허허허… 내 나이 30전에 먼저 가신 분이셔 …허허….』

이제부터 소개하는 '색동회'와 '어린이 날' 이야기는 큰 스승이셨던 윤극영 선생님의 40여 년 전 말씀과 방정환 선생님이 문예활동을 하시는데 큰 집이었던 오늘의 「천도교 중앙총부」가 제공한 자료를 바탕으로 한 것이다.

또한 《이상음 지음 「사랑의 선물 – 소파 방정환의 생애」 한림출판사 2005. 5.30 간행》이 큰 도움이 되었다.

우리나라 '아동 문학가'이자 '사회사업가'로써 선각이셨던 방정환 선생님의 자료 수집·연구에 큰 공헌을 한 저서임을 널리 알리고 싶다.

열 살의 어린이 방정환은 이웃 동무들과 함께 뜻을 합하여 한 '모임'을 만들었다. '뜻을 세운 소년들의 모임'이라는 「소년 입지회立地會」였다. 「소년 입지회」는 서로가 뜻을 합쳐 공부도 하고, '탈놀이', '인형놀이'도 했으며 처음 보는 '활등기'에 100여장이 넘는 사진판을 비춰 세계구경을 함으로써 눈을 넓혔다. 경제는 어려웠으나 동무들과 뜻을 합하여 세상걱정 나라걱정을 하는 「소년 입지회」 회장으로 방정환은 어느덧 나이 18세가 되었다.

그 무렵(1917년) 새롭게 꾸린 집단이 「청년 구락부」이다. 힘센 우리 청소년들이 힘을 합하여 빼앗긴 나라를 찾는데 앞장서자는 모임이었다. '소춘 김기전'과 '소파 방정환'의 소년운동의 주도 그리고 실제적인 운영은 방정환과 뜻을 함께하는 동지 '유광렬'이 맡았고, 회장 '이중각', 부회장 '이복원'이 선출되었다.

방정환은 이 무렵 결혼을 했다. 그가 천도교에 입교한 19세 때였다. 신부는 천도교 제3대 교주 손병희(1861~1922)의 따님 '용화'였다. 교주의 첫눈에 사윗감으로서 방정환이 만족했는가 한다.

다시 「청년 구락부」로 돌아오자. 1918년 「청년 구락부」는 「신청년」이라는 회지 제1호를 낸다. 창간호의 머리말은 민족지도자이며 승려 시인인 '한용운'이 썼다. 같은 해 12월에는 방정환 작 · 주연 「동원령動員令」의 공연을 했는데 관람객도 많았지만 일본 순사의 감시가 철저해진 계기가 되었다.

급기야 큰 불행이 엄습했으니 「청년 구락부」의 많은 회원들이 체포 되었으며 잔인한 고문을 당했다. 끝내는 '이중각' 회장은 종로경찰서에서 고문 끝에 목숨을 잃었으며 '이복원' 부회장은 서대문 감옥에서 옥사를 한다.

그러나 1919년 3월 1일 '3 · 1 독립만세'를 부르면서 민족의 울분은 봇물처럼 터져 오른다. 방정환은 한동안 중단되었던 「독립신문」을 다시 펴내어 전국에 뿌린다. 당황한 일제는 잔인하게 온 백성을 총칼질 하니 '3 · 1 만세운동'은 결국 실패하고야 만다.

「소년 입지회」와 「청년 구락부」를 통하여 어린이와 젊은이들의 바른 길을 열고자 했던 방정환은 3 · 1운동의 실패 끝에 1920년 봄 일본 유학길에 오른다. 도쿄東京에 도착 토요東洋대학 철학과에 입학하는 한편 「천도교 청년회 도쿄지부」의 회장직을 맡고, 천도교 교단에서 발행하는 「개벽」의 도쿄 특파원도 많으니 도쿄와 서울을 자주 오가게 된다.

1921년 여름방학이 되자 방정환은 서울로 돌아와 천도교원 중심으로 「천도교 소년회」를 조직한다. 바로 여기에서 이제껏 생각하지 못했던 '아이들의 인권보호'를 주장한다.

"…아이들을 하인이나 노예처럼 부리지 말자. 아이들에게도 인격이 있으니 존중해 주어야 한다. 아이들에게도 존댓말을 하자. 존댓말을 듣고 자란 아이들은 남을 존중하고 소중히 여길 줄 알 것이다…."

1922년에는 우리나라 최초의 동화집 「사랑의 선물」을 발행한 바, '머리말'을 다음과 같이 쓴다.

"…학대받고 짓밟히고 차고 어두운 속에서 우리들처럼 또 자라는 불쌍한 어린 영들을 위하여, 그득히 동정하고 아끼는 사랑의 첫 선물로 이 책을 엮는다."

위에서 '어린 영'은 바로 어린아이를 뜻하는 말이었다.

'젊은, 젊고, 젊다'에서 '젊은이'라는 이름이 나왔듯이 '어린, 어리고, 어리다'에서 '어린이'라는 말을 지어낸 것이다. '애새끼', '애놈', '자식놈', '아이들' 등이 '어린이'로 바뀐 것이었다.

다음해 1923년 3월 역시 우리나라에서 처음으로 '아이들'을 위한 아름다운 이름 '어린이'로 어린이를 위한 잡지가 간행된다.

훌륭한 '어린이' 책을 만들기 위하여 바쁘기만 한 방정환은 어린이 노래를 작사 · 작곡할 이 방면의 전문가가 꼭 필요했다. 주변의 소개로 만나게 된 사람이 바로 동요작가 '윤극영'이었다. '우에노上野 음악학원'에 다니는 작곡자로써 두 사람의 마음은 만나자마자 가깝고 또 가까운 사이가 되었다.

다음에 '방정환', '윤극영'이 지은 2편의 노래를 적는다.

《형제별》

날 저무는 하늘에 별이 삼형제

반짝 반짝 정답게 지내더니

웬일인지 별 하나 보이지 않고

남은 별이 둘이서 눈물 흘린다.

– 방정환 지음

《반　달》

푸른 하늘 은하수 하얀 쪽배엔

계수나무 한 나무 토끼 한 마리

돛대도 아니 달고 삿대도 없이

가기도 잘도 간다 서쪽 나라로

- 윤극영 지음

'색동회'가 정식으로 시작된 날, '어린이 날'이 시작된 날은 같은 1923년 5월1일임은 널리 알려져 있는 사실이다. '색동회'란 이름은 '윤극영'이, '어린이 날'의 큰 잔치는 방정환을 비롯하여 색동회 회원 '마해송', '진장섭', '정순철', '고한승', '정인섭', '조재호', '최진순', '이헌구', '손진택', '윤극영' 등 많은 사람들이 손을 잡았다.

방정환 1899~1931의 글. 전조선 어린이께 〈천도교 중앙총부 제공〉

그 후 이 둘은 「신여성」, 「별건곤」 등의 잡지를 발간하는가 하면 여러 차례의 '동화
대회'를 열었다.

《어린이날 노래》

기쁘다 오늘날 5월 1일은

우리들 어린이의 명절날 일세

복된 목숨 길이 품고 뛰어 노는 날

오늘이 어린이날

만세 만세를 같이 부르며

앞으로 앞으로 나아갑니다

아름다운 목소리와 기쁜 맘으로

노래 부르며 가세

– 방정환 지음

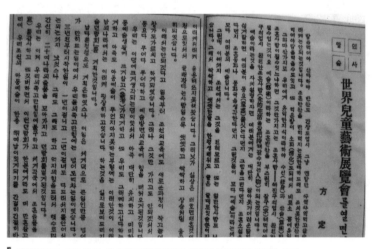

방정환 1899~1931 의 글. 세계아동예술전람회를 열면서 〈천도교 중앙총부 제공〉

1928년 10월 천도교 기념관에서 연 '세계 어린이 예술전람회'는 세계 여러 나라와 우리나라 어린이들이 정성껏 만든 미술품과 여러 가지 예술품들이 다양하게 전시되었다. 그런데 이 전시회를 준비하는데 방정환은 2년 이상 몸을 아끼지 않고 무리를 하다보니 몹시 심한 병객이 되고 말았다.

병든 그였지만 불편한 걸음걸이로 오가며 '색동회 모임', '어린이날 큰 잔치'를 계속하고 그가 세상을 떠나는 1931년에도 월간 잡지「혜성」을 발간한다. 그가 세상을 떠나기 하루 전인 7월 22일 저녁 아내 '손용화', 장남 '운용'과 색동회 회원들이 지켜보는 자리에서 "…우리 어린이들…잘…부탁하네…"하며 조용히 흐느꼈다.

다음날 저녁 그러니까 1931년 7월23일 오후 6시 넘어 소파 방정환은 저 세상으로 가고 만다. 영결식은 7월25일 오후 1시, 천도교당 앞마당에서 '색동회'와 '개벽사' 공동으로 올렸다. 다음날에는 '색동회'의 '소파 추도식'이 있었고, 8월 20일에 나온 '어린이' 잡지는「소파 추도호」로 간행되었다.

현재 묘소는 서울 망우리에 안장되어있어 그를 존경하고 사랑하는 후예들이 지금도 적잖이 찾아뵙고 있다. 1957년 늦었지만 그의 업적을 기리기 위하여「소파상」을 제정하며 해마다 '어린이 날'에 어린이들을 위하여 힘쓴 사람에게 상을 주고 있음도 소망스런 일이다.

끝으로 소파 방정환 선생의 큰 뜻을 기리기 위하여 선생의 큰집이기도 했던 오늘의 천도교 중앙총부(서울시 종로구 경운동 88번지) 앞마당에 서 있는《세계 어린이 운동 발상지》큰 비석에 서 있는 글을 옮겨 적는다.

어른이 어린이를
내리 누르지 말자.
삼십년 사십년 뒤진 옛 사람이

삼십 사십년 앞 사람을

잡아끌지 말자.

낡은 사람은 새 사람을 위하고

떠 받쳐서만

그들의 뒤를 따라서만

밝은 데로 나아갈 수 있고

새로워질 수가 있고

무덤을 피할 수 있는 것이다.

– 1930년 7월 어린이 인권운동가 방정환

글을 마무리하며 '방정환', '윤극영' 그리도 모든 먼저 가신 '색동회' 여러 어른의
명복을 비옵나이다. 고마우셨던 선생님들이시어 부디 평안 평안 하옵소서.

▌ 1983년 박득순 화백이 그린 초상화 　　▌ 어린이 방정환 　　▌ 1933년 포스터

〈윤국영전집1〉에서 어린이들과 함께 〈깊은샘〉 제공

70년대 중반 수유리 자택에서 〈윤국영전집1〉에서
〈깊은샘〉 제공

세계어린이운동 발상지

어린이 어멍에를
내리 누르지 말자.
삼십년 사십년 뒤지 옛 사람이
삼십 사십년 앞 사람을
잡아 끌지 말자.
낡은 사람은 새 사람을 위하고
떠 받처서만
그들의 뒤를 따러서만
밝은 대로 나하갈 수 있고
새로워질 수가 있고
무덤을 피할 수 있는 것이다.

천도교 중앙총부 앞마당에 서 있는 큰 비석. 서울 종로구 경운동 88번지

IV

옛 우산국于山國 이야기

울릉도, 독도를 찾아서

지금은 아름다운 우리의 섬인 '울릉도'와 '독도', 옛날에는 독립된 나라였으니 이름을 우산국于山國이라 했었다.

그 뿐만이 아니다. 남쪽 바다 큰 섬, 제주도濟州島는 탐라국耽羅國이라 했었던바 〈우산국 이야기〉가 끝난 후 이어서 엮어 보기로 한다.

'울릉도', '독도'가 '우산국'이었었다는 사실을 지금은 모르는 사람도 꽤 있다.

「우산국 이야기」는 옛날 '우산국'이었던 울릉도와 독도의 역사와 민속을 옛 문헌과 현지답사를 통하여 엮어 나아갈 것이다.

6세기 초 무렵, 동해안의 두 섬인 무릉(武陵=울릉)과 우산(于山=獨島)에는 자그마한 섬나라가 있었으니 바로 이것이 고대 조선에서의 부족국가의 하나였던 '우산국'

이었다. 이 섬나라는 육지와 멀리 떨어져 있는 관계로 생활방식은 오직 바다만을 상대로 할 수밖에 없었다.

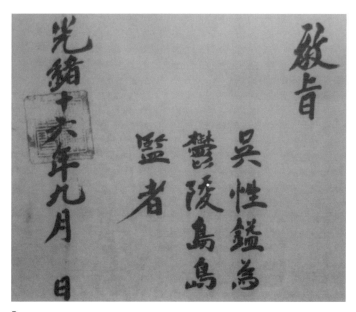

1980년 오성일(吳性鎰)을 울릉도 도감(島監)으로 임명한다는 임명장(독도박물관 소장)

우산국의 본거지인 무릉(울릉도) 이 바로 주생활의 본거지였다면 우산은 어물 수획지 역할을 했다. 두 섬은 우산국인들의 생존의 공급지인 동시에 생거지로 이용되었기에, 부족민들이 힘을 다하여 이곳을 지킬 수밖에 없었다. 획득한 어류·해산물은 나라와 생명을 지키는 기본이 되었던 것이다.

이러한 관계로 본거지인 무릉(울릉)을 지키고 우산(독도)을 활용하는데 있어서는 다른 민족의 어떠한 침략도 없는 독점적 상황에서 통괄하여 왔다.

그런데 세월이 가면서 점차 우산국 어민들 가운데는 육지까지 왕래하며 다소간의 견물교류를 넓히며 교환도 하기에 이른다.

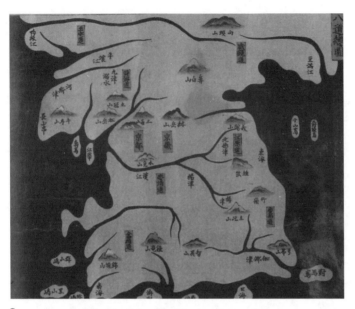

팔도총도(八道總圖) 오른쪽에 울릉도와 우산도를 잘못 표기라고 있음·독도박물관 소장

그러니까 바다 가운데 고립된 섬사람이면서도 직·간접으로 육지의 본토민과 왕래가 빈번해졌음을 몇몇 옛 문헌에서 찾아 볼 수가 있다.

▶고려사 권58 울릉도 조條
「우산과 무릉은 서로 거리가 멀지 않았으며 바람이 잔잔하여 청명한 날씨에는 서로 바라볼 수가 있었다」
▶신증 동국여지승람 강원도 울릉현 조條
「하나는 무릉이며, 하나는 우릉(羽陵=于山)이다. 두 섬은 현의 정동해 가운데 있다」
이와 같은 옛 문헌들에서 오늘의 울릉도와 독도는

고려사 권58 울릉도 조條

밝은 날에는 본토인 강원도의 울진에서도 볼 수가 있었다는 것이다.

하늘에서 본 독도

지금도 일본 제국주의자들은 옛 '우산' 또는 '익릉'이라 했던 오늘의 '독도'를 저희들의 섬이라 억지를 부리고 있으니 참으로 한심한 일이다.

끔찍한 것은, 그들은 좁디좁은 섬나라에 살다 보니 별별 욕심을 다 부린다. 저희 나라 북으로는 북해도와 러시아 '사할린' 사이에 있는 '쿠릴 열도'의 영유권을 러시아와 겨루려 한다.

저희들 일본에서는 서쪽이 되는 '독도'가 또한 제 것이라고 이름도 다케시마竹島로 부르며 「국제사법재판소」에 제소를 하려고 한다.

일제(日帝)가 동양3국 러시아, 한국, 중국의 작은 섬을 모두 제
것이라 주장함

참으로 답답하여 이 글을 쓰기 시작하게 된 것이다.

다음부터는 '우산국'이 어느 때부터 우리나라가 되었는지를 힘껏 찾아 이어나가
기로 한다.

서기 512년 「우산국」 우리나라 되다

이 글을 시작하면서 밝힌 바 있듯이 옛날 우리나라에는 두 개의 부족국가가 있
었다.

화산섬인 탐라국耽羅國(제주도)과 우산국于山國(울릉도, 독도) 이었다. 그런데 그 가운데 '우산국'에 대하여 다음과 같은 기록이 있다.

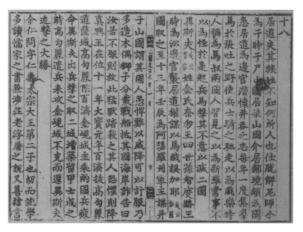

삼국사기 열전 이사부 조 1145, 간행

삼국사기 신라본기 지증왕 13년(서기 512년)을 보면 다음과 같다.

「…여름 6월에 우산국이 귀복歸服이라…」로 시작하여 아주 자세히 적고 있다.

즉, 우산국은 명주(강원도) 동쪽에 있으며 그 이름은 울릉도라 바다건너 거리 1백 리 인 바, 몹시 인심이 핍박하여 복종하질 않는 성격이다.

육지에 있는 하슬라주(강릉)의 군주軍主인 이사부異斯夫로 하여금 군사의 힘으로는 항복받기가 어려움으로 꾀를 부리게 했다.

나뭇가지로 무서운 짐승인 '사자'를 많이 만들

우산국 사람들의 성격을 자세히 밝히고 있음.

어 큰 배에 가득 싣고, 우산국에 이르러 외치되, "너희들이 만일 항복하지 않으면 무서운 이 사자들을 섬으로 올라가게 하여 짓밟아 죽이고 말겠다!" 하니 크게 놀라 항복하고 말았었단다.

그 이후 '우산국'이란 존재는 되살아나질 못한 채, 신라에 완전히 귀속되고 말았다.

그 후로는 본토인과 섬사람들 사이에 활달한 개척의 길이 열리게 된다.

계절에 따라 본토에 해산물을 받치는 양이 많아지자 신라는 옛 우산국에 대하여 더욱 중요성을 인식하게 되었다.

한편 신라와 동해안과는 밀접한 위치에 있기 때문에 새로운 행로의 개척과 동시에 신라 사람들로 하여금 '울릉'과 돌섬(독도)을 자주 오가게 했다. 그 뿐만 아니라 섬사람들로 하여금 신라의 고유한 정신을 이어 받도록 하고 그의 역사적 이념과 민속까지 되살리는 의미에서 특히 소중히 여기기에 이른 것이다.

한때는 '우산'을 우릉羽陵으로 쓴 적도 있었다. 이는 별다른 뜻은 없고, 그저 어민들 간에 썼던 것이라 한다.

울릉도와 독도가 우리나라로 된 것이 신라 지증왕 13년이면 서기로 512년이니 벌써 '1,500여 년' 전의 일이다.

그런데 마음이 음침한 일제日帝는 지금도 독도가 자기네 섬 다케시마竹島라고 잔꾀를 부리고 있다. 참으로 한심한 노릇이다.

심지어 웨스트로 저팬(www.westlawjapan.com) 등을 활용해 이런 사실을 확인했다고 주장한다.

울릉도 향토지, 1963. 3. 30 울릉도 간행

이 사실을 일본정부 관계자에게 물으니, "두 법령의 존재는 정부가 이미 파악해 알고 있으나 지금은 구체적 분석을 하고 있는 중" 이라면서 언급을 피하고 있다.

「대장성령 제43호」와 「대장성령 제37호」는 스스로 독도를 일본 영토에서 제외하고 있으며 이 두 법령은 현재에도 그대로 존재하고 있는 것임은 물론이다.

다음에 소개하는 윤보선尹潽善 전 대통령께서 쓰신 글씨를 보자.

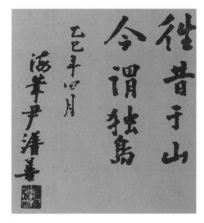

옛 우산, 지금의 독도, 윤보선 글씨

이미 가신 '윤보선 전 대통령'이시어,
당신께서는 저 세상 가시었사오나,
'독도'와 함께
천세 만세 하시옵나이다!
만세 만만세 하옵소서….

울릉도, 독도의 고려 · 조선 · 현대로의 흐름

'우산국'이 신라新羅에 귀속되면서 우리나라가 된 후, 오늘의 울릉도와 독도는 발전을 거듭하면서 '고려'시대로 이어지게 된다.

한때는 무릉武陵(울릉)과 우산 · 독도가 함께 개척되는 듯하였으나 얼마 지나지 않아 발전의 길이 등한시 되면서 점차적으로 쇠퇴하기 시작했다.

「…명주도청감사 '이양실'이 사람을 울릉도에 보내 색다른 과실과 나무를 구하여 전해 바쳤다.」(고려사 권15)에서 보듯이 함께 노력하는 듯하였으나 얼마 지나지 않아 정책이 바뀌어 옛 우산국 땅에는 관심마저 없

〈삼국사기〉 권 제24, 신라본기 지증마립간 조

〈고려사〉 권 17 인종 19년 7월 기해조 서기 1141년

어질 만큼 빈 섬으로 변하고 말았다.

이렇게 되자 때를 같이하여 동북부의 '여진족'과 동남쪽의 '왜족'들이 저희들 섬
인 양 쳐들어와 해적질을 하기에 이른다.

참으로 어처구니없는 일이었다.

'우산국'사람들은 거의 날벼락을 맞기에 이른다.

그러나 조선왕조로 바뀌면서 한 때는 나라에서 깊은 관심을 갖는 듯도 했다.

「…우산도 울릉도를 '무릉', '우릉'이라고도 한다. 세 봉우리가 높이 솟아 하늘에
닿았는데 남쪽으로 갈수록 점점 낮아진다. 날씨가 맑으면 봉우리 꼭대기 나무와
산 아래 모래들을 역력히 볼 수 있었다.」('신증동북여지승람' 권45 강원도 울진현 조條)

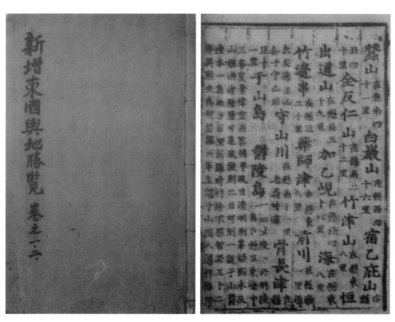

〈신증동국여지승람〉 권45 강원도 울진현 산천 조1481년 경

그런데 조선왕조 역시 얼마 지나지 않아 조정의 관심마저 멀어지고 심지어 호칭까지도 별나게 바뀌기에 이른다.

즉 '세종실록' 권40에서 보면 종래에는 '우산'이라 부르던 오늘의 '독도'가 가지도可支島로 바뀐다.

「…26일 '가지도'에 가 본즉 '가지어可支漁(물개−海驢)' 다섯 마리가 나와 있으니 이것이 마치 수우水牛와 같아서 포수가 두 마리를 쏘아 잡았노라…」

위의 기록은 당시의 강원도 관찰사 '심보현'이 울릉도 수토관搜討官 '한창국' 등과 함께 배를 타고 울릉도의 외변도서 및 지금의 독도 주변을 탐색한 후에 정조正祖에게 상진한 보고서에 의한 것이다.

이밖에도 '세종실록'에는 삼봉도三峰島라는 기록이 있다.

「…삼봉도의 경차관敬差官 (우산도를 지키고 있는 옛날의 해양경관) 박종원이 때때로 침입하는 도적의 무리를 탐색하기 위하여 이 섬에 파견되었었다.」

1945년 〈근로학생사〉가 간행한 책

위와 같은 경위로 본디의 '우산', 오늘의 독도의 호칭이 바뀌고 있다.

512년 우산도于山島
1471년 삼봉도三峰島
1794년 가지도可支島
1881년 독도獨島 등으로 바뀜

이처럼 독도의 명칭과 그의 유래까지도 여러 가지로 바뀌고 있는 것이다. 그리고 독도라는 이름으로 불리게 된 연대의 확인도 자세하지가 않다.

한말 광무 10년(서기1908년) 3월 5일의 울릉군수의 보고서에 '독도'라는 기록이 있는 것으로 보아 대략 고종 18년(서기 1881년)을 전후하여 울릉도에 대한 일본인들의 침입벌채를 엄금하는 한편, 직접적인 개척착수 아래 울릉도민들이 이름 붙인 것으로 유치하게 된다.

지금도 울릉도 본토민들은 흔히 '독섬'이라 부르는 것으로 보아 본디의 '돌섬'에서 '독섬'으로 바뀐 것을 한자음으로 '독섬'이 '독도獨島'가 된 것인가 하는 생각이

1948년 〈조선사연구회〉가 창간한 최초의 바다관계 역사책독도박물관 소장

다. 한편 해방 3년 후인 1948년 '조선사 연구회'가 간행한 「사해史海」를 보면 독도의 전경사진을 특집으로 실을 만큼 동해 한가운데서의 우리 섬인 울릉도와 독도의 중요성을 광복후 처음으로 소개하고 있다.

이밖에도 1954년 '근로학생사'간행 황병기의 「독도 영유권 해설」에서는 지난 일제 강점기 한 · 일간에 있었던 울릉도와 독도에 관한 증거문헌들을 찾아 우리나라 동해바다의 어로구역을 밝히는 등 불행했던 과거사들을 구석구석 찾아내고 있다.

이처럼 선인들이 노력과 피땀을 다하여 오늘에 이르고 있는 것이 바로 실존하는 「독도」가 아니겠는가!

「우산국」 욕심 낸 여진족 · 몽골족 · 왜구들

　'신라'에 이어 '고려'가 건국되자 울릉도와 독도는 고려에 속하게 되었음은 물론이다. 그러나 11세기 동북 여진족의 침입을 받으면서 폐허의 섬이 되어가고 있었다.

　또한 고려는 거란과의 전쟁을 치르면서 심지어 우산국을 재건하려고 하였으나, 과거의 번영을 회복하지도 못하고 말았다.

　고려사 권 4 현종 9년 11월 병인조 1018년 우산국이 동북여진의 침입을 받아 농업을 폐하게 되다.

　이 기간에 중요한 사실史實들을 문헌자료와 특히 '독도박물관'의 「아름다운 섬, 독도 그리고 울릉도」에서 찾아 다음과 같이 정리 · 기록한다.

독도박물관 〈아름다운 섬 독도 그리고 울릉도〉

▶1019년(고려 현종10년)

7월 여진의 침략으로 인해 본토로 도망해 있던 우산국 사람들을 모두 돌려 보내려함.

고려조 후기로 접어들면서는 흉측한 몽골과 대몽항쟁을 하게 된다.

이 시기 울릉도에 고려 본토민의 이주가 이루어진다. 당시 울릉도에 주민을 이주시킨 것은 몽골의 침해로부터 백성을 보호하고, 당시 피난 수도였던 강화도에서 진행되었던 「강화경판 고려대장경(팔만대장경)」의 판각을 위한 재목을 조달하기 위해서였을 것이다.

▶1243년(고려 고종30년)

대몽항쟁 중 최이崔怡에 의하여 울릉도로 주민을 이주시켰음. 후에는 익사자가 많아 이주정책이 중지됨.

▶1293년(고려 원종14년)

원元이 이추李樞를 파견하여 대목大木을 요구했으므로 2월 첨서추밀원사籤書樞密院事 허공許珙을 울릉도 작목사斫木使로 임명해 함께 가게 함. 벌목은 고려의 요청에 의하여 곧 중지됨.

박경래〈독도사법적인 연구〉 1965 간

▶1379년(고려 우왕 5년)

7월, 왜倭가 무릉도武陵島에 들어와 보름동안 머무르다 감.

일제시대 주민들의 재판광경

그리고는 곧 조선건국으로 이어지면서 계속되는 왜구의 출몰을 근절시키며 고을의 수를 줄여나가는 과정에서 울릉도와 독도는 주민의 거주를 금하는「해금정책」하에 놓이게 된다.

「해금정책」이란 자국민을 보호하기 위한 적극적인 바닷길 통제정책으로 울릉도와 독도의 지역에만 설치한 것이 아니라 육지와 멀리 떨어진 남해안의 여러 섬에도 광범위하게 골라내기에 이르렀다.

이 시기에 일제日帝가 저질렀던 상황들을 소개한다.

▶1403년(조선 태종 3년)

8월, 강릉도江陵道로 무릉도 주민들을 나오게 함.

▶1407년(조선 태종 7년)

3월, 대마도對馬島 수호守護 종정무宗貞茂가 잡혀간 사람들을 송환하여 토물土物을 바치면서 무릉도로 옮겨살기를 청하였으나 거절함.

▶1417년(조선 태종 17년)

8월, 왜倭가 우산 무릉于山 武陵을 노략질함.

일제가 동양3국의 섬들을 자기네 것이라 주장함

〈독도우표〉 1954년 간 일본은 이 우표가 붙은 한국 우편물의 배달을 거부 하였다.

마무리로 들어가자.

이제껏 살펴보았듯이 독도란 울릉도에 딸려있는 아주 작은 섬으로 두 섬 간에 바다로 조금만 나가면 서로 바라볼 수가 있을 정도이다.

두 섬은 하나의 생활권으로 옛날 '우산국' 사람들의 땅이었음은 물론이다.

우산국이 신라에 복속된 후, 독도는 울릉도의 일부로서 겨레의 정든 영토였다.

끝으로 지난 1997년 울릉도에서 세운 「독도박물관」의 첫 관장이었던 고 '이종학'선생과, 2005년 독도에서 '춤마당'을 벌인 '이애주'교수 두 분의 소개로 마무리할까 한다.

초대 관장 고 이종학1997년 개관식에 쓰인 표지사진

「독도박물관」을 세우는데 앞장선 이종학(1927.10.1.~2003.11.23.)선생은 평생을 고문헌과 역사자료를 모으는데 심신을 다한 분이시다.

서울 종로의 천도교 대강당 울안에 있는 '수운회관'에 사설 연구소를 두고 특히 울릉·독도자료를 모으며 일본에 왕래하기를 수없이 했다.

1997년 8월이다. 울릉도에 세운 「독도박물관」에 필자도 초청을 받아 그 때 선물로 받았던 '팜플릿'이 지금도 있어 이 글 안에 함께했다.

선생께서 모으고 모으셨던 지도, 신문, 잡지, 관보, 문헌 등 532점을 「독도박물관」에 주시고 그는 저 세상으로 가셨다.

이종학 선생이시어 못내 고맙기 그지 없사옵니다.

내내 명복하시옵소서-.

이애주 〈독도의 춤〉, 사진 이은주

또 한 분이 계십니다.

지난 2005년 「독도 문화심기 본부」가 주최한 「역사와 의식, 독도진경전」이 있었는데 그 때 이애주李愛珠, (중요무형문화재 제27호 '승무'예능보유자) 선생의 독도에서의 '터벌림 춤'이 가슴을 듬뿍 적셔주었습니다.

「독도박물관」에 보물 바치시고, 따사로운 춤 올리신 두 어른 참으로 고마웠습니다.

서양 사람들의 '울릉도', '독도'의 발견

'울릉도'가 기록된 해상지도가 세계에 처음으로 소개된 것은 18세기 말 영국의 지리학자 '에드워드 프이우드'에 의한 「지리 대 발견시대」에서 비롯되었음을 「독도의 사史, 법法적인 연구」 (박경래, 1985.8.5. 일요신문사 간행)에서 밝히고 있다.

그뿐만 아니라 서양 사람들에 의한 동서양 여러 섬의 발견은 일찍부터 쉬지를 않았다. 남·북 태평양과 동·서 아시아 등 가지 않은 곳이 없었다.

한 예로써 프랑스 국왕 '루이 16세'가 당시 프랑스의 항해가로 유명한 해군대좌 '페르스'에 수여한 각서에서 보면 다음과 같은 기록이 있다.

독도 등대의 야경

「…우선 남태평양으로 들어간 후 '보르네시아 군도', '오스트레일리아'를 탐험하고 이어서 북태평양에 진입하여 '하와이 제도'로부터 '아메라카' 대륙의 서해안 일대를 탐험한 후 계속하여 '알래스카' 지방을 비롯하여 '베린그'해협 '감쟈드라' 반도의 해변 일대를 측량하고 '천도열도'로부터 '일본열도'를 남하해서 오문澳文, 광동廣東 또는 '마닐라'에 입항하여 잠시 휴양토록 권하고 있다.」

계속하여 '페르스'는 1787년까지 '오문'과 '광동' 및 '마닐라'에 도착하여 타고 있는 배를 수리하고 식량 등을 실은 다음 남서 계절풍이 다시 오기까지 정박하다가 평온한 계절을 기다린다. 시기가 되자 '페르스'는 '대만섬'과 '중국본토'를 분리하고 있는 해협 및 동방의 여러 섬의 입구와 해협을 통과할 수 있는 길목을 찾기에 이른다.

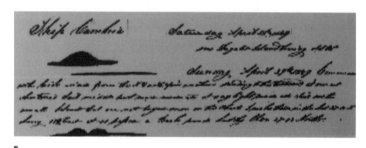

미국 포경선 Cambria호가 그린 독도 1849년 4월 29일

이어서 '페르스'는 한국의 서해안 및 황해를 통과할 때, 신중한 태도를 갖고 이지역의 법에 어긋남이 없도록 하는 등 주의할 것을 바라고 있었다.

그러면 다음에 '페르스'는 어떻게 한국의 동해안을 발견하게 되었는지를 살펴보고자 한다.

「…1787년 4월 9일, '마닐라'를 출발 '필리핀' 군도 서해안을 북상하여 '대만해협'

에 이르러 팽호열도膨湖列島와 대만 본토 사이에 해면을 탐험한 후 대만의 남쪽 끝을 우회하고 재차 북상하여 동중국에 진입한다.

별 지장 없이 서해측량의 임무를 다한 후, 1787년 5월 19일 예정보다 늦게 '제주'로 향한다.

'제주'는 이미 1653년 화란和蘭의 상선「스페르웰르」가 그의 선원 '텐드릭 하멜' 등의 조난으로 유명한 곳으로 알려진 바 있는 섬이었다.

'페르스'는 이러한 생각을 하면서

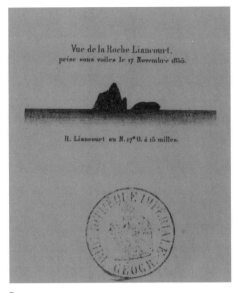

프랑스 해군 함정 콘스탐팀 호에서 그린 독도. 1855. 11. 17

제주도의 서남단에 도달한 후 섬을 한 바퀴 돌고는 뱃길을 북동동으로 변경하여 본토 남부에 있는 '다도해'를 거쳐 '대마해협'을 지나 고생 끝에 멀고 먼 '울릉도'에 이르게 된다.

이 섬은 한국의 본토로부터 멀지않은 곳에 실존하는 것이나 「세계지도」 상에 기재되질 않는 섬으로 판명判明하여 즉시 접근하려 하였으나 마침 태풍이 심하여 그럴 수가 없었다.

그러나 다행히도 5월27일 바람이 바뀌면서 다음날 5월28일 무사히 섬에 접근하여 해군대위 '브란'으로 하여금 해변부근 일대를 측량할 것을 '페르스' 대위는 명령하였다.

이것이 서양 사람들에 의한 최초의 '울릉도' 발견기록이라 하겠다.

옛 우리 문헌에서 본 '독도'의 명칭은 아주 다양했다.

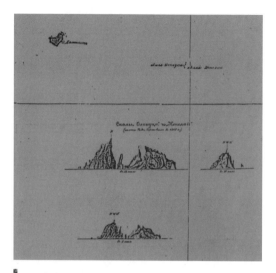

1860년 러시아 해군이 그린 독도

독도의 등대와 태극기

'돌섬', '독섬', '于山島', '可支島', '三峰島', '獨島' 등….

그런데 외국인들이 주로 쓴 해도海圖에서는 본디 있어야 할 우리의 호칭은 하나도 없이 엉뚱하게도 그들이 붙인 이름들이 게재揭載되고 있다.

1849년 프랑스의 포경어선 리앙쿠르Li ancourt호가 서양인으로는 최초로 이섬을 발견하여 그 배의 이름인 '리앙쿠르'라 했다.

한편 '러시아'의 '푸자진Putiatin'이 1854년 군함 '팔라다Pallada'에 의해서 붙여진 이름은 '올리브·록크Manala and Olivutsa'라 명명한 이름이 있다.

또한 영국 해군 중좌 '호넷트Honet'가 1855년 영국 함대 '호넷트'호에 의하여 붙여진 이름은 '호넷트 록크Hornee Rocks'로 기재되어 있다.

일본 해군성에서 발행한 「조선 수호지」를 보면 서양 사람들의 흉내로 '리앙쿠르 록크Liancourt Rocks'라 기재되어 있다. - 1907년(明治40년)刊 -

1902년 발행한 「일본백과대사전」에서도 '리앙쿠르 록크'로서 앞의 기록과 같다.

이상과 같은 기록들이 「세계지도」에 게재되자 일본인들은 서둘러 흉내를 냈다.

심지어 어민들 간에 간혹 불려져 왔던
송도松島라는 것이 있었는데 이것도 잊
혀진 채 서양 이름으로 붙쳐지고 있었다.

앞에서 잠시 말했듯이 우리 스스로 역
사·변천과 함께 불려져 왔던 '울릉', '독
도' 등의 이름들은 온데 간데없이 이상한
서양 호칭만을 붙이는 세상이 되고 말았
던 것이다.

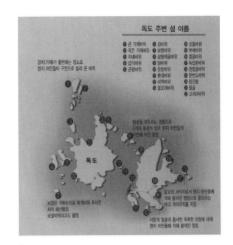

독도 주변 섬 이름 〈독도박물관 제공〉

우리나라 동해의 지킴이 「안용복 장군」

– 조선조 숙종(1675~1720)시대의 기록 –

지금도 일본은 '울릉도'에 부속되어 있는 '독도'를 다케시마竹島라 하면서 저희나
라 영토임을 주장, 별짓을 다 하고 있다.

그런데 지금으로부터 약 3백여 년 전인 숙종시대에 일제日帝는 울릉도까지 송
두리째 삼키기 위하여 이 섬도 역시 자기네 땅이라며 땅이름도 다케시마竹島라 생
떼를 부렸다.

이러한 억지를 당당히 극복하고 오늘의 승리를 이끈 것은 국록을 먹고 있는 관
리가 아니라 한 순박한 어부 안용복安龍福이라는 서민이었다.

그는 경상도 동래사람이었다.

수영의 수군에 소속되어 있었는데, '왜관'에 출입하면서 일본말에도 능숙했었다.

숙종왕 계유년(1693)여름, 폭풍에 표류하여 멀고 먼 울릉도에 도착하니 일본 선박 일곱 척이 먼저 정박해 있었다.

안용복은 이를 분하게 여겨 쫓아내려하니 오히려 그놈들이 화를 내며 대들지 않는가.

왜놈들은 오히려 '안용복'을 붙잡아 저희나라로 가서 오랑도五浪島란 섬에 구금하고 말았다. 이에 '안용복'은 도주島主에게 말하기를 '울릉도'와 '우산도'가 본디 조선의 소속이라는 것은 고대로부터 분명한 것이 아니냐며 대든다.

거리로도 조선은 하루 길로 가깝고, 너희나라 일본은 5일 길이나 떨어져 있으니 우리 조선 땅이 분명하다!

아니 이 사람들아! 조선 사람이 조선 땅에 갔거늘 어찌 구금을 하는가! 하니 도주는 굴복시킬 수 없음을 알고 '호오키주'라는 곳으로 보냈다.

'호오키주'의 도주는 '안용복'의 능란한 사정을 듣더니 오히려 손님을 예절로 대하면서 양곡을 주니 이를 사양하여 말하기를, "…원컨대, 일본은 다시금 울릉도에는 들어오지도 말아야 할 것이다. 나라 간에 지켜야 할 일이로다!"

〈수강사〉에 모셔 있는 〈안용복장군 동상〉

'안용복'의 능숙한 말을 듣더니 '호오키주' 도주는 '안용복'을 조선으로 송환한다.

그러나 출발하여 '나가사키'에 도착하니 엉뚱하게 조선땅이 아닌 '대마도'로 길을 바꾼다.

'대마도' 도주는 그를 가두어 두고 한동안 고생을 시키다가 부산 동래에 있는 '동래 왜관'으로 압송을 한다.

엉뚱한 고생 끝에 조선으로 돌아온 '안용복'은 지난 모든 사실을 호소하였으나 '동래부사'는 조정에 보고하지도 않고 도리어 국경을 오갔다면서 형벌을 주어 옥에 가두고 만다. 이 무슨 '옥살이'인고! 2년 동안이나 고생을 하고 석방된다.

석방된 '안용복'은 억울했던 과거사를 깨끗이 잊은 채, 다시금 동해바다를 저희 것인 양 도둑질하고 있는 왜놈들을 쫓고 쫓는 일에 있는 힘을 다하신다.

그리하여 우리나라 '바닷사람'들에게 그저 '안용복'이 아닌, 당당하신 '안용복 장

其功不滅
國土守護

1967. 1. 18 박정희

군'이 되신 것이다.

오늘도 바다에 살고 있는 '바닷사람'들은 마음속에 장군님을 뫼시며, 바다에 살고 있다.

1967년 1월 18일, 고 박정희 대통령은 「안용복장군 기념사업회」에 국토수호의 빛나는 업적을 세운 「안용복장군」께 글을 써 보냈다.

'안용복 장군'의 공적이 수백 년을 지난 지금에 이르러 비로소 들어간 것이로다.

安龍福 장군이시어!

만세 만세 만만세 하옵소서!

※이 글 쓰는데 참고한 문헌

이익李瀷, 호星湖, 실학파 거장, 숙종 8년(1682생) 안용복 「星湖傳說」

장지연張志淵, 구한말 황성신문 주필, 실학파 거장, 안용복 「逸士遺事」

신석호申奭鎬, 전 문교부 국사편찬위원회 위원장, 「東海의 哨兵 安龍福」, 1965년 박우사刊, 人物韓國史Ⅳ

한찬석韓贊奭, 국방부 전사관, 「독도의 비밀 역사 安龍福 略傳」(동아일보 1963년 2월 17~20일자 연재)

김화진金和鎭, 「동래부사의 야욕과 애국자 안용복」(1965년 동국문화사刊, 五百年 奇譚逸話)

오인택, 「부산을 빛낸 안용복」, 부산교육대교수

안용복 장군 기념사업회, 「수강사지」, (2004년 안용복 기념사업회刊)

김태주, 「대조선인 안용복」, (1~2편, 장편소설 2005년 늘푸른소나무 간행)

일찍이 오늘을 열다 가신 '전봉준', '유관순' 님이시어

「조선朝鮮」과 함께 가신 전봉준全琫準 장군!
「일제日帝」를 반대하신 유관순柳寬順 열사!
만세 만세 만만세 하옵소서

소중하신 위 두 어른의 짧게 살다가 가신 내력을 '역사책'과 인명사전人名事典 등을 통하여 찾아본다.

전봉준全琫準 장군

전봉준(1854 · '철종5년'~ 1895 · '고종32년')
초명은 명숙明淑, 별명 '녹두장군', 창혁彰赫의 아드님.

서울로 끌려 가는 전봉준

전봉준 全琫準

전북 태인泰仁 출신, 아버님이 민란의 주모자로 처형된 후부터 사회개혁에 대한 뜻을 품게 되었다.

30세경 동학東學에 입문하여 고부접주古阜接主가 되고, 각지를 다니며 동지를 규합한다.

농민과 동학교도를 이끌고 궐기, 관아를 습격하여 강탈되었던 세곡을 농민에게 반환하고 부패한 이속吏屬들을 감금한다.

농민을 위하여 곳곳을 오고 가며 부패한 지배계급의 타파 등 사대강령四大綱領을 세우고 부근의 군읍郡邑으로 진격 관군을 무찔렀다.

한편 중앙에서 관군을 이끌고 온 초토사招討使 홍계훈洪啓薰을 황토현黃土峴에서 대패하고 이어 부안扶安·정읍井邑·고창高敞·무장茂長 등을 장악, 전주全州를 점령한다.

그러나 정부의 요청으로 청군靑軍이 오고 동시에 청진조약天津條約을 빙자하여 일본군도 입국하여 국가의 운명이 위태롭게 되자 탐관의 응징, 시정施政의 개혁, 노비의 해방 등 12개 종목의 실현을 확약 받고 일단 선유宣諭에 응하기로 결정하여 휴전을 성립시켰다.

삼례參禮에서 남도접주南道接主로 12만의 병력을 지휘, 북도 접주 손병희孫秉熙의 10만과 연합하여 교주 최시형崔時亨의 총지휘 하에 항일구국抗日救國의 기치를 들고 대일전對日戰을 시작했다.

이 때, 중부·남부의 전역과 함남·평남까지 항쟁의 규모가 확대되었고, 특히 이천利川·목천木川·공주公州 등에서 혈전을 벌였으나 우수한 무기와 조직적인 훈련을 받은 일본군의 대대적인 반격으로 패배, 분쇄되고 말았다.

이에 수명의 동지들과 순창淳昌에 피신, 재기를 도모하다가 현상금을 탐낸 한신현韓信賢 등 지방민의 급습으로 「전봉준」은 피로리避老里에서 잡히고 만다.

그는 서울로 압송되고 다음해 3월 사형을 당하고 만다.

「일제日帝」를 반대하신 유관순柳寬順 열사!

유관순(1904·'광무8'~1920)

3·1운동 때, 순국하신 처녀, 중권重權의 따님

충청남도 천안 天安 출신으로 1916년 기독교 감리교 충청도 교구 본부의 미국인

유관순의 서대문 감옥 수현자 기록표

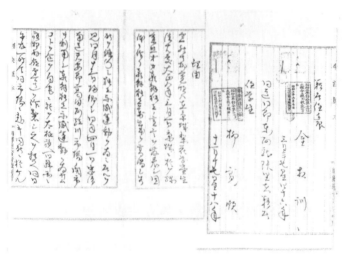

서울 복심법원 병천 3·1운동 판결문

여선교사의 소개로 이화학당梨花學堂 교비생으로 입학했으나 1919년 3·1운동으로 학교가 폐쇄되자 귀향, 고향에서 독립만세 시위를 계획하고 천안·연기燕岐·

유관순柳寬順

청주淸州·진천鎭川 등지의 학교, 교회를 방문하면서 시위운동을 협의하였다.

1919년 음력 3월1일, 아오내並川 장터에서 수천 군중에게 태극기를 나누어 주며 행렬을 지휘하고 만세를 부르다가 진압하기 위하여 출동한 일본군 헌병대에 체포되어 공주公州 '검사국'에서 3년형을 선고받고 복심법원覆審法院에 항소하여 서울로 호송되었다.

7년형을 선고 받고, 서대문 형무소에 수감되었으나 옥중에서도 만세를 부르며 동지들을 격려하다가 옥사를 당하신다.

1962년 대한민국 건국공로훈장 단장單章이 수여되었다.

허허
벌써 가신지도 오래이신
전봉준 장군!
유관순 열사!
두 어른께 큰 절 올리옵나이다.

허허, 그런데……

가신 두 어른께서는

우리네 가슴속, 깊이 깊이 살아계시옵나이다.

만세 만세 만만세 하옵소서…….

꼭두쇠 바우덕이

「안성 청룡 바우덕이 소고만 들어도 돈 나온다.

안성 청룡 바우덕이 치마만 들어도 돈 나온다.」

지금으로부터 60여 년 전까지만 해도 경기도 안성시 서운면 청룡리 마을에 가면 간 혹 들을 수 있었던 민요이다. 안성시에서 동남쪽으로 30리가량 가면 「청룡사」라는 큰 절이 있다. 이 절을 중심으로 옹기종기 모인 아늑한 마을 청룡리가 우리나라 유랑예인집단 남사당패의 옛 본거지였음을 이제는 아는 사람이 별로 없다.

이제부터 말하는 꼭두쇠 바우덕이의 애절한 사연을, 벌써 세상을 다 떠난 남사당패의 뜬쇠였던 중요 무형문화재 제 3호 '남사당놀이' 예능 보유자 남운용南雲龍 (본명 亨祐, 1907. 7.13 ~1978. 8.22), 양도일梁道一, (1907.12.29 ~1979. 2.11) 두 어른께서 전해주신 것이다.

위의 두 분은 「이경화」, 「바우덕이」 두 명인을 직접 만나보셨던 분들임은 물론이다. 이 두 명인들께서는 독실한 불교신자로써 아무리 후한 대접으로 놀이를 초청해 와도 '초파일' 전후에는 듣지를 않았었다고 한다. 전하여 지기를 '바우덕이'는 '초파일'에는 식구들을 모두 청룡사로 모아놓고 심신을 닦으려 하였단다. 이름 그대로 '바위' 같은 '덕'을 지니기를 소망하여 붙여진 이름이 아니었을까 한다.

지금으로부터 60여 년 전 까지만 해도 이곳 청룡리 마을은 해마다 초겨울이면 후조인 양 찾아 들어와 한 겨울을 동면하고는 초파일이 지나면 어디론가 떠나가는 남사당패들의 은거지 였다. 앞의 '남운용', '양동일' 두 분도 고향인양 계절 따라 오고갔었단다. 주로 절의 신세를 많이 졌다고 한다.

또 한 가지 미리 밝혀두고 싶은 것은 남사당패의 특이한 성격이다.

남사당패란 사내들만의 모임이요, 여사당(사당패)이란 계집들만의 패거리인데, 당시의 꼭두쇠(우두머리) '바우덕이'는 사내들만의 세계인 남사당패에 하나뿐인 계집 꼭두쇠였으니 그는 가히 사내들을 휘어잡을 만한 치마 두른 사내였다. 그의 쇳소리 나는 특이한 목소리는 마구 돼먹은 패거리일망정 오금도 못썼었다고 한다.

바우덕이의 이야기를 더 진행하기 위하여 먼저 그의 특이한 이름부터 알아보기로 한다. 본 이름은 김암덕金岩德이나 그저 쉽게 '바우덕이'라 했다. 그러면 다음에는 그가 꼭두쇠 노릇까지 했던 남사당패의 식구(단원)와 놀이들도 알아보자.

50여명의 식구를 거느린 두목을 '꼭두쇠'라 했고, 그 밑에는 요즘 같으면 '기획자'에 해당하는 「화주」가 있고, 그 밑에 각 연희종목의 앞잡이 격을 '뜬쇠'라 했다. '뜬쇠' 밑의 연희자들을 '가열'이라 했으며, 새로 들어온 신출내기들을 '삐리'라 했으니, 참으로 만만치 않은 식구인데 이들을 한데 묶을 수 있을 우두머리를 '꼭두쇠'로 모셨으니 참으로 대단한 자리였다. 그들이 놀았던 연희 종목을 순서대로 알아보자.

첫째 마당은 오늘날에도 각 지역에 따라서 '풍물', '풍장', '매구' 등으로 불리는 이른바 '농악'으로서 바로 「풍물」이다.

둘째 마당은 '대접돌리기'의 묘기인데 「버나」라 했다.

셋째 마당은 전신을 공중으로 던지는 '땅재주'인데 「살판」이라 했었다.

넷째 마당은 높고도 긴 외줄을 타는 '줄타기'로 「어름」이라 했다.

다섯째 마당은 갖가지 탈을 쓰고 춤추며 재담을 하는 탈놀이인데 「덧뵈기」라 한다.

여섯째 마당은 마지막 마당이 인형극 '꼭두각시놀음'인데 「덜미」라 한다.

이러한 여섯 마당을 한 자리에서 놀고자 하면 장장 5~6시간은 걸리는 우리 민족이 즐겼던 '가락', '극', '묘기'의 집대성이었음을 알 수가 있다.

이처럼 힘겨운 패거리의 여두목인 '바우덕이'는 어떠한 계집이었을까?

그의 출생지 또는 나이, 부모의 이름 등등 모든 걸 알 수가 없다. 그가 다섯 살인가 되었을 때, 무슨 병인지에 걸려 앓아 누었던 홀아비가 하셨던 말씀이 간혹 생각날 뿐이다. "…애야, 너 어서 남사당패 따라 가려마…." 이것이 어린 무렵, 아버지께서 하신 말씀의 전부였다. 그 후 아버지는 바로 세상을 뜨셨고 계집애 '바우덕이'는 사내들에 끼어 선소리효唱를 배우며 새미舞童와 살판(땅재주)을 배워 일곱 살되던 해부터는 제 구실을 할 수가 있었고, 팔도를 누비며 마을에서 마을로 떠돌았다고 한다.

이처럼 '안성패 남사당'이 된 '바우덕이'의 인기는 놀랍고도 대단했다. 열다섯이 되던 해인가, 그때까지 안성패의 '꼭두쇠'였던 '윤치덕'이 갑자기 병사하게 되자 새 '꼭두쇠'를 정하는데 의견이 분분했다.

'남사당'과 '사당(여사당)'이 엄격히 다른 남녀 나뉨의 전통을 어기고 남사당에 계집이 '꼭두쇠'가 생긴 것이다. '바우덕이'의 인기를 이용하여 덕을 볼 수 있으리라는 '뜬쇠'들의 의견일지도 모른다. 여하튼 '꼭두쇠'가 된 '바우덕이'는 이름만의 '꼭두쇠'가 아니었다. 사내 꼭두쇠가 인솔할 때보다 잠자리도 편하게 얻어냈으며, 놀자리(연희장)를 곰뱅이(남사당패 은어로 '허가') 트는 데도 남다른 재주를 발휘하였다. '바우덕이'를 꼭두쇠로 앉힌 후로 안성패 남사당은 일약 번창할 수가 있었다.

휜칠한 키에 프리끼한 눈동자의 바우덕이는 치렁치렁한 댕기를 날리며 뭇사내들의 동경의 대상이 되어갔다. 어느 동네, 어느 장터엘 가든 「남사당패 왔다!」가 아니라 「바우덕이 왔다!」로 통했다.

그의 명성만큼 사내 관계도 많았음은 그의 생애 중 숨길 수 없는 실상이었다. 한 사내의 소유라기보다는 뭇 사내의 사랑이었던 '바우덕이'를 '탕녀'라 하기 보다는 주변의 지나친 인기가 오히려 죄였지 않았을까 한다.

그러했던 '바우덕이'가 스물한 살이 되던 해부터 시름시름 앓기 시작했다. 몸이 성치 않은 남사당패란 다리 부러진 망아지만도 못한 것…. 처음에는 밤낮없이 앓던 증세가 거동마저 어렵게 되자 그는 청룡리 은거지로 돌아와 멀거니 누워버린 채 떠다니는 구름만 바라보며 '날나리'를 불고, 북치며 어딘가 서낭당을 넘고 있을 행중들을 그리워하며 피만을 토하고 있었다. 하루에도 몇 차례씩 선지피를 토하는 그의 병명은 가슴앓이, 아마도 폐병이었을까 싶다.

그런데 그의 생애 중 참사랑을 누린 것은 이때로부터 그가 저 세상으로 갈 때까지 그러니까 2년여 동안인가 한다. 서른이나 손 위였던 '뜬쇠 이경화'가 바우덕이 성할 때에는 생심도 못냈었지만 늘 그리워하던 마지막 반려가 되어주었던 것이다. 참으로 짜릿한 사랑이었다. 풍각쟁이 여걸 '바우덕이'는 머리 한 번 올려보지 못한 채, 스물셋이 되던 늦겨울 노리끼한 가죽만 남긴 채 저세상으로 가고 말았다.

다행이 행중이 한겨울 동면중이어서 장례식은 쓸쓸하지 않았다. 꽃상여는 아닐

망정 멍석으로 둘둘만 바우덕이의 저승길을 남사당 식구들은 가득 길을 메워주었다. 온 몸이 어지러워 잘 걷지도 못하는 '이경화'가 바로 뒤를 따르고 있었다. 모두가 애인을 잃은 듯 울먹이고 있었다.

이것이 청룡리 마을의 마지막 '남사당패 초상날'이기도 했다.

…'바우덕이' 간지도 아득한 어느 날, 나는 양도일梁道一 스승의 안내를 받으며 그 옛날 '바우덕이'의 묘소를 찾으니 아! 이 슬프고도 슬픔이여….

청룡리 마을에서 1Km쯤 떨어진 개울가 '메기항아리'라는 직경3m가량의 움벙가 봉분은 이미 없어진 채, 물에 잠긴 그의 옛 유택 자리는 허전하기만 하구나….

옛날에는 '메기항아리'라 했다는 움벙에는 짙푸른 이끼가 가득하여 온통 물위를 덮으니 그의 깊이마저 알 수가 없구나….

눈깔만 큰 몇 십 마리의 송사리 떼가 그저 바쁘기만 하다.

허허, 나의 착각일까, 이 움벙과 옆의 옛 유택 자리에는 서로 구멍이 나 있을 것만 같았다. 송사리떼가 그 속을 드나들며 무슨 사연이라도 맺고 있는 것은 아닐까?

헌데 '양도일' 스승께서는 풍덩풍덩 돌을 던지시며 애절한 말씀을 하신다.

…이경화 성님께서도 이제는 세상을 떠나셨겠지…. 이경화 성님은 '바우덕이'의 번거러웠던 팔자를 씻어주기 위하여, 흐르는 움벙가에 무덤을 차려주셨대요…. 그런데 밤이면 밤마다 꿈을 꾸는데, 바우덕이 나타나 자기는 흐르는 물에 흘려 당신과는 헤어질 수밖에 없다면서 울고 또 울었단다….

이 말씀을 하신 후 성님께서도 청룡리를 떠나 어디에서 저 세상으로 가셨는지 알 길이 없다 하신다.

그리고는 또 세월은 흘러 '양도일' 스승께서도 이미 세상을 떠나셨으니 이제는 나 혼자서 옛 길을 더듬을 수밖에 없구나.

이 글을 마무리 하면서 '이경화'가 지어 불렀다는 선소리효唱 「바우덕이」를 적는다. 노랫말을 전해주신 분은 역시 '양도일' 스승이신데, 적어놓은 '가사'만 있을 뿐 '곡조'는 녹음한 것을 잊어버려 그저 죄송하기만 하다. 녹음장소는 서울시 마포구 서교동 362−15 필자의 옛 집이었고, 때는1962년이었다. 함께 들으신 분은 임석재 任晳宰 선생님이셨고, 녹음도 함께 하셨었는데…. 선생님께서도 벌써 세상을 떠나셨구나.

바우덕이
노래 · 양도일, 채록 · 심우성

1. 에혜 에혜이여 어허야
   요홀 예로구나
   황혼은 어이 길검쳐 잡고
   서낭당 안女 벅궁새
   한 마리 남게 앉고
   또 한 마리 땅에 앉아
   너 어디메로 가자느냐
   너 어디메로 가자느냐
2. 에혜 에혜이여 어허야
   요홀 예로구나
   오던 길 그리도 보면서
   파파릇한 눈매로
   뉘를 그리도 보자는가

숫(男) 벅궁새 저리 우는데

네 어이 누굴 그리며

네 어이 눈물 흘리나

바우덕아 어흐 바우덕아

이상 선소리 '바우덕이'를 전해 주시는데 정성을 다하신 '남운용', '양도일' 두 어른 참으로 고마웠습니다. '이경화', '바우덕이' 등 여러 어른의 사진과 그림 모두 구할 수가 없군요.

※ 실은 요즘 경기도 안성에서는 '바우덕이' 관계의 크고 작은 행사가 아주 많아졌다니 반가운 일입니다. 그런데 '바우덕이'가 조선왕조 말의 인물로서 대원군인가 누구로부터 큰 상을 받았다는 소식도 들리더군요.

한편 비석까지 세운 '바우덕이'의 무덤까지 세워 있습니다. 글쎄요…, 빈 무덤은 아니기를 빌고 싶은 마음입니다. 필자로서는 그의 역사적 사실적 진실에 대하여 언급할 길이 없어 답답한 심정입니다.

벌써 30여 년 전 자료의 제공자였던 '남사당패', '솟대쟁이패' 출신이신 '남운용', '양도일', '송창선', '송순갑', '최은창', '이돌천' 등 여러 어른께서 일러 주셔서 간행한 바 있는 『남사당패 연구(동화출판공사 간행, 1974)』가 참고가 되었으면 합니다.

이경화 님시어! 바우덕이 님이시어!

님들께서는 「선소리(立唱) 바우덕이」와 함께 영원토록 살아갈 것입니다.

영원히 영원히!

2014. 6.28

항일투사가 지은 「해녀의 노래」

나는 뒤늦게 제주 출신 마누라를 얻은 덕에 말년에 섬사람이 되었다.

제주도의 주변 섬 가운데 가장 크고도 기름진 곳 하면 우도牛島를 꼽는다.

옛날에는 '소섬'이라 불렀다는 '우도' 이곳은 일제日帝가 강점하던 시절에는 항일抗日의 요지要地로도 유명했던 곳이다. 그런데 이 섬에 주민이 정착하기 시작한 것은 조선조 헌종憲宗 9년(1843)경으로 기록되고 있다. 물론 그 이전에도 사람들의 왕래가 없었던 것은 아니다. 우도에서 생산되는 해산물을 채취하기 위하여 관련된 인원의 왕래가 빈번 했었으며 특히 순조純祖 23년(1823) 부터는 제주의 백성들이 '우도'의 개척을 조정에 요청하게 되었는데, 그 결과 헌종 8년(1843)에는 조정의 승낙을 받기에 이른다.

한편 세월이 지나면서 주거지의 이름을 '소섬'이라 함은 듣기에 거슬린다 하여 1900년에는 연평演坪으로 바뀌기도 했었다. 당시 이곳에서 훈장을 하던 '표선면 성읍' 출신 오완철吳完喆이 중심이 되어 한자漢字로 '연평'이란 지명으로 바꾼 것이다. 그런데 일제日帝가 이 땅을 강점한 이후 갑작스런 시달림이란 말할 수가 없었다. 어획물이며 곡식 모두를 세금이란 명목으로 도둑질 해 갔다.

당시 이에 반항하는 항일투사가 많기로 이름난 곳이 바로 오늘의 '우도'였다. 이른바 '항일비밀결사단'이 「혁우동맹」을 세워 '제주해녀항일운동'의 배후가 된 핵심 단체라 하겠다. 제주도뿐만 아니라 전국적으로 당시 '우도'의 삼대천재三大天才는 바로 항일투사의 앞잡이들 이었지요!

바로 「해녀의 노래」를 지으시기도 한 강관순康寬順 동지, 독실한 기독교 신자로써 독립운동가 신재홍申才弘 동지, 당시 연평 보통학교 교사로 항일투쟁과 해녀들의 조직화를 위하여 앞장선 김성오金聲五동지, 이 어른들께서 바로 삼천재三天才이시자 삼투사三鬪士이십니다.

여러분께서도 '우도'에 가 보신 분이면 다 보셨을 것입니다. 배에서 내리자마자 넓은 마당에 '우도해녀항일운동기념비牛島海女抗日運動紀念碑'가 우뚝 서 있습니다.

'건립 취지문'은 다음과 같다.

「취지문」

한일합방이라는 미명하에 일본 제국주의자들은 36년간 우리들의 국권을 침탈하고 우리들을 노예로 만들어 혹사함은 물론 민생을 도탄 속에 빠지게 함으로써 천추에 씻을 수 없는 상처와 한을 남겼습니다.

일제日帝는 제주도사濟州道司를 경찰서장 및 어업조합장직을 겸직케 하고 일본인 또는 그들의 앞잡이에게 해산물 상매에 따른 상권을 갖게 하여 계획적이며 조직적으로 해녀들의 해산물 판매권을 독점하고 수탈을 다반사로 진행하였던 바, 불공정행위를 근절하고 해녀 스스로의 권익을 획득코자 흔연히 궐기하여 전개한 운동이 해녀투쟁운동인 것이다.

이 투쟁운동은 구좌읍 세화리에서 전개는 하였으나 그 실은 이 운동의 주체적인 핵심인물이 우리 고장 분들이요, 참가해녀 또한 우리 고장 해녀들이 대동을 이루었었다.

이 사건으로 인하여 다수의 주동인물들이 체포되어 옥고를 치르기도 하였다. 구속된 인사 중 전흘동錢屹洞 출신 강관순 씨는 옥중에서 해녀들의 한 맺힌 사연을 노래로 만들어 그 시절 해녀들에게 널리 보급하여 항일투쟁의식을 고취하며 민족정기를 굳게 하였다.

이에 본 취진위원회는 위와 같은 사항을 들어 그 시대 우리 고장 해녀들의 노래비와 해녀상을 세워 후세에 전승함은 물론 영원히 기념하고자 노래비 및 해녀상 건립을 추진하는 바입니다.

　　1995년 12월 9일
　　해녀비 및 해녀상 건립 추진위원회 위원장 신인홍

온 평생을 항일운동에 앞장선 강관순康寬順(1902~42) 동지께서 신음을 다하여 지으신 '해녀의 노래'가 영원한 비석처럼 완연하여라. 함경북도 청진에서 병사 하신 듯….

「해녀의 노래」

강관순 지음

1. 우리들은 제주도의 가엾은 해녀들
   비참한 살림살이 세상이 안다
   추운 날 무더운 날 비오는 날에도
   저마다 물결위에 시달리는 몸
2. 아침 일찍 집을 떠나 황혼이 되면
   돌아와 어린아이 젖먹이며 저녁밥 짓는다
   하루종일 해왔으나 버는 것은 기막혀
   살자하니 한숨으로 잠 못 이룬다
3. 이른 봄 고향산천 부모형제 이별하고
   온 가족 생명줄을 등에다 지어
   파도세고 무서운 저 바다를 건너서
   기울산조선각처 대마도로 돈 벌러 간다.
4. 배움없는 우리 해녀 가는 곳마다
   저놈들의 착취기관 설치 해 놓고
   우리들의 피와 땀을 빼앗아 가니
   가엾은 우리 해녀 어디로 갈까

강관순 동지시어!

당신의 따님 '길여'는 지금도 '우도'에 잘 살고 있습니다. 없다는 사진 찍어서 넣었습니다. 보고 싶으시지요….

또 당신들께서 오직 한 장, 남기고 가신 소중한 자료『항일투사 다섯 분이 한 자리 하신 모습』. '제주도'가 아니, '우리나라'가 다시 살아나는 군요 !!

강관순 동지시여 그저 평안, 평안 하시옵소서.

우도 포구에 서 있는 牛島海女抗日運動記念碑

1940년 초 항일투사들이 한자리 함.

강관순 투사의 외동딸 '길여'

일본군 위안부慰安婦 「아리랑」

우리 민족은 희망과 사랑의 「아리랑」이 있었는가 하면 괴로움과 슬픔의 「아리랑」 도 있었지요. 제 깐에는 민속학 공부 한답시고, 남쪽나라 곳곳을 헤맨 지도 어언 50 여년이 되는데 아직도 답답하기만 함은 꼭 가보아야 할 북녘 땅은 제대로 밟아 보 지도 못한 까닭이 아닐까 싶습니다.

그와 함게 뒤늦게 모자람을 깨닫게 된 것이 또 있으니, 침략자 일제日帝가 저지 른 못되고도 못된 일본군의 강제 '위안부'에 대한 피해상황에 대하여는 손대지도 못 했다는 사실이었습니다.

…어린 나이에 강제로 일본군 성노예가 된 피해자 여인들이 이제는 모두 할머니 가 되고 말았습니다.

지난 1991년 8월이었지요.

김학순(1925~1997) 할머니 등이 공개 증언함으로써 구체적으로 이러한 사실이 밝혀지기 시작한지도 어언 20여년이 넘고 있습니다.

뒤늦게나마 정부가 피해 할머니들의 '증언등록'을 받자 처음에는 모두가 207명이셨는데 점차 225명으로 늘어났었습니다. 그러나 그 동안에도 설움과 아픔을 견디지 못하시고 많은 분이 세상을 떠나시니 현재의 생존자는 53명이십니다.(2015. 2. 2. 현재)

1992년 6월 남녘땅 최초로 피해자 할머니들을 위한 가칭 「나눔의 집 설립추진위원회」가 설립되고, 같은 해 10월 '서울특별시 마포구 서교동'에서 「나눔의 집」이 시작되었으나 어렵게 몇 해를 견디다가 1995년 12월 '경기도 광주시 퇴촌면 원당리'로 자리를 옮기게 됩니다.

이제는 '광주시 퇴촌면 원당리 나눔의 집'하면 국내외에 널리 알려져 많은 사람들이 찾고 있으니 참으로 다행스런 일이지요. 할머니들께서 기거하고 계신 방도 비교적 편하게 꾸며졌고, 세계에서 최초로 '인권 박물관'인 「일본군 위안부 역사관」이 세워진 것입니다.

다음의 글은 '경기도 광주시 퇴촌면 원당리 65번지 (나눔의 집)'에 있는 「일본군 위안부 역사관」을 소개하는 '팜플릿'에 기록된 것입니다.

일본군 '위안부'란 무엇인가?

일본군 '위안부'란 일제 시대에 일본군 '위안소'로 연행되어 강제로 반복해서 성폭행 당한 여성들을 일컫는다. 한국에서는 오랫동안 이들을 '정신대'라고 불러왔다. 일반적으로 정신대라는 용어가 널리 쓰이기 시작한 것은 1944년 여자정신대근로령이 공포되면서부터였다. 그러므로 「여자근로정신대」와 「일본군 '위안부」 제도는 본래 다른 것이다.

일제 때부터 현재까지도 한국에서는 정신대를 곧 '위안부'라고 인식해 왔다. 그 당시 많은 사람들은 '여성이 일본군에게 끌려가면 곧 순결을 잃는다'고 생각했으며 실제로 여자근로정신대로 동원된 여성 중에 일본군 '위안부'가 된 이들도 있었다. 또 군 '위안부'가 된 여성들을 가리켜 정신대라고 부르기도 하였기 때문이다.

일본군은 이런 여성들을 '군위안부' 혹은 '작부', '창기', '추업부' 등으로 불렀다. 그러나 이런 용어들은 일본군 '위안부'문제의 본질을 왜곡하고 있다. 일본군의 입장에서 바라본 일방적인 면만을 보여줄 뿐 피해자 측의 입장은 전혀 반영하고 있지 않기 때문이다. 이에 비애 유엔 등에서 국제적으로 사용되는 '성노예sexual slave', '성폭력 피해자'라는 표현은 일본군 '위안부' 문제의 본질을 잘 드러내고 있다. 이러한 여러 가지 모순에도 불구하고 일본군 '위안부'는 현재 역사적 용어로 사용되고 있다.

「일본군 위안부 역사관」 입구에는 최초의 공개 증언자 '김학순 할머니'의 말씀이 다음과 같이 뚜렷이 적혀 있습니다.

> 우리가 강요에 못 이겨 당했던 그 일을 역사는 남겨 두어야 한다.
>
> - 김 학 순 -

이제는 「나눔의 집」하면 이름 그대로 나눔의 마음으로 세워지고 운영되고 있습니다. '대한불교 조계종'이 앞장서는 가운데 '천주교', '기독교', '천도교', '원불교',

'유교' 등 모든 종교인, 일반 남녀노소가 마음을 나누고 있습니다.

그런가 하면 동서양사람, 일본사람, 젊은이들 그리고 노약자들도 눈시울을 적시며 찾아오고 있습니다. 젊은이 몇 사람은 불편을 무릅쓰고 기거하며 크고 작은 일을 도와줍니다. 이러한 따사로운 마음이 있는 선각자들이 끊이질 않습니다. 그 가운데 '정대협 공동대표'이기도 한 윤정옥 교수가 계십니다. 이미 그는 1970년경부터 관련 자료를 수집하였고, 1980년에는 일본군 '위안부'로 일본에 끌려갔다가 귀국하질 못한 배봉기(1915~1991) 할머니를 현지로 찾아가 만난 적도 있었습니다.

윤 교수는 일본 '오키나와'에 거주하고 있는 '배봉기' 할머니가 한국 여성이며 일본군 '위안부' 피해자라는 사실을 국내에 널리 알렸으니 이것이 일본군 '위안부' 관련 운동의 시발점이 된 셈입니다. 그 후 윤 교수는 '일본', '태국', '파푸아뉴기니'를 두루 답사하기에 이릅니다. 이러한 노력의 결실은 1990년 1월 윤 교수의 「일본 답사기」로 세상에 널리 모습을 드러내기에 이릅니다.

이처럼 일본 정부의 범죄사실이 분명해지자 일본 정부는 정부 차원의 책임을 다소 인정하는 듯하더니 법적 배상은 이미 끝났다는 것입니다. 지난 1965년 우리나라 정부와 일본 정부가 함께 체결한 「한일기본조약」이라는 국가 간의 협정에서 이미 처리되었다는 입장을 취하고 있는 것입니다.

일본군 '위안부' 문제는 근본적으로 비인도적인 전쟁범죄이므로 국가 간의 협정, 청구권 안에는 들어있지 않을 뿐만 아니라 포함시킬 수도 없으니 결국은 이러한 일로 국제사회에서 많은 비판이 가해지자, 일본 정부는 '민간 기업에 의한 위로금'을 지급함으로써 수치스러운 과거사를 은폐하고 법적 배상의 책임을 피하기 위해 '국민기금'을 만들었던 것입니다. '국민기금'의 문제점은 법적 배상이 아니라는 점과 기금의 지급대상이 또한 피해자 정부가 아닌 피해자 단체가 있는 몇 개 국가의 피해자에 국한되어 있다는 점입니다.

일본 정부는 각국 피해자들이 국민기금의 부당성을 주장하자 경제적으로 열악한 상태에 있는 피해자들을 개별적으로 설득하고자 했습니다. 뿐만 아니라 유엔이나 각종 국제기구에서 이 문제를 다루지 못하도록 혹은 이 문제의 해결에 노력하고 있다는 평가를 받기 위하여 속보이는 로비 활동을 계속 벌이고 있습니다.

끝으로 「일본군 위안부 역사관」 서명대에 기록되어 있는 「참여 서명대」의 글을 옮깁니다.

서명서

방명록 대신 방문자의 도장이나 사인으로 이미지를 만들려고 한다.

국민기금에 반대하며 일본군 '위안부' 문제의 진상규명, 국가 차원의 사죄와 배상, 피해자들의 명예회복을 위한 조치를 일본 정부에게 촉구하는 여러분의 서명을 받습니다. 여러분이 참여하는 작은 서명 하나하나가 일본군 '위안부' 문제의 국회, 유엔, 아무런 조치도 취하지 않고 있는 피해자 국가 등으로 보내질 것입니다.

「주한 일본대사관」은 서울특별시 종로구 중학동 18-11 번지입니다.

매주 수요일 낮 12시 '수요 정기시위'가 정문 앞에서 열립니다.

1992년 1월 8일, 「한국정신대문제 대책협의회(정대협)」가 '수요 정기시위'를 시작했습니다. 다음은 1992년 이래 땀 흘려 수고한 '정대협'이 간행한 「수요시위 성명서 모음집」 앞에 기록한 글입니다.

일본군 '위안부' 문제해결을 위한 수요시위 600차 성명서 모음집을 발간하면서

「한국정신대문제대책협의회(이하, 정대협)는 일본군 '위안부' 문제를 해결하기 위

해 1990년 11월 16일 여성단체들의 협의체로 조직되었습니다. 상설기구가 아니라 문제해결을 위한 특별기구로 만들어진 것입니다.

지난 14년 동안 길다면 길고, 또 짧다면 짧은 이 기간 동안 우리는 참으로 많은 일들을 해냈습니다. 한국의 여성운동계에서는 처음으로 UN인권위원회라는 국제기구에 전쟁 시 여성에 대한 폭력 문제를 상정하였고, 아시아 피해국들의 연대결성, 미주지역과 유럽지역의 여성들과 시민들과의 연대도 만들어냈습니다. 국제법 전문가들로부터 일본군 '위안부' 문제에 대한 법률적 견해와 판단들을 받아내기도 하였습니다. 이러한 국제연대활동의 성과는 2000년 일본군 성노예전범 국제법정을 이루어내는 역사를 만들어내기도 했습니다. 또한 국제노동자단체들과 연대하여 ILO 총회에 일본군 '위안부' 문제를 강제노동금지 국제협약 위반 사례로 상정시키기 위한 활동은 지금도 계속하고 있습니다.」

위의 모음집을 간행한 해가 2004년이니 어언 10년이나 전입니다.

'수요시위' 때마다 느끼는 것이지만 '정대협' 식구들 참으로 수고 많으셨습니다.

아무개, 아무개, 이름을 적으려 하면 절대 그러지는 말아 달라 하십니다. 허 허-.

지난 2006년 11월 8일 제734차 '수요시위'가 끝나는 시간인 12시 40분쯤, 이용수 79세 할머니가 멀리 대구에서 오셔서 말씀을 하신다.

"…나 오늘도 외교통상부 다녀오는 길이외다. '반 장관'이 유엔본부로 간대요! 일본정부만 '위안부'문제를 피하려 하는가 했더니 우리 정부도 똑같아요! 수요일 11시마다 외교통상부 쫓아가 우리 정부의 분명한 뜻을 일본 정부에 강력히 요구해 달랬는데 조용하게 유엔인지 국제연합인지 간대요! 답답해요! 답답해 죽겠어요!

나 이제는 남은 목숨 걸고 정부에 대들래요! 허 허 죽어 버려야 하겠어요!!"

‘정대협’이 주관하는 ‘수요시위’는 내년에도 후년에도 일본군 강제 ‘위안부’ 문제가 실질적으로 올바르게 해결되지 않는다면 계속될 것이 분명합니다. 내년에는 대통령이 바뀌니 이 문제 책임지는 대통령을 모셔야 합니다. 그 뿐입니까, 역사 교과서마다 분명하게 다시 있어서는 아니 될 비극적 사실들을 기록해야 합니다. 그리고 각급 학교에서 매주 수요일 낮 12시면 ‘일본 대사관’ 앞이 꽉 막히도록 바른 역사 지키려는 선생님과 학생으로 꽉 찼으면 해요!!

서울특별시 서대문구 현저동「독립문」밖에 있었던 왜놈들이 세웠던「서대문 형무소」는 류관순(1904~1920) 누님을 비롯하여 수 많은 독립 유공자가 고생하시고 목숨 잃은 곳입니다. 이 곳(현저동 101번지)에「전쟁과 여성인권 박물관」을 세우려 함은 옳고도 옳은 일입니다.

「건립목적」
1. 일본군 위안부 피해자들의 인권회복
2. 미래 세계를 위한 인권 · 평화 · 역사 교육
3. 인권 유린 범죄 고발, 유사범죄 재발 방지

우리 민족이 일제 강점하에서 해방된지 60년이 지났습니다. 일본군 ‘위안부’ 문제 해결을 위하여 ‘한국정신대문제 대책협의회’가 활동을 시작한지도 20여년이 지났습니다. 아직도 일본 정부로부터 문제 해결을 위한 공식 사죄와 법적 배상 등을 받아내지는 못했지만 유엔인권위원회 등 국제기구로 하여금 일본군 ‘위안부’ 제도는 비인도적인 범죄이며 전쟁범죄라는 기준을 만들게 하였으며, 일본정부에게 사죄와 법적 배상 등을 이행하라는 권고를 받아 냈습니다.

일본군 ‘위안부’ 생존자들은 살아있는 역사이고, 역사교과서입니다. 그런데도 오늘에 이르기까지 생존자들은 한 분, 두 분 세상을 떠나고 계십니다. 이제는 생존하신 분이 53명뿐이십니다.

우리는 이 분들이 살아 계실 때, 그 분들께서 증언하시는 「일본군 '위안부'제도」의 범죄성을 역사 속에 기록함으로써 미래 세대에는 재현되지 않도록 하려는 것입니다.

이를 어쩌나…. 서서히 마무리 하려다 보니 들여야 할 말씀이 또 있군요.

바로 이 시간, 일제日帝의 폭악 끝에 병드신 할머니들이 우리 남녘에만 계신 것이 아니군요! 북녘에도 일본에도, 중국 땅에도, 동남아 이곳저곳에 많이 고생하고 계십니다. 아마도 우리 민족이 읊조리고 있는 애愛와 환歡의 「아리랑」은 비단 우리만에 그치는 것이 아니라 이곳저곳의 동양 사람들이 한 배를 타고 있는가 합니다.

아리랑 아리랑 아라리요

아리랑 아리라 넘어간다…

뒷 말씀

- 지금으로부터 어언 20년이나 전 서울시 종로구 큰 길가 「탑골공원」
- 서울시 서대문구 현저동 101번지, 서대문 형무소 옛터
- 경기도 광주시 퇴촌면 원당리 65번지 「나눔의 집」
- 서울시 종로구 18-11번지 주한 일본대사관 앞에서 매주 수요일 낮 12시에 있는 「수요시위」 등에 참여 하면서 깨닫고 밝혀진 내용들은 지난 10여 년간 「수요시위」에 참여하면서 원로 참여자 여러분과 한국정신대문제대책협의회 상임대표 '윤미향'님의 도움을 받아 채록한 것임.

경기도 광주시 퇴천면 원당리 65번지 나눔의 집

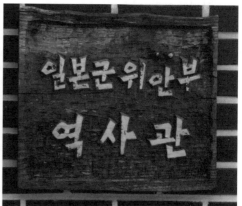

1992년 탑골공원

일본군 '위안부' 아리랑
日本軍「慰安婦」アリラン

김소희 '상주아리랑'

일본군 '위안부' 아리랑

전통문화를 소중히 여겨 한국민속극연구소를 세운 것이 1971년이니 어언 36년 전의 일입니다. 그런데 그동안 관심을 가졌던 일은 음악, 춤, 연극의 겉핥기에 그쳐 애환과 함께 한 역사의 현장과는 거리가 있었음을 뒤늦게 깨닫게 되었습니다.

그 현장의 하나가 서울의 일본대사관 앞에서 열리는 '한국정신대문제대책협의회' 주관의 '수요시위' 입니다.

일제에 강탈당한 뼈아픈 우리의 아낙들이 이제는 늙어 병들면서 한 분 두 분 세상을 떠나고 있습니다.

그런데도 일본은 아직도 제 잘못을 숨기면서 잔재주를 부립니다. 사죄할 줄을 모릅니다. 더욱 답답한 것은 우리 정부 당국입니다. 일제가 물러간 해방 이후 아홉 분의 대통령이 계십니다. 이 어른들을 일본대사관 앞 '수요시위' 에 함께 뫼십니다.

「일본군 위안부 아리랑」과 함께 하시면서 할 일을 해 주십시오!

- 한국민속극연구소 소장 심우성 -

수요시위 일본대사관 앞

넋전 아리랑

1945년 '해방의 해' 까지만 해도 조국이 둘로 갈라지지는 않았었다.

- 일제 日帝가 조선땅 잡아먹었었고,
- 3.1 독립운동 있었는가 하면,
- 나라 떠나 '임시정부' 세우고,
- 곳곳에서 애절한 독립운동,
- 강대국에 의한 '6.25난리',
- 그리고 두 나라 된 '삼천리 강산'.

그러면 아쉽지만 글의 제목인 「넋전 아리랑」으로 들어가자.

삼천리에 세워졌던 '굿청'과 '법당' 마을의 큰 사랑방에서는 종이를 오려 넋전을 만들어 양손에 들고 아리랑을 부르며 '넋전 춤'을 추는 곳이 많았었는데, 요즘은 거의 없어져 가고 있다.

'넋전 아리랑' 그것은 우리 겨레가 읊조린 애환의 노래요, 의례스런 춤이기도 했었는데 어이하여 없어져 가고 있는 것일까.

지난날, 불가佛家에서는 '넋전 춤'을 전무奠舞또는 지전紙錢이라 했었는데 이제 거의 없어지고 말았다.

그러나 무가巫家에서는 지역에 따라서 간혹 남아 있다.

아시다시피 '넋전'이란 '넋'을 모양내어 종이를 오려 꾸민 '종이사람'임은 물론이다.

'종이인형'을 들고 '아리랑'을 부르며 춤추는 '넋전 아리랑', 아름다운 유희로써 공연문화의 한 줄기로 이어질 만 한 것이었다.

또 한 가지 '굿청'을 장식하며 벽에 걸고設立, 경經을 읊었던 설위설경設位說經 역시 뛰어난 장식이요, 외침이라 하겠다.

「얼싸안음의 겨레사랑」

함께 노래하며 춤추었던 '넋전 아리랑' 참으로 자랑스럽다 하겠다.

그런데 나라가 둘로 갈라진 오늘에는 어쩌다 '넋전 아리랑'을 놓고는 넋전을 슬며시 떼어 태워 버리기도 한다.

왜 이럴까?

오늘의 넋전에는 잡귀·잡신이 묻어 있기 때문은 아닐까.

허 허,

이 고약한 잡귀 · 잡신
양풍에 왜풍.
우리 힘을 다하여 없애버려야 하질 않을까.

아나!
이건 또 어인 일인고,
어린 싹 가득 태운 '세월호'의 침몰이라니!
뉘 저지른 죄악인고!
나라 고쳐
새로 꾸미질 않고는
살아 날 길 없구나

천지신명이시어
삼가
아뢰옵나이다

단군왕검이시어!
부디 보살펴
주옵소서

만 만세
하여 주옵소서.

아리랑 아리랑 아라리요

넋전 넋전 아라리요

통일 통일 아라리로다.

1990. 7. 〈넋전 오리기〉 서울시 종로구 관훈동743층 한국
민속극연구소

1991. 6. 15 〈넋전 아리랑〉 문예회관 소극장

「세월호」 넋전 아리랑

광화문 네거리 「세월호 마당」에서 '세월호 유가족이 국민에게 드리는 글'이 바람을 타고 나부낀다.

"…저는 안산시에 거주하고 있는 세월호 유가족입니다. 아직도 사람들과 얼굴 마주할 때마다 가슴이 오그라들지만 답답한 마음에 몇 자 적습니다.

1. 뉴스냐 소설이냐

4월 16일 이후 유가족들은 공영방송의 뉴스를 소설이라고 부릅니다.

오지도 않은 수백 척의 군함 수십 대의 헬기, 뉴스만 믿고 우리 부모들은 아이들을 안심시켰고 그걸 믿은 우리 아이들은 다 죽었습니다. 초기에 구조작업, 수색작업이 이루어지지 않아 수차례 알렸지만 언론에 나가지 않았습니다. 감시와 증거인멸도 알렸지만 언론에 나가지 않았습니다. 지금도 유가족 일부가 20여일 째 단식을 해오고 있지만 언론에 나가지 않습니다. 유대균이 치킨 시켜먹은 이야기만 나갑니다.

2. '아직도 세월호냐'라고 묻기 전에

기억에서 지워버리고 싶은 참사 임에도 일터로 돌아가지 못하고 남은 아이들마저 제대로 보살피지 못하는 것은 아직도 정부는 진실을 숨기려 하고 아직도 언론은 유가족들의 말과 행동을 왜곡하고 있기 때문입니다. 사상초유의 군ㆍ검ㆍ경 합동작전을 펼치고도 유병언의 시체만을 뒤늦게 발견해 내고, 구조는커녕 손 놓고 구경만 하던 해경은 아직 한 명도 구속되지 않았습니다. 이게 우리나라의 현실입니다.

3. 보상금 보다 진실을

유가족은 정부에 보상금 관련해서 요구하거나 받은 일 없습니다. 국민성금은 얼마 모였는지도 모르고 나라가 국민성금 모은 걸 희생자들에게 개별적으로 나눠준 적도 없습니다. 보상금보다 진실이라고!

그런데 방송에서는 저희들의 기자회견 내용대신 대입특례 의사자 이야기만 보도했습니다. (의사자, 대입특례는 유가족이 제안한 특별법에는 없습니다.)

4. '가족참여 특별법'

'가족참여 특별법'에서 '참여'란 국회의원들이 제안한 세월호관련 특별법들 대부분이 보상과 관련된 것에만 그쳐있어서 저희 유가족이 '진실규명'이 중심 내용인 특별법을 제안했습니다. 그런데 '가족참여'라는 수식어구를 마치 유가족이 검사도 되고 경찰도 되어 마구잡이식으로 수사하고 사회를 어지럽히는 것처럼 왜곡하고 있습니다.

저희가 말하는 '가족참여'란 전문가로 구성된 특별위원회에 유가족이 추천하는 전문가를 일부 포함시켜 이번 국정조사와 같은 파행을 막아보자는 것입니다. 조사를 받아야 할 정부와 정치권이 추천한 사람들로만 위원회가 꾸며진다면 제대로 된 수사는 불가능합니다.

5. 남의 일?

"작년 해병대 캠프 사고 때, 단원고 학부모들은 '다행이다'라고 말하면서 가슴을 쓸어내렸습니다. 사고 전날 단원고 학생들이 그곳에서 캠프를 마치고 돌아왔기 때문입니다. 이제 어느 누구도 저희와 같은 실수를 하지 않기를 바랍니다."

못된 일 저지른 사람들은 어쩌다 죽었거나 높고 높은 자리에 있어 건들지도 못하며, 불쌍한 세월호 식구들 아무리 제 갈길 찾아 요구하고 세우려 하지만 눈 깜짝하는 사람도 없다.

제목을 '세월호', '넋전', '아리랑'으로 하였으니 '넋전'으로 넘어가자.

'넋'이란?

'넋'을 한자漢子로는 정신 혼魂 또는 혼婚 자를 잘 쓴다.

「우리말 큰 사전」에서 보면,

'…사람의 몸에 있으면서 목숨이 붙어있게 하며, 몸은 죽어도 영원히 남아있다는 초자연적인 것'으로 설명되고 있다.

또 다른 「큰 사전」 자료를 옮긴다.

'…옛부터 육체는 죽어도 넋은 계속 존재한다고 생각되었다. 이 넋은 혼백魂魄을 일컫는데, 무당은 영靈에 붙들려 '점'과 '예언'을 한다. 흔히 망혼亡魂을 가라앉히기 위하여 진혼제鎭魂祭를 올리는데, 무당이 노래와 춤을 추고 방울을 흔들면서 넋을 부른다 ….'

한편 '굿판'이나 '고사판(또는 비나리판)'에서는 '넋전'을 오래 손에 들고 춤을 추는데 실존보다 상상적 성격을 지닌 것이 '넋전'이다.

'넋전'이란 '넋'을 모양내어 오린 종이전이니 바로 '종이사람'이다.

지금으로부터 6~70년 전 까지만 해도 민가民家·무가巫家에서는 넋전을 들고 '넋전 춤'을 추었는가 하면 불가佛家에서는 '넋전 춤'을 전무奠舞 또는 지전紙奠이라 하여 역시 추었었는데 지금은 '민가'에 다소 남아있을 뿐 '불가'에서는 명칭마저 거의 없어져 가고 있다.

'아리랑'에 맞춰 '넋전 춤'을 춘다하여 「넋전 아리랑」으로 통하였으니 '아리랑' 이야기로 넘어간다. 우리의 삼천리강산에 '아리랑'없는 곳은 없었다. 그런데 '아리랑'은 사랑의 노래인가 하면 애달픔의 노래이기도 했다.

슬플 애哀, 기쁠 환歡과도 통했고, 함께 손잡고 한 이웃으로 껴 안는가하면 따사로운 길목의 노래이기도 했다.

아리랑 아리랑 아라리요
아리랑 고개로 넘어간다
나를 버리고 가시는 님은

십리도 못가서 발병난다

함께 손잡고 힘껏 부르려는 「세월호 넋전 아리랑」 터지도록 힘주어 부르고만 싶
구나.

발에 씌운 탈놀이 「발탈」

−중요무형문화재 제79호 「발탈」, 1983년6월1일 지정−

시작의 말씀

「탈놀이」라 하면 얼굴에 갖가지 탈을 쓰고 재담을 하며 춤을 추는 것으로 알려져 있다. 그런데 이제부터 살피고자 하는 '발탈'은 '발탈꾼'이 포장막 안에 누워서 발바닥에 오직 하나뿐이 탈을 씌우고 재담과 노래를 읊조리는 것이다. 포장막 밖에서는 어릿광대가 서서 발탈꾼과 재담을 주고받으며 놀이를 진행한다.

이러한 '발탈'에 대한 문헌자료는 거의 없어, 현재로서는 유랑예인 출신 고故 이동안李東安(1906~1995) 옹 한 사람이 앞장서서 명맥을 이어왔었다. 참으로 소중한 민속예능의 유산이라 하겠다.

필자는 지난 1970년대에 서둘러 이동안 옹을 비롯한 옛 발탈관련 민속예능인을 접촉하며 그들의 증언을 받아왔다. 발탈의 발생과 변천과정에 대하며 알아보면서 발탈의 전승계보와 현존하는 놀이기구 및 연희본演戲本 등을 채록하여 그의 예능적 성격과 특징을 분석·고찰 해 보고자 했던 것이다.

발탈의 시원始原과 변천

앞에서도 밝혔듯이 발탈에 관한 문헌 자료는 거의 없다. 현재 8·90대의 연희자들이 어려서 보았었다는 증언에 따르자면 아마도 한말韓末 내지 그 직후 무렵의 예인들이 연희하면서 오늘에 이르고 있는 듯하다.

다음에 소개하는 인명人名 및 증언자들은 복잡다단하면서도 소중하기 그지없는 내용의 제공자들이었다.

'이동안'은 남사당패들도 놀았던 '발탈'에 대하여 다음과 같이 설명한 바 있다. 친구 조동호(고인이 된 국악인)의 아버지이신 광대廣大 '조갑철'이 진위振威, 지금의 '평택장터'에서 남사당놀이를 하였는데. 이때의 발탈은 종이탈을 발에 씌우는 방식이었으며 팔꿈치와 팔목 두 곳에는 '실패'를 장치하고 그 구멍에다 노끈을 연결시켜 팔이 이중으로 움직이게 했다한다. 노끈은 당기거나 놓으면서 조종했었다고 한다.

전태용全泰龍(1922~1990, 무속국악인)도 생존시 필자에게 제공한 말씀으로는 「... 남사당패들이 하던 발탈은 노끈으로 조종했었다는 데는 증언이 같았으나 노끈을 팔에 연결시키는 방법은 다소 달랐었다」고 한다.

다음에 소개하는 김숙자金淑子(1927~1991)가 본 내용은

「…어깨 부분 한 곳에만 노끈을 연결시켜서 그 팔이 움직이도록 조종하는 식」이었던 것에 비하여 '전대용'이 본 방법은 「팔꿈치와 어깨 등 두 곳에 노끈을 연결하여 팔이 움직이게 하는 식」이었다 한다.

광무대에서 공연한 '발탈'을 연상하며

김숙자(무속무용인, 중요 무형문화재 제97호 '도살풀이'예능보유자)는 아버지 '김덕순金德淳(무속음악 · 무용인) 옹으로부터 들은 말씀을 다음과 같이 전하고 있다.

「…'발탈'은 안성 남사당패들이 마을을 돌면서 땅재주, 꼭두각시 또는 풍물을 노는 것과 함께 연희되었었다. 특히 발탈은 놀이판을 높이 만들어 그 위에 포장막을 세우고 발탈꾼이 그 안에 누워 발탈 씌운 발을 포장 밖 구경꾼들이 보이는 곳으로 내밀었다. 정애비(허수아비) 모양으로 만든 인형의 얼굴부분을 발바닥에 씌우고 팔(정애비의 손)은 노끈으로 연결하여 그 위에 저고리를 입힌 상반신의 인형이 밖에서 보이게 되어있다. 양 손으로 노끈을 잡아 그것을 조종하면 팔이 춤꾼처럼 보이는 것이다.」

▌ 발탈 연희자 이동안옹은 인형막 뒤에 있어 보이질 않음. 부채를 들고 서 있는 박해일문예회과뉴 소극장, 1982년 촬영

▌ 1982년, 〈문예회관 소극장〉 촬영. 중요문화재 제 79호 발탈 1983년 6월 1일 지정. 앞줄, 박해일(1923~2007), 이동안(1906~1995)

위와 같이 세 사람의 증언은 발탈의 성격을 인형극적으로 보고 있었다. 그런데 이 밖의 몇 가지 증언들은 비슷하거나 다소 다르기도 하였다.

광무대光武臺(광무 연간에 지금의 서울 을지로 근처에 세워진 구극 전문극장) 시절에 인기가 있었던 발탈의 연희자 박춘재朴春載(1881~1948, 이동안 옹의 스승)는 만든 탈에 노끈을 꿰어 조종한 것이 아니라 직접 손에 한삼을 꿰고 춤을 추면서 연희 했었다고 이동안 옹은 생전에 회고한 바 있었다.

이 장면에 대해서는 박춘재 선생의

현 「발탈」 예능보유자 박정임(1939~)

아드님 박태경(생존했으면 100세가량)과 이창배李昌培(1916~1983, 중요 무형문화재 제19호, 선소리 산타령 예능보유자) 등도 의견이 비슷했었다.

한편 꼭두각시놀음(중요 무형문화재 제3호) 예능보유자 남운용南雲龍(1907~1978) 선생은 1967년 남사당패놀이 보존회(서울시 마포구 합정동 소재)에서 필자의 주관으로 「발탈 발표회」를 가졌었다. 그 때의 연희에서는 발에 탈을 씌워 양손 끝에 노끈을 연결시켜서 그 노끈은 위로 올려 대나무에 연결시키고 그 대나무를 양손으로 쥐어 조종했었다.

그런데 '이동안'옹이 연희했던 발탈에는 '남운용'옹이 실과 대나무를 가지고 하던 인형극적 유사형類似形인 연희, 그리고 '박춘재'옹과 같이 광무대 시절에 했던, 직접 손으로 춤추면서 하는 연희가 각각 있었었다. 후자의 경우 연희하기가 불편하여 '이동안'옹은 근래에는 대나무를 가지고 하는 발탈만을 했었다고 한다.

이와 같은 발탈에 대하여 다른 예능인들의 의견을 들어보면 대체적으로 남사당패가 놀고 있는 꼭두각시놀음의 변형으로 보거나 아니면 유랑예인들에서 파생되었었다고 한다. 또한 그것이 협율사協律社(한국 최초의 극장으로 1902년에 세워졌으며 당시 궁내부 소속이었음)를 거쳐서 광무대와 가설극장(포장굿), 창극단唱劇團등으로 이어졌다고 하는 것이 지배적인 의견이다. 이렇게 볼 때, 발탈은 일단 경기도 안성의 남사당패에서 비롯되었을 가능성이 유력하며 이것이 주로 중부지방 일원에서 연희하게 된 것이 아닌가 생각된다.

'발탈'의 전승계보傳承系譜는 일단 남사당패에서 비롯되었다고 볼 때, 김덕순·조갑철·박춘재·오명선 등의 유파를 기점으로 하여 이동안 옹으로 이어지고 그

「발탈」 연희보유자 박정임의 「어릿광대역」

뒤로 어릿광대 박해일朴海一(1923~2007), 발탈꾼 박정임朴廷姙(1939~)으로 이어져 오늘에 잔존하고 있다.

이제는 박해일 옹도 세상을 떠나시고 보니 국가지정 중요 무형문화재 제79호 '발탈'의 예능보유자는 '박정임' 한 분뿐이다.

놀이기구와 놀이 형성

〈복식 服飾 〉

주역인 발탈꾼은 발바닥에 탈을 씌우고 대나무로 만든 팔을 앞으로 벌려 그 위에 저고리와 마고자를 아무렇게나 입혀, 어수룩한 촌놈 모습과 닮게 한다.

한편 어릿광대는 흰 바지저고리에 조끼를 입고 부채를 들었으며 어릿광대가 여자인 경우에는 노랑 저고리에 빨강치마를 입혔다.

〈조종기구〉

발바닥에 씌운 탈은 발꿈치를 움직여서 탈을 조종하며 팔의 움직임은 대나무를 가지고 움직인다.

〈발탈 놀이판〉

발탈의 놀이판은 검은 포장막으로 꾸며지는데, 가로 약 2미터, 세로 약 1미터 정도는 액자를 사각으로 짜서 검정 헝겊으로 둘러맨다(뒷면은 터놓는다). 발탈꾼은 그 속에 숨어 누워서 연희를 한다.

예능보유자 박정임과 제자들

〈포장 안에 있는기구〉

발탈꾼이 비스듬이 누워서 연희할 수 있도록 침대가 놓여있고, 머리를 받쳐주는 베개와 등을 받쳐주는 등받침, 발목을 받쳐주는 발받침 그리고 탈을 씌운 발만을 포장 밖으로 내놓을 수 있는 구멍이 있다.

바로 포장의 앞부분 중심부를 가위로 길쭉하게 잘라 놓는다.

〈놀이의 형식〉

이동안 옹이 연희한 발탈은 발바닥에 발탈을 씌우고 발목의 움직임으로 진행하는 것과 대나무로 조종하는 팔놀이 등 두 가지의 기본기를 기초로 하며, 꼭두각시 놀음과 같이 대잡이(발탈꾼, 주조종자), 산받이(어릿광대 진행 협조자)가 있다.

포장 밖 양 옆에는 삼현육각三絃六角의 잽이악사가 있는 바, 주 잽이는 현 '발탈' 보유자 '박정임'이 맡고 있었다.

'악기'는 피리, 젓대, 해금, 북, 장고, 징, 꾕과리 등 다양하다.

'발탈' 연희본演戲本

길군악이 잠시 흐르다 멈추며

발탈꾼: 어흠 어흠(기침소리) 여보게 오늘 손님 많으신가?

어릿광대: 손님 많이 오셨네. 공손히 인사 여쭈어라!

발탈꾼: 허허, 안녕하십니까? (탈을 아래로 숙이며 인사)

어릿광대: 허허 그놈 인사 잘한다.(위치를 바꾸고)

　　　　　허허 너 인사만 잘하는 줄 알았더니 네놈 얼굴이 잘 생겼구나!

발탈꾼: 아무렴 잘 생겼지!

어릿광대: 아무렴 잘 생겼구나. (얼굴을 손에 든 부채로 치며)

　　　　어이구 낮짝은 네 어미 볼기짝 같이 생겼고, 눈깔은 쇠눈깔 같고,

　　　　코는 생김이 술병 같고, 입은 메기아가리 같구나.

발탈꾼: 엣기 이놈 내 얼굴이 얼마나 잘 생겼는데 그런 소릴 해!

어릿광대: (관객으로 다가서며) 허허 그놈 잘 생겼우다!

발탈꾼: 아무렴 잘 생겼지!

어릿광대: 그렇구 말구, 그런데 이 광대뼈는 왜 이리 튀어 나왔지?

　　　　한번 냅다 받으면 눈깔 빠지겠구나 이놈!

발탈꾼: 이놈이… 네 놈은 광대뼈가 몇 발이나 되느냐?

어릿광대: 이놈의 이맛빡은 굴러붙은 쪽박 같은데다가 네놈 아가리는

　　　　또 왜 이렇게 커 메기아가리 같이 생겨서 꼭 대부인의 무엇 같구나!

발탈꾼: 이놈아! 모르는 소리마라! 내 얼굴이 얼마나 잘 생겼다고 그러니?

　　　　너 한번 번쩍 들어볼꺼라!

어릿광대: 그래! 어디 한번 들어볼까!

발탈꾼: 눈은 소상강 물결 같고, 코는 마늘족 세워 논 것 같고,

　　　　두 입술은 주홍실로 꼭 찍어 논 것 같고,

　　　　이 얼마나 잘 생겼니(혼자 신이 난 듯 지껄여댄다.)

어릿광대: 그래 그래 참 잘 생겼구나. 잘 생겼어! 그런데 아 이게 얼굴이냐?

　　　　아주 더럽게 잘 생겼구나, 자르르 흘렀구나.(자리를 바꾸며) 애! 여봐

　　　　라. 그러나 저러나 손님들은 네 춤추는 꼴 보려고 오신 손님들이시니

　　　　네 놈은 춤 한상 추어 보려마!

발탈꾼: (춤을 춘다)

어릿광대: 그래 춤은 무슨 춤을 출거나?

발탈꾼: 이놈아 무슨 춤이든 춰야지? 얼쑤 '만장단'을 쳐라!

어릿광대: '만장단'이 뭐지?

발탈꾼: 이런 바보 보게!

어릿광대: 뭐라고?

발탈꾼: 아니 '만장단'도 모르느냐! 허튼타령이 만장단이지!

어릿광대: (앞으로 나서며) 옳거니 옳거니 아 허튼장단이 만장단이렷다!

발탈꾼: (허튼 장단에 맞춰 춤을 춘다) 야 야 이놈아 나 춤 안 출란다!

어릿광대: 어어! 야 지금 점잖게 잘 가는데 왜 춤은 안 춰!

발탈꾼: 굿 할래야 맏며느리 춤추는 꼴 보기 싫어 굿 못한다고 하더니

　　　　너 춤추는 꼴 보기 싫어 나 춤 안 출란다!

어릿광대: 애 이놈아 보기 싫긴 뭣이 보기 싫어(부채로 가볍게 얼굴을 친다)

발탈꾼: 아구구구! 이놈아 왜 하필 얼굴 복판을 때려! 아이구 코피난다.

　　　　이놈아! 이놈 아!

어릿광대: (객석을 보며)이놈아 봐라! 거 네 얼굴에 코피 날 데가 어디에 있어?!

발탈꾼: 허허허 허긴 그렇구나?

어릿광대: (발탈꾼의 '떠벌림'을 제지하며) 애 이놈아 그러나 저러나 너 말이다. 혹
시 '팔도유람가' 해봤나?

발탈꾼: 팔도강산을 무른 메주 밟듯이 다녔다!

어릿광대: 뭐라고! 팔도강산을 무른 메주 밟듯이 다녔다구?

발탈꾼: 그려-.

어릿광대: 거 맨발로 팔도강산을 이렇게 이렇고롬 다녔단 말이냐?

발탈꾼: 아 점잖지 못하게 왜 맨발로 다녀? 의관정제하고 다녔지.

어릿광대: 그 꼴에 의관정제를 하고 다녀?

　　　　아무래도 네가 고리타분한 샌님같이 다녔을 것 같구나!

발탈꾼: 네 눈엔 이 어른 수염도 안보이나!

어릿광대: 뭐라고?

　　　　요 말꼬랑지 같은 놈이 수염이란 말이냐? (수염을 만지작거린다)

발탈꾼: 뭐이 어떻다고 이놈이!

어릿광대: 그러나 저러나 너 댕긴(다닌) 곳이 많다 했으니

　　　　그럼 들은 말도 많겠구나?

발탈꾼: 많지!

어릿광대: 그럼 너 소리 한자락 해봐라!

발탈꾼: 무슨 소릴 하라구?

어릿광대: 너 그럼 강원도두 댕겨왔나?

발탈꾼: 댕겨왔지!

어릿광대: 그럼 너 만고강산 한번 해봐라!

발탈꾼: 좋지, 장단을 쳐라(잽이는 중모리를 쳐주고 노래가 시작된다)

어릿광대: (어깻춤을 추다가 소리가 끝나면) 허허 그 좋다. 언제 그리 배웠느냐?

발탈꾼: 너 네 어미 뱃속에 있을 때부터 배웠다!

어릿광대: 엣기 이녀석아 아까운 호걸 다 늙는다.

　　　　헌데 저어기 앉아있으신 양반이 제일로 신이 나셨구나!

발탈꾼: 어디 어디…(발을 번쩍 들어 얼굴탈)이 몸통에서 분리되고 만다

어릿광대: 이놈아 목 달아났다! 이런 망칙스런 놈 보게! (흥분된 어조로)

　　　　너 이놈 정신 차리고 춘향가 중 옥중가 한번 해 봐라!

발탈꾼: 앗다 그놈 아는 것도 많네 그려! 자 – 장단쳐라 '쑥대머리'다!

어릿광대: 좋–지!

발탈꾼: ('쑥대머리'를 부른다)

어릿광대: (슬프게)앗따 그놈 슬프기도 하구나!

발탈꾼: 서럽지-.

어릿광대: 그려(눈물을 닦으며) 허허 마음이 답답하구나! (표정을 바꾸면서)

　　　애야 그러구보니 여기오신 손님네 모두 떨떠름하신 듯하구나-.

발탈꾼: 그렇지?

어릿광대: 여기오신 손님네시여!

　　　자 - 그럼 가슴 펴시고 춤이나 한번 추실까요?

발탈꾼: 그럼 우리 춤 장단으로 바꿔봅시다요! (빠른 장단으로 바뀜)

어릿광대: 애들아 푸푸푸 풍악을 울리랍신다!

　　　(발탈꾼은 자진모리로 춤을 추고 어릿광대도 따라서 춤춘다)

발탈꾼: 나 그만 출란다!

어릿광대: (신경질적으로) 왜 또 그러나

발탈꾼: 너 춤추는 꼴 보기 싫어 나 춤 안 출란다!

어릿광대: (팔을 걷어 올리며) 애 이놈아 도대체 나하고 무슨 감정이 그리많니!

　　　(때리려 하나 발탈꾼 빠르게 피한다)

　　　이런거 피하기는 번갯불에 콩 볶아먹듯이 하는구나

　　　(팔장을 끼며 잠깐사이 갑자기 생각난 듯)

　　　애 그럼 이번엔 너 '잡가' 한 번 해 볼래?

발탈꾼: 잡가, 그래 잡가하마 장단쳐라!

　　　(개성난봉가, 함경도 잡가, 진도 아리랑, 밀양 아리랑, 경기 잡가, 양산도, 전라도

　　　육자백이, 충청도 잡가, 경기도 흥타령 등을 부르고 어릿광대는 '병신춤'을 춘다)

어릿광대: (신이나 따라서 하더니만 갑자기 큰 소리로) 아니 이놈아!

발탈꾼: 아니 왜 그래?

어릿광대: 아 이놈아 늬가 지금 소리를 허니 지랄을 허니?

발탈꾼: 얘 이놈아 잡가 하라며! 잡가!

어릿광대: 야 이 자식아 잡가 하랬지 내가 언제 '잡소리' 하랬어!

발탈꾼: 아니 '잡가'나 '잡소리'나 마찬가지 '잡짓'이 아니겠나!

어릿광대: 얘 너 허긴 잘헌다!(자리를 바꾸며)

　　　그러나 저러나 너 먹는건 뭘 먹고사니?

발탈꾼: 이런 병신보게?

어릿광대: 뭐라구!

발탈꾼: 아 뭘 먹고살아 밥 먹고살지.

어릿광대: 아 이놈아 밥먹는 거야 누구나 다 아는 거지만

　　　밥 말고 또 먹는 건 없나?

발탈꾼: 그래 별아별 것 다 먹는다.

어릿광대: (뒷짐을 지며)그래 뭘 그리도 먹지?

발탈꾼: 김치먹고, 짱아치 먹고, 깍두기 먹고, 새우젓 속젓 다 먹는다.

어릿광대: (째려보며)이런 그런 건 여기오신 손님네도 다 잡수실 줄 알고,

　　　그건 나두 먹는다. 이놈아 아 그런 것 말고

　　　(부채로 발탈꾼 얼굴을 때린다)

발탈꾼: 그래 그래 많이 있다. 많이 있어 저- 날물에는 날 잡아먹고

　　　들물에는 들 잡아먹고, 숭어, 민어, 준치, 갈치, 넓적한 가재미며

　　　둥글둥글한 홍어, 붕어, 잉어, 메기, 가물치, 멸치, 자가사리,

　　　톡톡쏘는 쏘가리, 미끌미끌한 미꾸라지, 여울목에 피라미,

　　　모래속에 조개며, 구비치는 치리, 물꽁산에 비둘기, 산에 까투리,

　　　장마에 우는 맹꽁이, 고래까지 다 잡아먹고 네 불알도 떼어먹는다!

어릿광대: 엣기 녀석! 허허 그놈 거 다 어디로 먹니?

발탈꾼: 어디로 먹어, 입으로 먹지.

어릿광대: (속상해 큰소리로) 그럼 모두 그것뿐이랴.

발탈꾼: 왜 그것 뿐이여 또 하나 있다.

어릿광대: 또 하나? (궁금해서)그래 그게 뭐냐?

발탈꾼: 네 할미도 핥아먹고 네 어미도 핥아먹는다.

어릿광대: (부채로 얼굴을 가리며) 아따 그놈 정말로 흉해서 못 보겠네 그래.

발탈꾼: 이젠 할 게 없어서 생선장사 해 먹는다!

어릿광대: 생선장사? 니가 또 언제 생선장사를 … 아니 얘 그럼 너 조기 셀 줄
　　　　　알겠구나!

발탈꾼: 아암 세다 뿐이냐 어흐음 자 내가 조기 셀 테니 너 한번 받아볼래?

어릿광대: 좋지!

발탈꾼: 자아 간다. 받아라 잉(탈꾼은 좌에서 우로 세는 빠른 팔놀림을 하고 어릿광대는
　　　　　부채로 생선 받는 시늉을 한다)
　　　　　생선드렁 사려, 조개드렁 사려, 하나둘 둘둘, 셋셋 넷넷,
　　　　　다섯다섯 여섯여섯, 일곱일곱 여덟이요,
　　　　　아홉하고 열이라 조기드렁 사소, 조기드렁 사소, 조기 사소!

어릿광대: (큰 소리로)임마! 누가 조길 그렇게 세니?
　　　　　너 마포강가 구경도 못해봤구나?

발탈꾼 : 그럼 어떻게 세니?

어릿광대: 거 드렁조로 세어라!

발탈꾼: :드렁조? 난 잘 못 세겠다. 네가 한번 시어 봐라.

어릿광대: (뻐기며) 으흠 그럼 너 한번 잘 보거라! (부채를 펴 생선 나르며 동시에)

하날기라 댕하, 두기라 댕하, 세기라 댕하, 네기라 댕하, 다섯기라

댕하, 여섯기라 댕하~

발탈꾼: (대담을 받아서)일곱기라 댕하, 여덟기라 댕하, 아홉기라 댕하,

열기라 댕하 자~ 다 세었다. 한묵이다.

또 받아봐라 이건 산이다!

어릿광대: (받아서 나르며) 이따 그놈 거 인심한번 좋다.

(이마에 묻은 땀을 소매로 닦으며)

얘 그러나 저러나 그렇게 세어서 언제 다 세겠니?

자~우리 그 뭇으로 세자.

발탈꾼: 그 뭇? 좋지 자~ 한뭇이오 드렁 두뭇 세뭇 드렁, 다섯 드렁,

일곱 드렁야, 조기드렁 사소!

어릿광대: (듣고 있다) 이놈아 그렇게 빼 먹구 세니?

발탈꾼: 빼먹긴 뭘 빼먹어 다 세었지.

어릿광내: 뭐 다 세었어?

발탈꾼: 그래 다 세었다!

어릿광대: (당황하여) 아니 (잠시 머뭇거리다가 한 관객에게)

아 저 아저씨 말 좀 해 주소, 빼었지요?

발탈꾼: 자식아 저리 비켜라!

어릿광대: 뭐 비켜?

발탈꾼: 저어리!

어릿광대: 저어리?

발탈꾼: 그래 (멀리를 보는 시늉을 하며) 저어리!

어릿광대: (부채를 펴서 이마에 얹으며) 저어리~?

발탈꾼: 어허 계집이 온다!

어릿광대: (갑자기 흘기며) 아 이런 뱁새 눈깔로 볼건 다 보는구나!

발탈꾼: (두 손으로 얼굴을 가린다)

어릿광대: 얼씨구 뭘 그렇게 부끄러워 하니 됐어 됐어!

(이때 행주치마를 두른 여자가 등장한다)

여자: 아 여보쇼 아저씨!

발탈꾼: 어흠 어흠 왜 그러시오?

여자: (치마자락을 올리면서) 조기 한 뭇 주세요.

발탈꾼: 조기 한 뭇을 줘요? 아 조기 한 뭇을 사다가 뭘 하려구?

여자: (자존심이 상해서) 아 돈이 없어서 그래요!

발탈꾼: 애 얼굴이 잘생겼는데~.

　　　 아 이쁜데 이리 오오 이리와 자 받으시오 한 뭇 드렁, 둘둘 두 뭇 드렁,

　　　 세 뭇 드렁, 네 뭇 드렁, 다섯 뭇 드렁, 조기 드렁~.

어릿광대: (한참을 기막힌 듯이 듣고 있다가) 임마 임마 임마!

발탈꾼: 어 어 왜 그러니?

어릿광대: (두 주먹을 불끈 쥐며)야 임마 이 자식아 너 지금 조기장사 하니 뭘 하

　　　　 니, 아 이놈의 자식 난 그냥 조금만 주고 이 여자는 그냥 자꾸자꾸

　　　　 하나 더 주구 아 왜 그러니?

발탈꾼: 흠 먹을게 아직 또 남았지. 소도 잡아먹구!

어릿광대: 말두 잡아먹구!

발탈꾼: 그래 닭도 잡아 먹구!

어릿광대: 굼벵이도 잡아먹구!

발탈꾼: 그렇지 노루, 사슴, 다 잡아 먹구 돼지도 잡아 먹는다.

어릿광대: (웃음을 머금고)돼지? 너 돼지잡아 그냥 먹니?

발탈꾼: 그냥 먹긴 왜 그냥 먹어?

어릿광대: (심각하게)그럼 어떻게 먹어?

발탈꾼: 돼지를 잡아서

어릿광대: 돼지를 잡아서

발탈꾼: 대가리를 잘라 가지고

어릿광대: 대가리를 잘라 가지고

발탈꾼: 고사 지내고 먹는다.

어릿광대: (기뻐서) 야~그놈 봐라 허~ 그럼 너 고사 지낼 줄 알겠다.

발탈꾼: 지낼 줄 알지!

어릿광대: 야 그럼 우리 마지막으로 고사나 한번 지내보자.

발탈꾼: 앗다 그놈 골고루도 시키네. 그리 하마. (고사창을 부른다)

　　　고솔고솔 고솔고솔 섬겨드리는 고사로다.

　　　천계 의자하고 지배 여축하여 삼재 문재 이른 후에 천황씨 천하 마련,

　　　지황씨 지하 마련, 염주 실농씨 · 제우 복희씨 · 제후 도당씨 ·

　　　헌후씨는 베를 모아 강화를 통해 마련하고,

　　　염주 실농씨는 옆산의 밭을 갈아 오곡백곡 씨를 던지어

　　　밑으로 심은 뿌리, 위에 클 가지라,

　　　겉곡으로 못먹사와 공산에 돋은 나무 옥부로 베어내서,

　　　금도끼로 다듬어서 방아를 걸려 할 제,

　　　오리나무로 공이 박고 대추나무 쌀개 걸어 인수인간 올라서니

　　　덜컹 덜커덩 찍어내니 허연이 곡식이라,

　　　메를 지라할 제 수일씨 물을 붓고 화덕씨 불을 때어

인황씨 자친밥을 금쟁반에 받쳐 나라에 진상한 연후에

남겨진 곡식은 억조창생 만인 백성이 먹고 살길 마련하고

일품 이품 나다니신다.

어릿광대: 아 이놈아 고사를 지내다 말고 어딜가?

발탈꾼: 아 이런, 지금 고사를 한참 지내고 곡식은 억조창생 만인 백성이 먹고

살길 마련하고 일품이품 다니신다.

어릿광대: 아 이놈아 고사를 지내다 말고 어딜가!

발탈꾼: 이런 아 참, 지금 고사를 한참 지내고 있는데

왜 끼어들어 야단이야 부정타게스리~.

어릿광대: 오오 미안하다 미안해(달랜다)

발탈꾼: (고사창으로) 광해는 일품이요 광주는 이품이라 수원은 영산품인데

금과천곳 대주요 양안성 군수실랑 수원은

대모관인 남대문 밖 성 나달아 청패칠패 배달하기 남타령을

훨훨 넘어 과천와서 숙소하고 거기서 훨훨 떠나 달아골 사그네

벌사그네 지지내를 얼른 넘어 수원와서 숙소하고

거기서 훨훨 떠나 달아 대행교 떡전거리 진 등을 업고

오산을 얼른 지나 평택을 당도하니 천안을 얼른 넘어 온양 당도하여

김씨네 대한 가족이 정성을 드리려고 천하궁땅 올라가서

묵은 책력 제쳐놓고 새책력 내어놓고 이날 공수 받으려 할 때

일생 생기 이중 천한 삼하절책 좋은 날 사중유혹 이날공수 받아다가

안땅에 붙여 놓고 제주님 거동봐라 고은 빨래 해 입고

목욕재계 다시하고 조라정성 드린 후에

정한 인간과 같을 손가 부정한 인간 들어 올 세라

문밖에 황토 펴고 저큼 저큼 들어놓으니

정성이 지극하면 지성이 감천이라 아니 될 리가 없겠느냐

이집도 좋다 만은 집을 하나 지어보자.

어릿광대: 집을 지어?

발탈꾼: 그래 너 집짓는 거 한번두 구경 못했지?

어릿광대: 응 아직 못해봤어.

발탈꾼: 그럼 너 저기 앉아서 구경 한번 해봐라.(고사창으로)

경상도 안동땅 제비원은 솔씨받아 용문산에 뿌렸더니,

그 솔이 점점 자라 소부동이 되었구나 소부동이 점점자라

대부동이 되었구나. 대부동이 점점자라 정장목이 되었구나.

아랫동네 옆군들 웃동네 무엄들 가득가득이 실어모아

나무를 베라할 제 옥부로 베어내어 금도끼로 다듬어

저 굽은 나무 잘 다듬고 잦은 나무 굽다듬어 집을 지랴할 제

아랫동네 무덤들 웃동네 옆군들 가득가득 모아가지고

지경을 닦는구나(어릿광대 따라 부른다)

한 가운데 닦는 역군 금두껍을 묻었으니

두껍이 머리를 다칠세라 가만가만 닦아주오

어여어여 여어여로 어기여차 지경이야 동편닦는 역군들아

학을 한쌍 불렀으니 학의 머리를 다칠세라 가만가만 닦아주오

어여어여 여어여로 어기여차 지경이야

집을 짓는데 어찌어찌 지었나 높은데 따라 얕은데 놓고

얕은데 떠나 높은데 놓고 내구 번듯이 다듬으니

종이장을 받든 듯이 평판에 불담듯이 내구 번듯이 다듬어 놓고

주춧돌을 놓는데 여기 주춧돌은 못쓰겠다.

가운데는 안되겠다. 어허강화.

영중들이 가서 청석돌을 떠다가 주춧돌을 놓는데

상주추 놓고 중주추 놓아 주추를 늘어놓는데 상기둥 세우고

중기둥 대들보 얹고 섯가래 얹어 상냥을 허랴 할 제

주인 제주 거동봐라 옷갖을 정리 성량을 모신후에 기와를 이어보자.

어떤 기와를 이어 볼까 여기 기와는 못쓰겠다

강화영중 들어가서 청기와를 이어보자 숫기와는 엎어지고

암기와는 자처있고 내구빈 듯 지어놓고

풍경달아 동남풍이 건 듯 불면 윙그렁도 그리하려니와

마당을 아홉마당 노적은 열두노적 노적위에

범덕새는 한양에 들어치는 은금장도 솟아지고 용금장도 솟아지니

어찌하니 상경이냐 그는 그러 하려니와 마당 한가운데 못을 파놓고

연못속의 대작같은 금붕어는 이리궁실 저리궁실 노니는 양 어찌아니

상경이냐 그는 그러하려니와 집을 지어 놓구서

왼갖 세간을 한번 벌려 놓는데

어릿광대: 그래 어떻게 벌여 놓느냐!

발탈꾼: 그래 이렇게 벌려 놓는다(고사창으로)

죄칼 못칼 국수판 일춘경 이춘경 자개함 농반닫이며

용장봉장 금강구뒤지 솥이랑 곡괭이 아양네 고수대 가득담뿍 벌였으니

어찌아니 좋을 소냐 왼갖 비단을 벌려보자.

어떤 비단을 벌렸나 서강부자 삼백척 번듯들어

일광당 아향내 골수대여 각성하던 월광단 노인 비단은

노방주 젊은이 비단을 상사단 법단야단 벌였으니 어찌아니 좋을소냐

농기연장을 벌여보자 쟁기 씨레부터 벌리는데

쟁기설에 호미 괭이 섯가레 삽 호미 까지 벌였으니

솟이랑을 곁들었다. 어찌아니 좋을소냐.

바깥을 바라보니 소 없어서 쓰겄나.

왼갖 소를 벌여보자 어떤 소를 벌였나 잡아우겨

우걱꾸리 잡아자차 잡아뿌리 얼룩덜룩 점백이 가득담고 벌였으니

어찌아니 좋을소냐 문밖의 삽살개는 사람만 본 듯하면

컹컹짖고 달려드니 이 아니 좋을소냐 그도 그러하려니와

어릿광대: 그럼 우리 벌여줄 것 벌여주고 도와줄 것 도와주었으니

　　　이제 일년 도액을 막아볼거나!

발탈꾼: (고사창으로)일년도액을 막아보자.

정월에 들어선 액은 이월에 막아내고

이월에 들어온 액은 삼월에 막아내고

삼월에 들어온 액은 사월파일에 막아내고

사월에 들어온 액은 오월단오에 막아내고

오월에 들어온 액은 유월유두에 막아내고

유월에 들어온 액은 칠월칠석에 막아내고

칠월에 들어온 액은 팔월한가위 막아내고

팔월에 들어온 액은 구월구일 막아내고

구월에 들어온 액은 시월상달에 막아내고

시월에 들어온 액은 동지팥죽에 막아내고

동짓달에 들어온액은 섣달 그믐날 흰떡가래로 막아내자

정칠월 이팔월 삼구월 사시월 오동지였으니 어찌아니 좋을소냐,

점이점이 하여주오(어릿광대와 같이 가장 신나는 부분, 곧이어 차분히)

학이 놀던 자리는 깃이 떨어져 있다하고 용잉어이 놀고 난 자리는

비늘이 떨어져 있다 하였으니 덕람한 우리 놀고 난 자리는

일년이 무고하고 삼년이 태평하게 점지점지 하여주니

어찌아니 좋을소냐 (장단이 급속도로 빨라지며)

수비를 품어 먹여보자 아나 수비야 상청을 서른여덟 하청은

열여덟 오중강 남수비야 좌중강 여 수비야 살을 막아내자

아나 수비야 재넘던 수비로구나 마루넘던 수비로구나

오다가다 객사한 수비 아동에 죽은 수비 물에 빠져 죽은 수비,

너 많이 먹고 물러가라 일년 열두달 삼백육십일이 내내돌아 갈지라도

웃음으로 연화하고 춤으로 대길 하옵시니

다른 가족은 이러니 저러니 할지라도

심씨네 한가족 일년이 무고하고 삼년이 태평하여 여기 오신 손님들은

일년 열두달 과연 열석달이 내내 돌아갈 지라도

안과태평하게 해 주옵소서!

어릿광대: 앗다 그놈 아 거 고사한번 신나게 하는구나 그래!

발탈꾼: 신나? 힘들어 죽겠다 이놈아.

어릿광대: 허허허 그래그래 그럴 것이다.

　　　　애 그렇지 않아도 어느새 시간이 다 된 것 같다.

발탈꾼: 벌써 그렇게 돼?

어릿광대: 자~그럼 여기오신 손님들의 가정에 만복을 빌어 들였으니

　　　　이제 우린 파연곡으로 소리나 한 마디씩 하고 끝낼까?

발탈꾼: 좋지! 좋아!

어릿광대: 파연곡 하사이다. (잡가조로 노래를 부른다)

       북두칠성 앵도라졌소 잡으실 님 잡으시고 가실 님은 가시옵소서

       오늘은 시간이 다 되었으니 일로 끝을 맺읍시다.

       여기오신 여러분은 부디 안녕히 가옵소서

       (또는 '만수무강 하옵소서' 로 할 수 있으며 이어서 공손히 인사를 한다)

발탈꾼과 어릿광대: 간다 가노라 내가 돌아 가노라

              떨떨거리고 내가 돌아가노라 –

              발탈꾼이 들어가고 목이 없는 상체만 보인다.

              어릿광대 놀라서 뛰어들어간다.

※이동안, 박해일, 박정임 3인의 발탈연희에서 채록한 '연희본'인 바 본인들도 뜻을 모르는 재담도 여러 군데 있음.

문방사우文房四友 즐비했던 '사랑방'

−난정蘭丁 어효선魚孝善 선생님의 그림 12점

벌써 20여년 전의 일이다. 평소 가까이 뵈셨던 스승이신 어효선魚孝善 (1925.11.2. ~2004.5.15.) 선생님께서 정성껏 그리신 「文房四友 十二點」을 나에게 주신다. 이 고마움을 혼자서 누릴 수 없어 천·만인에게 알리고 싶어, 선생님의 따사로운 말씀을 되도록 빠짐없이 앞에 적는다.

− 사람마다 어렸던 시절의 기억을 더듬어 보는 데는 10인人, 10색色 그 시기가 같지를 않다.

어떤 이는 세 살 때, 또 어떤 이는 네 살, 다섯 살, 이렇게 같지를 않다.

나의 경우는 아무래도 다섯 살 무렵이 아닌가 싶다.

장마가 왔었을 때인 듯하다. 마을 앞 시내에 시뻘건 물이 넘쳐흐르는데, 고기잡이를 하다가 물에 떠내려갔던 소름끼치는 추억이 가물가물한데… 그게 내 나이 다섯 살 때였을 것이라고 어머님께서 말씀하셨다.

아차! 했더라면 급류에 휩싸여 수중고혼이 될 뻔 했는데, 마침 마을의 젊은이들이 뛰어들어 물에 빠진 생쥐모양의 나를 건져냈더란다.

그 때 어찌나 혼이 났던지 지금도 장마철 우르릉 콸콸 흐르는 물만 보면 나는 남달리 겁을 먹는다.

기왕에 어렸을 적 추억을 더듬자면 내 '돌상'에 올려놓았던 지필묵紙筆墨에 관한 사연이 길다.

넉넉히 잘 차린 '돌상'에는 온갖 음식이 물론이요. 온갖 '비단피륙'과 오색이 영롱한 '실타래' 그리고 '활', '종이', '붓', '먹' 등 온갖 갓이 수북이 놓여 있었는데, 이것저것을 더듬더니 붓과 종이를 양손에 덥석 쥐더라는 어머님의 말씀과 함께 그 때 그 '지필묵'이 6.25동란 날 때까지도 있었는데 모두가 북새통에 없어지고 말았다 신다.

이야기는 다시 거슬러 올라가서 내 여남은 살 때쯤일까? 어머님께서는 장롱 속에 꼭꼭 소중히 보관하신 '지필묵'을 꺼내서서 거풍擧風(옛날에는 책이나 쌓아두었던 물건들을 꺼내셔서 때때로 바람을 쏘였었음)을 하신다.

"애, 이게 네 돌상에 났던 것이야. 할아버지께서 제일루 좋아하셨지! 우리 집안에 큰 문장났다고….

나는 그 물건들을 뚫어져라 바라보다가 만져도 보고 했지만 도저히 벌써 그 옛날이 된 '돌상'의 장면을 되살릴 수는 없었다.

그러나 나의 가장 어렸을 때 기억은 '다섯 살'땐가 싶다.

'돌잡이'로 지필묵을 잡아 큰 문장이 날 것이라 기뻐하셨던 할아버님께서도 세상을 떠나신 지 벌써 70년이 넘었으니 세월도 흡사 유수流水와 같아 나도 늙을 로老에 속해 문방사우文房四友에 대한 나름대로의 정회情懷(마음속에 품은 생각) 가득해지는구나.

…어린 시절, 우리집 사랑은 '큰 사랑'과 '작은 사랑'이 있었다.

큰 사랑에는 할아버지께서 기거하셨고, 작은 사랑은 아버님께서 쓰셨다.

지금 생각해보면 그 큰 사랑에 갖춰져 있던 문방구들이 그대로 보존만 되었더라면 남부럽지 않은 골동부자가 되었음직하다.

당시로도 고풍창연 책장冊欌, 사방탁자四方卓子, 문갑文匣, 서안書案(책상) 등에는 필가筆架(붓을 걸어놓는 기구), 연상硯床(벼루 등을 넣는 상), 지동紙同(두루마리 종이를 담아두는 그릇) 그리고 갖가지의 종이, 붓, 먹과 크고 작은 벼루가 '벼루집'에 담겨 방 안을 장식하고 있었다.

벼루에 물을 따르는 연적硯滴도 가지가지이니 십이지十二支의 동물 모양이나 물고기, 거북 등이 있고, 주먹 두 개 크기는 충실했을 조선조의 도자연적 '복숭아 연적'이 그냥 있었더라면 충분히 보물급이었을 것이다.

이 밖에도 벽에 걸려 있는 고비(편지 등을 꽂아 두는 기구)가 있고 지금은 이름도 잊혀져 가는 서판書板(글씨 쓸 때 종이밑에 끼는 널빤지), 서진書鎭(글씨 쓸 때 종이를 누르는 데 쓰는 것으로 '문진文鎭'이라고도 함, 인장印章과 인합印盒, 서표書標(책을 읽다가 사이에 끼어두는 표) 등등….

그리고 큰 사랑방의 한 구석에는 할아버님께서 지극히 귀여워 하셨던 나의 몫으로 천자문千字文, 동몽선습童蒙先習, 격몽요결擊蒙要訣과 서산書算(글 읽는 회수를 표하는 것), 분판粉板(아이들이 글씨 연습하는 판) 등도 한자리를 차지하고 있었다.

오랜 고서화古書畫가 남겨 있는 책창에서는 사시사철 무엇이라 표현할 수 없는 매캐한 냄새가 솔솔 번져 나오고 벼루에서는 코끝이 안온해지는 그야말로 고상한 먹의 향기가 방안에 꽉 차다 못해 문 밖까지 은은했다.

나의 어린 시절은 이와 같이 '문방사우'를 갖춘 전통적인 생활공간이었다.

'문방사우'란 종이, 붓, 벼루, 먹 등 학문을 닦는 선비가 가까이 하는 네 가지 물건을 벗으로 의인화擬人化하여 나타낸 말이다. 이처럼 격조 있는 분위기를 어찌 철 모르는 어린아이가 범접할 수가 있겠는가. 이젠 팔십 고개를 넘고 보니 아련하게 자취도 없이 사라져 버리고만 그 사랑방이 가슴이 시리도록 그리워진다.

지난 이야기는 이만큼 해두고, 오늘의 우리 주변을 살펴보자.

참으로 모든 것이 편리하고 풍부해졌다. 붓이니 먹이니 하는 것은 이제 서예가가 아니고는 쓸모없는 것으로 되어 있다. 종이도 옛날 닥종이에 글씨를 쓰는 학생은 없다.

이러한 때에 벼루에 먹을 간다는 것은 미련하다고나 할까. 먹물을 병에 담아서 쓰기 편하게 팔고 있다.

철필에다 잉크를 찍어 쓰는 사람도 이제는 볼 수도 없다. 칼로 연필을 깎는 것이 아니라 기계로 쉽게 깎아 낸다. 필기도구의 주종은 붓도, 철필도, 만년필도, 연필도 아닌 '볼펜'으로 된 지 이미 오래이다.

모든 것이 편하고도 편하다.

그런데 근년에 와서 연필이며 만년필 또는 철필을 찾는 사람이 조금씩 나타나고 있음은 웬 까닭일까?

막연한 복고취향復古趣向이라 할까?

꼭 그런 것만은 아닌 성도 싶다.

누구든 글을 쓰려면 차분한 생각 끝에 쓰여지는 것인데 필기도구만이 하도 편하다 보니 생각도 없는 글을 건성으로 쓰게 되는 때문은 아닐까?

나의 이런 생각을 그저 케케묵은 구시대의 사고로만 평가하지 말아주었으면 하는 바람이다.

편하고도 편한 오늘의 '문방구'에 옛날 '문방사우'의 단아端雅한 성격이 조금이나마 가미될 수는 없을까? 하는 단심丹心으로 이 글을 썼는가 싶군요.

난정 어효선 선생님!

참으로 고마웠습니다!

■ 〈문방사우 이야기〉에서 발췌한 어효선 문인화

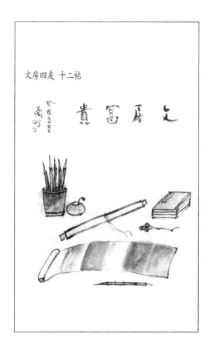

文房四友 十二帖

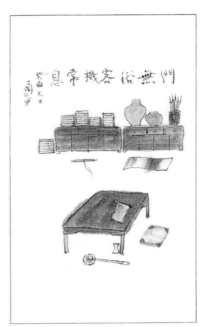

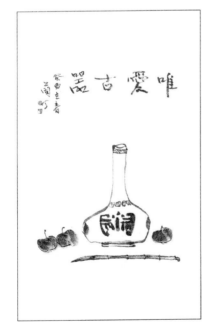

천상병 목순옥 이야기

지금으로부터 50여 년 전이었지.

내가 스무 살 남짓할 무렵 인사동 골목 안 작은집에 살고 있었지.

숱했던 '헌 책방'을 오가다가 슬슬 청계천 건너 '명동'을 오가며 세월을 보냈었지.

'명동'에서 들리는 곳은 친구들 모이는 '대포집' 아니면 '다방'이었지.

사귀는 친구는 '하재기', '김승환', '강성철(민)', '송재갑(혁)', '신응식(경림)', '목순복'등 꽤나 됐었어.

그런데 그 가운데 희성인 화목할 목, 목睦씨인 목순복睦順福(1930~1985)이란 친구는 나보다 네 살 위였지.

그로부터 소개받은 이는 당시 이름난 시인詩人으로 몹시 말을 더듬는 천상병千

祥炳, 역시 나보다 네 살 위였어.

'목순복', '천상병' 두 사람은 겉보기에는 성품이 아주 달라 보이나 심사心事는 깊어 오가는 이해심이 너그러운 듯 했었지.

'목순복'은 자기의 친동생인 순옥順玉(1938~2010)을 '상병'에게 소개하여 둘이는 얼마 후 그림 같은 원앙鴛鴦이 되지.

세 사람 다 벌써 저 세상 사람이 되었으니 이를 어쩔까….

일찍이 저 세상으로 가면서 '천상병'은 많은 시집詩集을 남겼고, '목순옥'은 자기처럼 예쁜 책 「날개 없는 새 짝이 되어」 한 권을 남겼지.

역시 두 사람은 지금도 꼭 껴안고 있더군.

며칠 전 함께 묻힌 '무덤'에 갔다 왔소이다.

'목순옥' 당신이 하던 찻집 귀천歸天에는 당신의 조카 목영선睦榮善이 지금도 잘도 문을 열고 있고, 가끔 '영선'의 어머니이자 '목순복'의 아내인 이인복李仁馥(1934년생) 여사도 더러 보이더군.

'귀천'에 오신 손님들은 벽에 걸린 「천상병+목순옥」 사진들….

'상병'의 시 '歸天'을 본다.

나 하늘로 돌아가리라

아름다운 이 세상

소풍 끝내는 날

가서 아름다웠다고 말하리라...

'귀천'의 손님들은 보고 또 보며, 웃으며 애달파 하더군.

두 사람 다 갔으면서 '귀천'이 있는 한 그들은 지금도 있는 셈이지….

(귀천 있는 곳)
서울시 종로구 인사동 14길 14
전화 023210-2288

허 허 허
모두 간 이들
평안 평안 하시게나.

「여름모자」는 어디로 보내야 하는가

오랜 친구의 부인이 하는 찻집이어서 되도록 한 달에 두세 번은 들러야겠다 싶
으면서도 제대로 한 번을 지키지 못하고 있다.

그런 어느 겨울 한낮, '귀천'으로 들어서자 "오 오! 우세이(그는 나를 이렇게 부른다)
왔나!"하며 반갑게 맞는다.

밖에는 진눈깨비가 내리고 있어 나는 썼던 모자를 툭툭 털며 그의 앞에 앉았다.

"…모자 모자 써보자!"

나는 선뜻 내주었다.

"나 모자 다오!"

그런데 내 머리통이 조금 커서 코언저리까지 덮이는 것이 아닌가.

"이 사람, 안 되겠다. 내 맞는 놈 구해다 주지."

"그래그래 모자 다오! 응! 모자 다오!"

'알았다'는 약속을 하고도 한 달이 지나 문득 생각이 나서 중앙 우체국 앞 지하도 모자가게에서 맞음직한 세무 모자를 하나 구해서 '귀천'으로 갔는데 장본인은 오늘 나오지 않으셨단다.

천상병의 천상배필 목순옥 여사에게 잘 전해 달라 하니 본인보다도 더 반가워한다.

그런 일이 있은 후, '귀천'에서 그를 만나게 되면 '우세이'가 아니라 '모자! 모자!'가 되고 말았다.

그 다음 해 봄철로 기억을 한다. 따따므레한 늦봄의 오후였던가, 종로경찰서 앞 버스정류장에서 차를 기다리고 있는데, 바로 앞 인도와 차도의 턱진 곳에 편안하니 그 모자를 쓰고 그가 앉아 있는 것이 아닌가.

에이 모르겠다. 나도 다정스레 바짝 옆에 앉았다.

깜짝 놀라는 그의 얼굴에 "나야!"했더니 그렇게 반가워 할 수가 없다. 내가 잘못 본 것인가. 눈물이 글썽한 반가움이다.

"어딜 가우?"

"응 응 집에. 20-1번 노원교 가는 거…."

내가 탈 버스는 연달아 오는데 우리 천형이 탈 버스는 도대체 오지를 않는다.

우리 둘이 쪼그려 앉아 있는 모양새가 좀 딱해 보였던지, 힐끗힐끗 쳐다들 본다. 남이야 어쨌든 둘이서 철푸더기 앉아 있어보니 이 번화한 공해 항아리 속이 꽤나 편안하게도 느껴진다.

그러는 사이 천형이 기다리는 버스가 승객 서넛을 버리듯 토해내고는 줄행랑을 친다.

우리는 다시 무료히 앉은 자리를 지킬 수밖에 없었다.

"심 형! 나 봄 모자 있어야겠다! 봄 모자!"

"여보게, 봄 모자가 어디 있소! 여름 모자지….”

"그래그래 여름모자!"

꼭 구해 주겠다고 한 약속을 지키지 못한 채 천형은 겨울 모자를 쓰고 저세상으로 가 버리고 말았다.

천형은 가고 없지만 '귀천'에는 그의 사진이 그대로 그 자리에 걸려 있다.

아니 천형이 1주일에 한 번 토요일에 나와 앉았을 때보다 그를 그리는 친지, 제자들의 발길은 줄어들지 않는다.

목 여사의 나지막한 목소리와 유자차, 모과차의 향기는 여전히 큼지막한 천형의 사진 코끝에 어른거리고 있다.

거의 40년 전인가. 1955년쯤일까. 나는 광화문 조선일보 뒤에 있던 '서울중앙방송국' 아나운서로 다닐 때인데 직장이 끝나면 곧바로 명동으로 가 친구들과 술타령으로 세월을 보낼 무렵이었다.

누구의 소개로 무슨 계기로 천형과 처음으로 친교를 맺게 되었는지는 기억이 없다. 당시의 이른바 명동패(실은 주정뱅이 패라는 것이 적절하겠지만)사이는 몇 군데의 정해진 술집과 다방에서 자주 만나다 보면 술도 나누고, 차도 나누고, 그리고 친구가 되는 관계였으니 말이다.

6·25 난리 직후라 사는 꼴도 모두가 말이 아니요, 또 경험하지 않아도 좋을 끔찍한 일들을 겪은 끝이라 조금만 술기운에 젖고 보면 헛소리가 나오던 그런 시절에 우리는 어울리기 시작했던 것이다.

그로부터 다시 얼마가 지났던가.

1967년 난데없이 '동백림 사건'에 연루되어 이른바 '스파이' 혐의로 고생을 하더니 심신이 엉망이 되어 정신병원의 신세를 지는 등 눈뜨고 볼 수 없는 꼴이 되고 말았었다.

그런데 사람 팔자 참으로 알 수가 없는 일이다. 우리들의 친구 '목순복'의 여동생 문학소녀 목순옥 양이 그의 인생을 몽땅 책임을 지고 나선 것이다.

제자이자 아내이자 어머니였던 목순옥은 지난 4월30일, 남편의 무덤을 의정부 송산에 만들 때까지 그의 곁을 떠나지 않았다.

8년 전에 간 오빠 목순복의 옆에 나란히 모셨으니 옛날 친구가 다정스레 만난 격이 되었다.

천형! 엊그제 '귀천'엘 갔었소. 당신의 아내 말씀이 돌아가신지 1백 일을 당하여 당신의 유작 시와 그리고 당신과 가까웠던 옛 친구들의 글을 모아 또 한 권의 책을 준비하고 계시더군.

날 보고도 추억담을 써 달라 하시는데… 당신에게 빚진 '여름 모자' 생각이 불쑥 나는군.

짤막한 원고 이제 다 썼으니 '귀천'으로 가지고 가야겠는데… '여름모자'는 어디로 보내 드려야 하는가….

(어언 세월은 갔는데…심우성)

「마지막 원고」를 정리하며

(7년 남짓 혼자서 살다가 '순옥'도 한 말씀한다.)

남편이 이 세상 소풍을 끝내고 하늘로 돌아간 지 일 년이 되었다. 봄은 다시 돌아와 지난해와 같이 목련도 피었고 개나리와 진달래도 우리 뜰에 피었지만 소풍을 끝내고 간 남편은 돌아오지 않는다. 평소 그렇게도 엄마라고 불렀던 장모님도 영

아내를 그리다.

아내 목순옥

나는 아내 때문에 돈을 많이
벌지 않아도、말을 바꾸면 생활비
걱정을 하지 않아도 된당
왜냐하면 아내가 카페를 경영
약 七十만원을 벌기 때문이당.
나는 그래서 술진은 가냥 감사하므로
차고 있당. 그러니 나는
부업을 하지 않는 한국 유일의 시인이당.
순수시인당. 아내하고 결혼하기 전이
나는 나의 형 집에서 ~~無職~~이 長職이라고
놀아 댔지만 결혼후부터는
~~無職~~ 詩人일뿐만 아니라 송산주이당.
그러니 얼마나 고마운
내 아내인가!

나 千祥炳

청상병의 자기 아내 그림

목순옥 이야기

청산

〈목순옥〉

〈목순복〉

진이도 그리고 귀여워했던 복실이와 똘똘이도 매일 사진 앞에서 기다려 보지만 돌아오지 못하는 남편이 되었다. 남은 사람들에게는 남편의 빈자리를 실감할 수 없었다. 나는 남편과의 이십 년의 삶을 되돌아보면서 남은 삶도 남편의 일을 위해 살아가야 되겠다는 뜻에서 마지막 원고를 찾아서 정리했고, 흩어져 있던 작품들을 찾는데도 어려움이 많았다. 아직도 못다 찾은 작품을 정리하기엔 어려움이 있으리라 믿지만, 이번에 찾은 작품들은 60년대 신문이나 잡지에 수록되었던 작품들과 90년에서 93년 까지 각종 사보에 수록되었던 수필을 함께 모아 한 권의 책으로 만들게 되어 사실상 마지막 엮는 책이 되리라 생각된다. 60년도 국제신문에 수록된 작품을 찾게 해 주신 김규태 선생님(국제신문 논설위원)께 감사드리며 부산까지 원고를 찾으러 분주하게 다녀왔던 위광삼 편집국장에게도 감사를 드리고 평소 남편이 살아생전에 약속했던 김형구 사장님께 책 한 권을 펴내도록 원고를 주겠노라고 말했던 빚을 갚게 되어, 남편을 대신하여 약속을 지키게 되어 가벼운 마음이다.

남편은 갔지만 남편을 아끼고 기억하는 많은 사람들의 가슴에 영원히 남을 수 있는 추억이 된다면 남편도 그 해맑은 웃음을 지으며 기뻐하리라.

돌아오는 4월 28일 일주기 때 묘소 앞에서 한 권의 책을 펼쳐놓고 정겨운 사람들과 모여 앉아 막걸리나 한잔 나눌까 생각하니 그날은 봄나들이라도 오실런지요….

한번쯤 찾아오셔서 큰 웃음을 터뜨릴 생각은 없으신지요. 모두가 기다리고 있습니다.

수락산에서 목 순 옥

(천상병 유고에세이 「한낮의 별빛을 너는 보느냐」를 엮으며 마무리 하는 글.)

끝으로 '천상병'이 남긴 책들로 마무리 한다.

千祥炳 詩集「새」 답게 1992

천상병 詩集「요놈 요놈 요 이쁜놈!」 답게 1991

천상병「괜찮다 괜찮다 다 괜찮다」 강천 1992

천상병 詩集「저승가는데도 여비가 든다면」 답게 1995

천상병 詩選「아름다운 이 세상 소풍 끝나는 날」 미래사 1991

천상병 유고에세이「한낮의 별빛을 너는 보느냐」 영언문화사 1993

천상병 詩集「귀천」(한국문학영역총서) 답게 1996

천상병 · 중광 · 이외수「도적놈 셋이서」 답게 1998

천승세 외 32인「천상병을 말하다」 답게 2006

고영직 엮음「천상병 평론」 답게 2007

황덕식 작곡집 Ⅲ「귀천」

황덕식 작곡집 Ⅲ (녹음 테이프)

조문호「천상시인 천상병 추모 사진집」 눈빛출판사 2013

※ '천상병'과 '목순옥' 둘이서 조용히 즐겼던 찻집「歸天」은 인사동 골목, 바로 그 집에서 지금도 '목순복'의 따님 '목영선'에 의하여 변함없이 여전히 문을 열고 있다.

(우리 귀천에서 만납시다 그려)

V

민속놀이는 왜 전승되어야 하는가

1. '민속'에 관한 바른 인식

'민속'이란 말이 그의 뜻에 대한 분별이 없이 애매모호한 상태에서 함부로 쓰이고 있다. 그러다 보니 '민속놀이'란 말도 역시 마찬가지이다.

'민속'이 무엇인지를 이해하기 위하여 거의 같은 뜻으로 뒤섞여 쓰이고 있는 '고전', '전통' 등을 살펴보자.

'민속'은 한마디로 '민간의 풍속'의 준말이다. 그러니까 민속의 바른 뜻은 옛날의 풍속이 아니라 오늘의 일상생활 속에 살아있는 풍속을 말하는 것이다.

그런데 '민속'하면 오늘이 아닌 과거의 것으로 인식하는 경향이 있다. 이렇게 된

데에는 지난 우리 역사의 발자취 가운데 주체적이지 못한 대목이 있는데서 오는 불행한 결과임을 알아야 한다.

다른 말로 하자면 자기 생성적 전승력이 오늘의 생활 속에까지 살아 있으면서 발전하고 있는 것을 지칭하는 말이다.

이와는 달리 '고전'이란 앞에서의 자기 생성적 전승력은 지난 어느 시기에 단절되었지만 그 단절된 시기의 형태로 재구성·보존되고 있는 것이라 하겠다.

구체적인 예를 들자면, 춤 가운데 '살풀이'는 그의 연원이 원시공동체 사회의 제천의식으로까지 거슬러 올라가는 것이면서도 지금 이 시간에도 무당의 굿판에서 또는 전문적인 춤판에서 그리고 일반인의 흥풀이에서까지 자기 생성적인 전승력을 지니며 추어지고 있음을 본다.

여기에 비하여 조선조 시기 주로 궁중에서 추어졌던 '처용무'는 심한 가뭄이나 장마 또는 나쁜 병이 돌 때, 악귀를 물리치는 '구나무'의 하나였는데, 실상 조선왕조가 끝나면서 이 춤의 자생력도 끝나고 말았다. 그러나 이 춤의 내용이 우리 춤의 발자취를 살피는 소중한 것이어서 그것이 자생력을 잃기 전의 모습으로 보존하고 있다.

그러니 '살풀이'는 민속무용이라 하겠고, '처용무'는 고전무용이라 하는 것이 마땅한 표현이다.

나아가서 거의 같은 뜻으로 분별없이 쓰이고 있는 '전통'이란 무엇인가?

'전통'이란 앞의 민속적인 것과 고전적인 것을 통틀어 지칭할 때 쓰이는 말이다. 그러니까 '처용무'를 민속무용이라 하면 틀리지만 전통무용이라 할 수 있겠다.

'살풀이'는 고전무용이 아니라 민속무용 또는 전통무용이라 할 수 있겠다.

그렇다면 여기에서 본론으로 돌아가자.

'민속놀이'란 전 시대의 조상들이 놀았던 옛 놀이가 아니다. 그것은 면면한 역사와 함께 우리 민족이 생활의 슬기로 지녀오는 '놀이문화'인 것이다.

2. 세시풍속과 민속놀이

세시풍속이란 것은 아득한 옛날로부터 한 공동체가 지켜 내려오는 남과 다른 습관을 말한다. 신앙, 생산수단, 의식주에 이르기까지 한 공동체가 역사적으로 발전하면서 얻어진 전통적 생활양식을 우리는 풍속 또는 습관, 관습 등으로 부르고 있다.

풍속이란 생활공동체에 따라 서로 똑같은 것이 아니기 때문에 한 마디로 이런 것이요 하고 설명하기는 어렵다.

한편 '세시'란 1년 가운데의 때, 때를 일컫는 것이니 계절을 이르기도 하고 또는 달 달의 일이나 때 맞춰 지켜지는 명절 등이 모두 여기에 포함된다. 인간이 한 평생을 지내는 것을 '통과의례'라 하여 '관冠', '혼婚', '상喪', '제祭'를 든다면 세시풍속이란 한 공동체가 해마다 집단적으로 되새김하는 1년의 일정표인 것이다.

이러한 일정표가 짜여지는 바탕으로는 풍토와 생산조건 토착신앙 등은 물론이요, 계절과 날짜, 시간을 분간하는 '역법'이 있다. 원초적인 방법으로 해와 달 등의 천체의 움직임에 따르는 것과 식물이 돋아나고 말라 죽거나, 동물의 동면 등 생태 · 생활변화에 의하여 짐작하기도 한다.

동양에서는 일찍이 달을 기준으로 하는 '태음력'의 역법을 만들어 냈는데, 중국의 경우는 삼짇(3월 3일), 단오(5월 5일), 칠석(7월 7일), 중구(9월 9일) 등을 명절로 삼았으나 우리 민족은 대보름(1월15일), 유두(6월 15일), 백중(7월 15일), 한가위(8월 15일) 등의 달이 둥글게 뜨는 '보름'을 더욱 꼽는 명절로 삼고 있다. 그렇다면 이러한 세시풍속과 민속놀이와는 어떤 상관관계가 있는가.

우리의 세시풍속을 소상히 알려주고 있는 '동국세시기', '열양세시기', '경도잡지', '동경잡기' 등을 보면, 비단 1년 12달 농사짓고 고기 잡는 순서만 적혀 있는 것이 아니다. 공동체의 염원을 하나로 모으는 정월의 '당굿'으로부터 계절에 걸맞게 가다듬고 풀면서, 섣달그믐에 이르기까지 '일'과 '놀이'를 하나로 조화하며, 다양한 공동체의 의견들을 통일시키는 의지가 그 밑바닥을 흐르고 있다.

생산의 단계 단계에 일꾼들의 건강과 계절의 변화와 그리고 더 풍요한 생산을 위한 일정표로서 세시풍속은 짜여지고 있다.

이와 같은 세시풍속을 영위해 나가는 데 있어 마치 기계에 쓰는 윤활유와 같은 역할을 하는 것이 바로 놀이라 하겠다.

여기서 잠시 같은 이름으로 놀아지고 있는 오늘의 변질된 '줄다리기'와 본디의 것을 견주어 살펴보기로 하자.

요즘 각급 학교에서 운동회 때 줄다리기 하는 것을 보면, 거의 왜식(일본식)으로 놀고 있다. 화약 딱총소리를 신호로 죽기 살기로 상대를 당겨 어느 편이 상대를 끌어당기느냐를 3판 2승으로 가리는 왜식 줄다리기가 판을 치고 있다.

그런데 우리의 본디 줄다리기는 아주 다르다. '동·서' 양 편의 마을이 예로부터 정해져 내려오는 자기 마을의 줄(암줄 또는 숫줄)을 꼬아 그것을 하나로 결합시키는 데서부터 놀이는 시작된다.

줄꾼들은 징소리를 신호로 끌어당기는 데 엎치락뒤치락 하루 종일, 때로는 2~3일 씩이나 이 집단놀이는 계속되었다. 놀이의 속뜻을 모르는 사람들은 맺고 끊음이 없는 지루한 놀이라 비판할 수도 있겠다.

그런데 그의 속뜻이 아주 깊다.

이리저리 끌리다가 두 힘이 어느 한 쪽으로 쏠리지 않고 딱 맞수가 되는 순간이 있다. 둘의 힘이 더 큰 하나의 힘으로 팽배하면서 승화하는 순간인 것이다.

양 편 줄꾼들의 발이 공중으로 붕하니 뜨며, 풍물패들은 사물을 부서져라 마구

쳐댄다. 이 팽배의 아리따운 경지를 만끽하는 것이 줄다리기의 맛이요, 정신인 것이다. 승부의 끝마무리 또한 깔끔하다.

이긴 편 마을은 논농사가 잘되고, 진 편 마을은 밭농사가 잘된다고 한다. 시냇물 하나 사이에 그럴 리가 없다. 다 잘 되자는 마음씨이다.

이번에는 '한가위' 때의 민속놀이인 '강강술래'와 '거북놀이'를 알아보자.

강강술래의 시원은 임진왜란 때, 이순신장군의 의병술로부터 비롯되었다는 의견도 있지만 이러한 원무형상의 춤은 가장 원초적인 무리춤(집단 무용)의 형태로 보인다.

'선소리꾼'의 '메김소리(앞소리)'를 받아 일동이 함께 받는 강강술래의 낭랑한 가락과 춤사위는 바로 민중의 애환을 그대로 담고 있다.

손에 손을 잡고 한없이 돌아가면서 몸도 마음도 하나가 되어 집단놀이의 최고의 경지인 무아지경에까지 이른다.

거북놀이도 남다른 뜻이 있다.

수수잎을 따 거북이 등판을 엮어서 등에 메고 엉금엉금 거북이 흉내를 내는 이 놀이는 중부지방에 널리 전승되던 한가위 놀이이다.

거북이는 용왕의 아들이라 한다. 용이란 비를 제도하는 영험한 상징적 존재이니 농사가 잘되고 못되는 것이 용의 마음에 달렸다 해도 과언이 아니다.

8월 한가위 며칠 전부터 어린이는 어린이대로 어른은 어른끼리 따로 '거북이 놀이패'를 짜 '지신밟기'와 흡사한 추념을 하며 집집을 돈다.

거북이를 앞세우고 어릿광대가 신명을 돋우는 가운데 집집을 찾아들면 주인은 형편껏, 성의껏 곡식이나 돈을 낸다. '어린이패'는 그 수입으로 어려운 집을 돕거나 마을의 경로잔치에 쓰며, 어른들 몫은 마을의 공공기금으로 다리도 고치고 길도 넓히는데 쓰이니 이 얼마나 보람 있는 일인가.

세시풍속과 민속놀이는 이처럼 상호 보완적 관계를 맺고 있음을 발견하게 된다. 그러기에 민속놀이는 '세시놀이'라고도 일컫게 되는 것이리라.

3. '민속놀이'는 왜 오늘에 전승되어야 하는가

그러면 여기서 우리나라 서울을 중심으로 하여 중부지방에 전승되었거나, 지금도 전승되고 있는 '민속놀이'의 이름을 순서 없이 열거해 본다.

자치기/제기차기/고누/공기놀이/비석차기/그림자놀이/땅따먹기/술래잡기/그네뛰기/널뛰기/줄넘기/윷놀이/관등놀이/달맞이/다리밟기/지신밟기…

위의 놀이들은 변모의 과정을 겪고는 있지만 거의 전승되고 있는 것들이다.

'겨룸놀이'로 씨름/연날리기/줄다리기/편싸움(석전)/장치기(격구)/활쏘기/투호…등 가운데 '편싸움'과 '자치기' 등은 사라져버린 종목들이다.

실상 풍속이라는 것은 사회변동에 따른 생활양식의 바뀜에 따라 함께 바뀌는 것임은 하나의 상식이라 할 때 놀이도 예외일 수는 없다. 비근한 예로서 옛날에는 손으로 모를 심고 논을 매고 거두어 들였는데 지금은 이것을 기계로써 하고 있다. 그러니 옛날에 논에서 일하며 불렀던 '일노래'들이 이제는 필요 없는 것으로 되고 말았다. 일노래란 일의 장단과 맞아떨어지는 호흡으로 불러지는 것이니 아무런 효용가치도 없어지고 말았다. 옛날 골목에서 어린이들이 즐겨 놀았던 '자치기'를 지금은 도저히 할 수가 없다, 창마다 유리를 끼웠으니 당치도 않은 놀이이다. 돌을 던지며 용맹심을 길렀던 '편싸움'이며, 들판에 불을 질렀던 '쥐불놀이'도 이제는 금기의 놀이가 되었다. 그런데도 우리가 민속놀이를 되찾아 오늘에 심으려 함은 무슨 연유일까?

첫째로, 민속놀이가 지니는 '공동체성', '협화성' 때문이다. '놀이'와 '전쟁'을 명확하게 분별하면서 '겨룸을 통한 얼싸안음'을 터득한 조상님네의 슬기가 너무도 고귀하기 때문이다.

둘째, 우리의 전래놀이 가운데도 '돈치기'니 '투전' 등 도박놀이도 없지는 않지만 대부분 민속놀이들은 도박성이나 요행성 보다는 '슬기'와 '용기', '인내심'을 길러주는 건강성이 있음을 높이 사게 된다.

오늘날 성행하고 있는 서구 취향의 놀이들이 상업주의적 안목으로 꾸며진 사행놀이(예로 컴퓨터 게임, 사격놀이 등)가 많은데 비하여 민속놀이(예로 공기놀이, 비석차기, 제기차기, 칠교놀이 등)들은 차분한 정신과 육체의 수련을 통하여 희열을 맛보는 것이니 이 얼마나 소중한가.

셋째, 민속놀이는 '일'과 '놀이'를 썩 잘 조화시키고 있다는 데 주목하게 된다.

"도랑 치고 가재 잡고 마른 논에 물대기"라는 속담이 있다. 물이 잘 빠지도록 도랑을 치고 보면, 힘 안들이고 물고기를 잡게 되고, 그 덕분에 마른 논에 물을 가득히 담을 수 있으니 어디까지가 놀이이고 어디부터가 일인지 도무지 분간 할 수 없다.

일과 놀이가 이처럼 조화를 이루기를 바라는 마음에서 우리의 조상님네는 이와 같은 속담들을 꾸며 내셨는지 모를 일이다.

벌써 언제부터인가 세상인심이 각박하여져서 살얼음판을 걷는 것 같다고 걱정을 한다. 어른 아이 할 것 없이 놀고 있는 놀이들이 도박이 아니면 살벌하기 그지없는 것들이어서 이대로 가다가는 무슨 큰 변을 당하지 않을까 불안해하고 있다.

놀이라는 이름으로 쏘고, 치고, 자르고, 태워 날려 보내는 끔찍한 장면들을 너무 자주 대하게 되다 보니 이제는 웬만한 것은 그저 덤덤하다고까지 한다.

자, 그렇다면 이제 우리는 인정스런 화합과 슬기로써 이루어진 민속놀이들을 서둘러 되찾아 오늘에 걸맞도록 재창조하는 일에 심혈을 기울여야 한다.

앞에서도 언급한 바 있듯이 '민속'이란 민간의 풍속을 말하는 것이며 여기에 '놀이'가 덧붙은 '민속놀이'는 소비성향적인 사행놀이가 아니라 더욱 효율적인 생산을 위한 '쉼'의 뜻이 함께하는 것임을 깨달아야 한다.

젖먹이의 '도리도리 잼 잼'으로부터 '윷놀이', '널뛰기', '그네', '씨름', '줄다리기', '연날리기'에 이르기까지 나이와 체력과 지능에 걸맞은 밝고도 건강한 놀이들을 우리의 생활 속에 수용함으로써 역사민족, 문화민족으로서의 긍지를 되찾아야 하리라는 생각이다.

(1996. 12. 청소년 민속강좌, 국립민속박물관)

나라에서 무형문화재로 지정된 '민속놀이' 11종

10. 밀양 백중놀이

11. 기지시 줄다리기

총설

놀이의 어원은 '놀'이니 '놀음놀이'의 준말로 일하는 것이 아닌 즐겁게 노는 것을 일컫는다. 그런데 놀이하면 흔히 쓸데없이 시간 보내기거나 사행심 짙은 도박놀이를 연상하기도 한다.

물론 역사적 슬기로 전하고 있는 민속놀이 가운데도 그런 것이 아주 없는 것은 아니지만 대부분이 계절의 바뀜에 걸맞은 세시풍속에 따른 '세시놀이'와 남녀노소 세대에 맞게 몸을 단련하고 마음을 가다듬게 해주는 뜻 깊은 놀이들이 있어 주목을 하게 되는 것이다.

산업사회, 무한경쟁사회임을 내세우며 인간의 정서가 각박해 지기만 하는 이때에 해맑은 심성을 심어주는 혼자 또는 몇이서 어울리는 규모 작은 놀이는 물론이요, 특히 공동체의식에 바탕한 집단놀이들은 각급 학교에서 적절히 선택하며 오늘에 되살려 봄직한 것들이다.

현재 중요무형문화재로 지정되어 있는 민속놀이는 11종인 바, 부류로 나누어 간략히 살펴보기로 한다.

제3호 '남사당놀이'는 '풍악(농악)', '버나(대접 돌리기)', '살판(땅재주)', '어름(줄타기)', '덧뵈기(탈놀이)', '덜미(꼭두각시놀이)'의 여섯 가지 놀이를 한 마당에서 노는 유랑예인 집단 '남사당패'에 의해 잘 짜여 지고 규모가 큰 놀이이다.

명칭은 놀이 이지만 내용은 풍물과 같은 음악과 탈놀이인 덧뵈기, 인형놀이인 꼭두각시놀음 등이 있어 단순히 놀이종목으로 분류하기에는 무리한 것이기도 하다. 주로 옛 남사당패의 후예들에 의하여 전승되고 있다.

제8호 '강강술래'는 활달한 아녀자들의 집단놀이로써 전라남도 해안지방의 8월 한가위의 '시절놀이'이기도 했었다. 그러나 지금은 시기, 남녀, 연령의 분별없이 전국에서 놀고 있다. 원시 공동체시기로까지 그 연원이 소급되는 것으로 짐작하는 이 놀이는 노래와 춤을 함께 한 흥겨운 집단놀이여서 더욱 인기가 있다.

경상북도 안동지방에 전승되고 있는 제24호 '안동 차전놀이(일명 동채싸움)'와 전라남도 광산에 전승되는 '고싸움놀이'는 놀이도구인 '동채'와 '고'가 다를 뿐 놀이 방법이나 놀이정신이 꽤 흡사한 남정네들의 정월대보름께의 힘겨룸 놀이이다.

제25호 '영산 쇠머리대기'도 앞의 두 놀이와 시기 방법 등 비슷한 데가 있으나 놀이 도구인 '쇠머리'가 특이하며 소싸움에서 비롯되었을 것이라는 유래설도 전하고 있다. 역시 남정네들의 힘겨룸 놀이이다. 앞의 세 가지 놀이들은 상대의 놀이도구를 짓눌러 땅에 닿게 하면 이기는 것이 같고, 손을 쓰지 않고 어깨를 주로 쓰는 것도 공통된 점이다. 각급 학교의 운동회나 축제에 남학생들의 놀이로 많이 놀아지고 있다.

제26호 '영산 줄다리기'와 충청남도 당산지방에 전승되는 '기지시 줄다리기'는 암줄, 숫줄 양 편의 줄을 연결하여 상대를 끌어당기기를 겨루는 겨룸놀이로 논농사를 주로 하는 남한의 여러 지역에 고루 전승되던 것이었으나 지금은 거의 사라지고 이 두 줄다리기가 비교적 충실히 재현되고 있어 무형문화재로 지정한 것이다. '영산줄다리기'는 여자대학에까지 전수하는 등 대단히 의욕적이다.

경상북도 경산에 전승되는 제44호 '한장군놀이'는 높이 3미터나 되는 화관을 쓰고 추는 여원무女圓舞를 곁들인 집단놀이로서 이 지방에 전하는 '한장군설화'에서 유래한 단오놀이의 하나이다.

제58호 '줄타기'는 줄 곡예, 재담으로 엮어지는 광대놀이로서 주로 단오·한가위 등의 명절이나 잔칫집의 부름을 받고 놀았던 것인데 지금도 각종 축제에서 인기가 있다.

부산광역시 수영지방에 전승되어 제62호 '좌수영 어방놀이'는 옛 어업협동기구였던 '어방'에서 놀았던 어민들의 집단놀이로서 시기와는 관계없이 쉴 참에 놀았던 것이다.

밀양지방에 전승되는 제68호 '밀양백중놀이'는 음력 7월15일 백중에 논 농민들의 놀이 '호미씻이'의 하나라 하겠다. 호미씻이란 바쁜 논매기를 마치고 잠시 쉴 참에 호미를 씻어 걸어 놓고 논다는 뜻이니 농민들이 가장 즐기는 놀이였다.

다양한 춤과 특히 '오북놀이'는 이 놀이의 격을 높여주고 있다.

위에서 살펴본 민속놀이들을 오늘에 다시금 뿌리 내리게 하는 데는 먼저 그 놀이들의 놀이 정신을 바탕으로 하면서 남녀노소, 시대별로 오늘의 정서와도 부합되는 방향에서 재창출하는 작업이 뒤따라야 할 것이다.

1. 남사당놀이

1. 개설

남사당놀이를 놀았던 남사당패를 사전에서 찾아보면 "조선말기 부터 떠돌아다니면서 노래와 춤, 풍물연주 또는 갖가지 재주부리기를 일삼곤 하던 무리. 본디는 독신 남자들로 이루어졌으며 여자가 끼이게 된 것은 1900년 이후 남사당 말경의 일…"로 서술되고 있다. 그러면 그의 연원은 따로 살피기로 하거니와 이 놀이의 명칭이 '놀이'라 하여 단순히 민속놀이로 분류하기에는 그의 내용이 복합적이다.

악樂, 가歌, 무舞를 곁들인 갖가지 곡예와 탈놀이, 인형놀이까지 함께하고 있어 민속예술의 큰 맥을 이어오고 있는 것이라 하겠다.

남사당놀이는 관아나 부유층 등 지배계층으로 불려 다니던 광대놀이와는 달리 서민들의 욕구에 의하여 자연발생적으로 생겨난 민중놀이라 하겠다.

2. 유래

이 놀이를 놀았던 남사당패의 연원이나 역사적 형성과정을 밝히기에는 문헌자료가 너무나도 희소하다. 특히 지배계층이 아닌 당시 사람들의 놀이이고 보니 간혹 기록이 있다 하더라도 패륜패속이라 하여 부정적으로 다루고 있다.

한편 그의 유래를 조선시기의 놀이라는 의견도 있으나 남사당패와 같은 유랑예인집단의 발자취는 오랜 상고시기로 소급되는 것이라는 생각이다.

이 땅의 민족이동의 경로와도 비길 수 있는 수렵, 유목, 농경의 과정을 거치는 동안 민중취향의 떠돌이 민중놀이 집단이 생겨나게 되었고 이 집단은 부족의 이동을 따라 같이 유랑하던 끝에 하나의 예인집단으로 형성을 보게 되었으며, 부족들이 정주하게 된 후로도 이들 집단은 계속 각처로 떠돌면서 전문적인 예인집단으로 발전하면서 1900년대 초엽까지 명맥을 이어왔던 것이 아닌가 한다. 남사당패와 유사한 떠돌이 예인집단으로는 사당패 · 솟대쟁이패 · 대광대패 · 중매구등 10여 패거리가 있는 바 이들과의 상관관계도 따로 살펴봐야 할 과제이다.

3. 연희시기

남사당패의 놀이시기는 주로 모심기 계절에서 추수를 마치는 늦은 가을까지였으며 한 겨울은 휴면상태로 지냈다. 이들은 농촌이나 어촌 또는 성 밖의 서민들이 사는 곳을 찾아 놀이를 하는데, 놀이판은 마을의 큰 마당이나 장터 등에서 여러 장

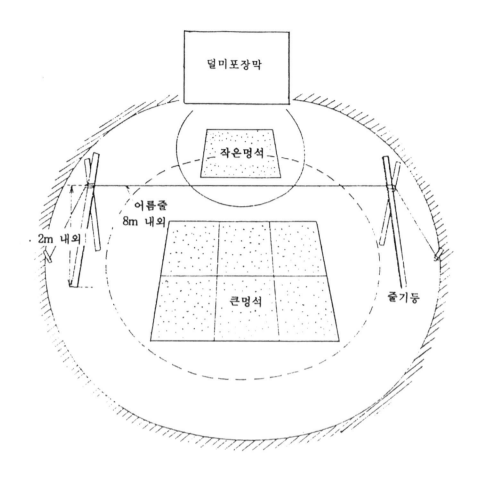

덜미포장막

작은명석

어름줄
8m 내외

2m 내외

큰명석

줄기둥

▌ 남사당패 놀이판

의 멍석을 깔고 밤새워 놀이를 했다.

　어디에서나 판을 벌이는 데는 사전에 허가를 받아야 했음은 물론이다. 남사당패
의 은어로 '허가'를 '곰뱅이'라 한다.

4. 구성형식 · 내용

한 패거리의 구성을 보면 꼭두쇠(우두머리)를 정점으로 오늘날의 기획에 해당하는 '화주'가 있고 그 아래로 여섯 가지 놀이를 관장하는 '뜬쇠', 그 아래로 연희자인 '가열'들, 새내기인 '삐리', 그 밖의 나이든 '저승패', '등짐꾼' 등 한패거리가 최소 40여 명에 이르렀다.

남사당놀이 여섯 가지는 다음과 같다.

풍악(농악, 버나(대접돌리기), 살판(땅재주), 얼음(줄타기), 덧뵈기(탈놀이), 덜미(꼭두각시놀음)로 한 마당에서 계속 노는데 적어도 5시간 이상이 소요된다.

풍물: 웃다리가락을 바탕으로 8도의 특색 있는 장단과 판제를 고루 수용하고 있
    다. 진풀이가 다양하고 무동 등의 묘기가 빼어났다.

버나: 대접 · 버나(흡사 소고와 같다) 등을 앵두나무 막대기로 돌리는 묘기, 버나
    잡이와 어릿광대(매호씨)가 재담과 노래를 주고받으며 진행하는 연극성 짙
    은 놀이이다.

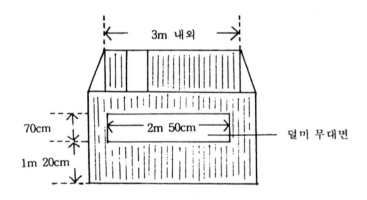

▮ 덜미(꼭두각시 놀음) 포장막

살판: 일명 '곤두'라고도 하는데 "잘하면 살판이요. 못하면 죽을판"이라는 뜻에서 이렇게 불렀다. 서양 덤블링의 우리 것이다.

어름: 줄타기로서 관가나 양반집에서 불려다닌 광대줄과 달리 서민적 취향으로 짜여있다. 버나와 마찬가지로 줄꾼과 매호씨의 재담과 창으로 엮어진다.

덧뵈기: 탈놀이로서 춤보다는 재담과 발림연기이 우세한 신한 사회풍자극이다. '마당씻이', '옴탈잡이', '샌님 잡이', '먹중잡이'의 4마당으로 짜여있다.

덜미:인형극 꼭두각시놀음이다. 장대인형이 주이며, 주조종 사인 '대잡이'와 인형과의 대화자이자 잽이(악사)인 '산받이'가 중심이 되어 여러 잽이들의 반주로 놀이가 진행된다.

2마당 7거리로 구성되는데 박첨지마당(박첨지 유람거리 · 피조리거리 · 꼭두각시거리 · 이시미거리), 평안감사마당(매사냥거리 · 상여거리 · 절 짓고 허는 거리)이다.

5. 의상 · 소도구

옷은 흰 '등거리' · '잠방이'에 검은 '더거리'가 주종이고 3색 '색주'를 맨다.

버나 도구들, 줄타기의 줄장치, 덧뵈기의 탈들, 덜미의 인형과 포장막 소도구들, 풍물에서의 사물과 날나리, 소고 등 필요한 대소도구의 분량이 많아서 옛날에는 패거리에 '등짐꾼'이 따로 있었다.

6. 전승 및 보존

남사당놀이 가운데 꼭두각시놀음만이 1964년 12월 7일 중요 무형문화재 제3호로 지정되었다가 1988년 8월 1일에서야 6마당이 모두 추가 지정되었다.

현재 남사당놀이보존회(회장 박계순)가 전승과 보존을 맡고 있다. 예능보유자는 박계순(여, 1934년), 남기환(남, 1941년)이 위촉되어 있다.

2. 강강술래

1. 개설

강강술래는 남해안 일대와 도서지방에 널리 분포·전승되고 있는 집단놀이다.

그러나 현재는 전국적으로 확산되어 구태여 전라남도지방의 민속놀이라기보다 전국적인 놀이로 봐야할 것이다. 손에 손을 잡고 노래를 부르며 뛰노는 원무圓舞는 원시 공동체사회에서부터 있었던 것이 이어져 오늘날의 강강술래가 되었을 것이다. 강강술래는 본디 남해지방에 전승되는 부녀자들만의 놀이로서, 가부장적 가족제도에 얽매어 있었던 여성들이 하룻밤을 마음껏 즐기면서 해방감을 만끽 할 수 있었던 놀이였다.

2. 유래

강강술래는 충무공 이순신 장군과 많은 연관을 가진다. 충무공이 임진왜란 때 아낙네들에게 남자 옷을 입히고 산을 돌게 하자, 이를 끝없는 군사의 행렬로 착가한 왜적은 크게 놀라 도망치고 말았다는 것이다. 충무공이 의병술로 창안한 강강술래가 민속놀이화 되어 전승되었다는 견해이다.

그러나 고대 농경시기의 파종과 수확 때의 공동축제에서 노래 부르면서 춤을 추던 놀이형태가 있었던 바, 임진왜란 때 충무공이 이 놀이를 의병술로 이용하여 왜적을 물리친 후 세상에 널리 알려져 더욱 성행된 것으로 추측된다.

한편 강강술래를 강강수월래强羌水越來로 적고 '강한 적이 물을 건너온다.'라는 뜻이라 주장하는 의견도 있지만, 이것은 후에 우리말을 한문으로 음역화하면서 생긴 것으로 보인다. 전라도 방언에 '강' 또는 '감'은 원圓을 뜻하는바 강강술래는 순수 우리말이다.

3. 연희시기 · 장소

이 놀이는 주로 8월 한가위 밤의 세시풍속의 하나로 놀아왔었으나 지방에 따라서는 정월대보름 밤을 비롯하여 봄, 여름, 가을 어느 때든지 달 밝은 밤에 수시로 놀았었다. 놀이의 장소로는 넓은 마당이나 보리밭을 이용하였다.

4. 구성형식

한가윗날 저녁밥을 먹고 달이 뜰 무렵이면 여인들이 모여든다. 달이 솟기 시작하면 여인들은 둥글게 원을 그리고 손을 잡는다.

목청이 좋아 소리를 잘하는 여인이 느린 가락으로 소리를 선창하면 나머지 사람들은 소리에 맞추어 느리게 발을 내딛고 '강강술래'하고 뒷소리만 부른다. 메김 소리를 하는 선창자는 사설을 노래하고 사람들은 끝까지 후렴만 부른다. 메김 소리는 점차 빨라지고, 따라서 춤도 빨라져서 수십 명의 아낙네들이 추석빔을 곱게 입고 뛰는 모습은 화려하고 활기차다.

흔히 강강술래를 노래 소리에 맞추어 둥글게 도는 것만으로 생각하는 경향이 많은데 실은 남생이놀이, 고사리꺾기, 청어엮기, 청어풀기, 기와밟기, 덕석말이, 문열기, 가마등, 수건찾기 등 다양한 놀이를 가지고 있고 때마다 노랫말과 가락이 다르다. 또한 노래를 부르는 사람에 따라 노랫말은 즉흥적으로 바뀌기도 한다. 노랫말 중 하나를 살펴본다.

달떠온다 달떠온다 / 강강술래
동해동천 달떠온다 / 강강술래
저달이 뉘 달인가 / 강강술래
방호방네 달이라네 / 강강술래

방호방은 어디가고 / 강강술래

저달뜬줄 모르는가 / 강강술래

5. 의상 · 소도구

강강술래가 한가위에 이루어지기 때문에 추석빔을 입고 놀이를 하는 경우가
많다.

6. 전승 및 보존

강강술래는 1966년 2월 15일 중요무형문화재 제8호로 지정되었다. 강강술래 보
존회(회장 김길임)가 전승과 보급에 앞장서고 있고, 예능보유자에는 김길임(여,1927
년), 박용순(여, 1938년)이 위촉되어 있다.

3. 안동 차전놀이

1. 개설

'차전놀이'는 경상북도 안동지방의 민속놀이로 일명 '동채싸움' 또는 '동태싸움'
이라고도 한다.

동채는 이 놀이에 사용하는 기구를 말하며 동태는 수레바퀴의 방언이다. 본디
는 외바퀴 수레를 가지고 하는 놀이였으리라 추측되지만 실제 놀이에서는 바퀴를
찾아 볼 수 없다.

나이 적고 많음을 떠나서 안동군내 남자는 누구나 참가할 수 있다. 적게는 수
백 명, 많게는 수천 명이 참여하는 이 놀이는 집단놀이로서 군중의 단결과 협동으

로 이루어지는 민속놀이로, 향토 수호를 위한 희생정신과 협동 단결하여 규율을 엄수하고 정정 당당히 승부를 겨루는 상무정신을 배양한다는 점에서 높이 평가되고 있다.

2. 유래

이 놀이는 고려의 시조 왕건과 후백제 의왕 견훤이 싸운 고사에서 유래되었다고 전해진다.

"…옛날 후백제 왕 견훤은 지렁이였다. 지렁이가 사람이 되어 안동 땅에 들어왔다. 안동사람들은 이 지렁이를 몰아내기 위해서 소금을 풀어 낙동강 물을 짜게 만

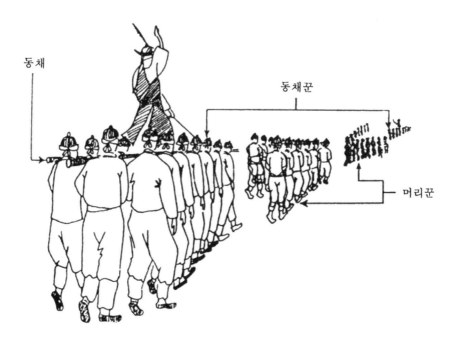

▌ 놀이꾼 배치도

들고, 모두 팔짱을 끼고 어깨로 지렁이를 밀어 내어 강물에 쳐 넣었다. 그 후 안동 사람들은 지렁이를 떠다 밀 때처럼 떼 지어 팔짱을 낀채 어깨로 서로 밀어 내면서 놀이를 하였다.…"

이 밖의 전설에서도 견훤과 차전놀이와의 연관성을 짓고 있는 점을 미루어 보아, 차전놀이의 기원은 견훤이 활동하였던 시기인 1,000여 년 전 후삼국 시기로 추측할 수 있을 것 같다.

3. 연희 시기 · 장소

차전놀이는 1년에 1번, 정월 대보름날에 하는 것이 통례로 되어 있다. 원래 장소는 지금의 영덕의 남쪽에서 낙동강 제방까지 약 700m, 동서로는 법흥동에서 서악사 앞에 이르기까지 약 2500m의 광활한 전답과 황무지이다. 그러나 현재는 들판, 운동장 등 넓은 공간이면 놀이가 가능하다.

승부가 바로 나지 않고 작전상의 진퇴가 있고, 많은 사람이 참여하는 만큼 낮에 시작해서 밤늦게까지 계속되는 경우도 있었다.

4. 구성형식 · 내용

정월 대보름날이 되면 안동 시내가 동서로 갈라져 서로 동채를 메고 주로 백사장이나 넓은 보리밭으로 나간다. 동채 위에는 대장이 정장을 하고 올라탄다. 동채를 메고 적과 대전할 때의 놀이꾼의 편성은 머리꾼 · 동채꾼 · 놀이꾼으로 구분된다.

대장은 손으로 신호하며 지휘하고 상대방의 대장이나 동채는 붙들지 못한다.

한편 머리꾼은 팔짱을 풀지 못하며 상대방을 잡아당기거나 발길로 차는 등의 행위를 일체하지 못한다.

승부의 결정은 상대방을 밀어 제치고 들어가서 자기편 동채로 상대방 동채를 눌러 땅에 닿도록 하면 이기게 된다. 공격은 언제나 대각선상에서 정면으로 정정당당히 하여야 하며 측면 또는 후면에서 공격은 못한다. 수백 명 또는 수천 명이 모여 서로 엉켜 싸우기 때문에 부상자가 나올 위험성이 있으나 손을 쓰지 않고 오로지 어깨로만 밀기 때문에 부상자는 거의 없다. 싸움 도중에는 아군이 아무리 유리할 지라도 적의 머리꾼이 쓰러져 위기에 처하면 즉시 후퇴하여 구출하고 다시 겨루기를 한다.

또한 이 놀이의 특징은 편을 나눌 때 주거지 위주로 하지 않고 출생지를 기준으로 한다는 점이다. 부부간이라도 출생지가 다르면 편이 다를 수도 있었다. 그러나 오늘에 와서는 지역에 크게 구애받지 않고 있다.

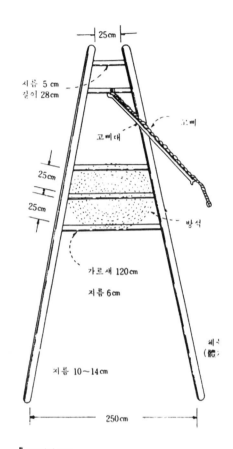
┃ 동채의 구조

5. 의상·소도구

놀이의 의상은 일상생활과 크게 다르지 않았다. 다만 총지휘자인 대장의 경우 다른 사람과 차별을 두어 정장을 하였다. 차전놀이에 있어서 가장 중요한 도

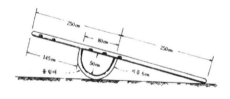
┃ 동채의 구조

구는 동채이다. 차전놀이를 동채싸움 혹은 동태싸움이라 하는 것도 이러한 이유에서다.

동채는 길이가 10m 쯤 되는 튼튼한 참나무가 두 개가 있어야 한다. 가을 추수가 끝나면 마을 어른들은 동채싸움을 할 것인가를 논의한 후 사람들을 시켜 동채 만들기를 준비를 한다. 미리 보아둔 나무를 제관이 목수를 데리고 가 산신에게 고사를 지낸 후 베어낸다.

동채의 규격은 승부에 직접 관계가 없으므로 그다지 중요하지 않으나 다음 점을 고려해서 만든다. 첫째, 동채를 중후하고 견고하게 만들면 회전 시에 동작이 둔하거나 상대편이 동채를 부수기도 힘들다. 둘째, 동채가 길고 폭이 넓으면 동채꾼이 많이 부착되나 동작이 민첩하지 못하다.

6. 전승 및 보존

이 놀이는 일제의 탄압으로 일시 중단 되었다가 1968년 전국민속예술경연대회에 출전하여 대통령상을 받으면서 다시 각광받기 시작하였다.

1969년 1월 1일 중요무형문화재 제24호로 지정되었고 현재 안동 차전놀이보존회(회장 이재춘)에 의하여 전승 · 보급 되고 있다. 기능보유자로는 이재춘(남, 1941년생)이 위촉되어 있다.

4. 영산 쇠머리대기

1. 개설

영산 쇠머리대기는 경상남도 창녕군 영산면에 전승되고 있는 이 지역 고유의 세

영산쇠머리대기

시<ruby>歲時</ruby> 민속놀이다. '쇠머리대기'라는 공식명칭 이외에도 '목우전', '나무쇠싸움', '소나무싸움' 등 다양한 이름으로 불리워졌었다. 그해 농사의 풍흉년을 점 쳐보는 농경의례 놀이로서 이긴 마을이 풍년이 든다는 믿음이 있기 때문에 격렬한 겨룸판이 펼쳐지기도 한다.

한편 영산은 3·1운동과 밀접한 연관성을 가지는 지역으로서 주민들의 자부심과, 쇠머리대기가 배양하고 있는 협동심과 단결심 등이 융합되어 영산 쇠머리대기는 3·1문화재라는 향토축제의 일환으로 전승되고 있다.

2. 유래

쇠머리대기의 내력을 찾아볼 수 있는 옛 기록은 찾아보기 힘들다. 그러나 영산 지역은 소싸움이 가장 성행한 영남지방에서도 그 중심지에 해당하는 것으로 보아 소싸움에서 그 유래를 찾아 봐야 할 것이다. 두 마리의 소가 싸우던 것이 나무소로 대체된 것이라 생각된다. 다음으로는 안동의 민속놀이인 차전놀이에서 영향을 받았다거나, 반대로 주었거나 했을 가능성을 생각할 수 있다. 나무쇠와 안동 차전놀이의 기구는 형태도 비슷하고, 상대를 위에서 아래로 눌러 승부를 짓는 전법도 같다. 위 두 가지의 유래를 같이 하며 점차 형성·발전된 것이 쇠머리대기라 추측할 수 있을 것이다.

3. 연희시기 · 장소

영산의 쇠머리대기는 우리나라의 많은 편싸움놀이처럼 본래는 음력 정월 대보름에 전개되던 민속놀이였다. 보름달은 풍요를 상징하고 또한 대보름날에 이기는 편에 풍년이 온다고 믿었었다. 보리밭에서 쇠머리대기가 놀아질 때는 보리밭의 주인들조차 보리의 성장을 돕는다 하여 놀이를 반겼다고 한다. 그러나 지금은 영산의 3·1문화향상회가 매년 주최하는 3·1문화재 행사의 일환으로 날짜가 옮겨져서 거행되고 있으며 놀이의 장소도 보리밭에서 운동장으로 옮겨서 하고 있다.

4. 구성형식 · 내용

놀이 날이 다가오면 놀이기구인 나무쇠를 만든다. 길이 10여 미터 남짓한 통나무 세 개를 세워 위를 하나로 묶고 아래는 넓게 펴서 넘어지지 않도록 뒤에서 통나무로 떠받쳐 세운 후 나무 중간 두 곳에는 가로로 나무를 대고 튼튼하게 묶어 사람이 잡고 사다리처럼 오르내릴 수 있게 한다. 세 개의 통나무를 묶어 놓은 위 부분에 나무로 만든 소머리 모형을 동여맨다.

한편 거주지에 따라 동부, 서부로 두 편이 나누어지며 양 군에 각기 대장·중장·소장의 장군들이 선출되어서 지휘를 한다. 쇠머리를 장정 수십 명이 메고 그 위에는 대장·중장·소장 세 사람이 칼을 들고 지휘하거나 칼춤을 추면서 행진을 지휘한다.

일단 싸움이 시작되면 청장년들이 어깨에 멘 나무쇠를 어르고 다니다가 세차게 맞부딪쳐서 상대방의 나무쇠를 조금이라도 자기 아래쪽에 깔거나 밀어내는 쪽이 이기는 것이다. 따라서 소가 부딪힌 뒤에 양쪽의 장군들과 청장년들은 상대편 나무쇠 위로 넘어 올라가서 내려 앉히려고 짓누른다. 그러면 땅에서는 상대편 나무쇠를 밀어내려고 있는 힘을 다하며, 한편에서는 밀리지 않으려고 지렛대를 걸고 버티기도 한다.

예전에는 진陣잡이라는 것이 있어서 장군들이 말을 타고 적진을 돌파해서 적의 나무쇠나 줄을 넘고 돌아오면 점수가 가산되기도 하였으나, 말을 구하기 힘들어 지고 많은 군중 속에서 달리는 말은 부상의 위험이 따르기 때문에 진잡이는 소멸된 상태이다.

5. 의상 · 소도구

대장·중장·소장들은 각기 군복차림을 하는데, 구한말의 서구식 군복을 입었다 한다. 하지만 중요무형문화재로 지정되면서부터 이러한 군복들도 다 조선시기 군복차림으로 바뀌어 입고 있다. 소도구로서는 나무쇠 앞에서 양 군을 상징하는 서낭대와 대장기·중장기·소장기·오방장기·농기·영기 등 수십 개의 깃발이 있다.

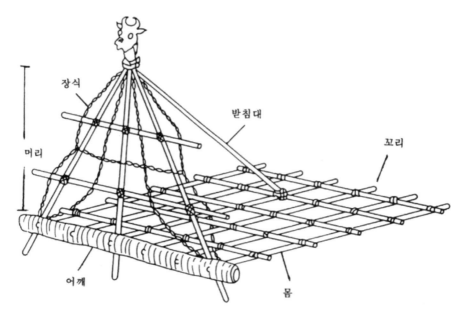

장식
받침대
꼬리
머리
어깨
몸

▋ 영산 쇠머리대기의 나무쇠 구조

6. 전승 및 보존

일제 강점기 동안 단절되었던 영산 쇠머리대기는 3 · 1문화재를 통해서 소멸 직

전에 되살아 날 수 있게 되었다. 1968년 근 30여 년 만에 거행되었던 쇠머리대기

는 그 이후로는 매년 계속 3 · 1문화제 행사의 일환으로 연례적으로 놀고 있으며

1969년 2월 11일, 중요 무형문화재 제25호로 지정되었다. 현재 영산 쇠머리대기보

존회(회장 : 김형권)이 전승 · 보존을 맡고 있다. 기능보유자로는 김형권(남, 1922년생)

이 위촉되어 있다.

5. 영산 줄다리기

1. 개설

줄다리기는 우리나라는 물론 중국 일본을 비롯하여 동남아시아 일대에 넓은 분포를 보이고 있는 놀이다. 줄다리기는 특히 농경사회에서 발달하였고. 용사龍蛇 신앙에 바탕을 둔 농경의례놀이로서 용을 상징하는 암줄과 숫줄의 상징적 성행위를 통해 그 해 농사의 풍흉을 점치고 한편으로는 풍년을 기원하는 한편 정월 대보름을 중심으로 행해지는 마을 공동체 겨룸 민속놀이다.

우리의 줄다리기는 마을 단위의 소규모 줄다리기와, 큰 시장이나 고을들의 규모가 큰 줄다리기로 분류할 수 있는데, 영산 줄다리기는 규모가 큰 고을 줄다리기 가운데 하나이다.

2. 유래

영산 줄다리기에 대한 유래는 이에 관한 기록이 없으므로 어느 때 어떤 목적으로 비롯되었는지 알 길이 없다. 하지만 우리나라에 있어서 줄다리기에 대한 가장 오래된 기록은 [동국여지승람東國輿地勝覽]에 줄다리기로 보이는 제주도의 조리희照里戲가 500여 년 전부터 있었음을 추측할 수 있다. 줄다리기는 벼농사 문화권에서 그 해 농사의 풍흉을 점치거나 풍년을 축원하는 놀이로 행해지기 때문에 우리나라에서도 벼농사 문화와 더불어 비롯된 것으로 여겨지며, 영산 줄다리기도 그 가운데 하나일 것이다.

3. 연희시기 · 장소

영산 줄다리기는 본래 음력 정월 대보름 밤에 넓은 보리밭에서 행해졌었다. 오늘날에는 보리밭이 줄어들었고 많은 사람이 모일 수 있는 영산중학교 운동장 또는 놀이마당에서 매년 3월 1일 '3 · 1문화제'의 일부로 행해지고 있다.

4. 구성형식 · 내용

정월 대보름날이 다가오면 마을 청소년들은 풍물을 치면서 집집마다 돌아다니며 짚단을 얻어 모은다. 짚단이 모아지면 면둘레 25cm 정도의 가닥줄을 만들고 이것으로 몸줄과 벗줄을 만든다. 완성된 줄은 길이가 각각 40여 미터에 이르고 그 둘레는 사람이 줄을 타고 앉아 발이 땅에 닿지 않을 정도의 크기다. 양 편의 줄은 형태상으로는 차이가 없다. 다만 암줄인 서부의 목줄고리가 숫줄인 동부의 고리보다 크다. 암줄 목줄 고리에 숫줄 목줄을 넣어서 비녀목을 꽂아야 하기 때문이다.

대보름날 오후가 되면 동부군과 서부군은 미리 만들어진 줄 위에 각각 소장 · 중장 · 대장들을 태우고 결전장으로 향한다. 운동장에 다다르면 전의를 가다듬는다. 운동장 서쪽에 자리 잡은 서부와 반대편의 동부는 각각 서낭대, 두서너 패의 풍물패, 소를 타고 칼춤을 추는 장군들, 이들의 호위군, 50여 개의 깃발 그리고 영기를 흔들면서 기세를 돋운다. 양군의 행렬이 운동장을 돌다가 거리가 좁아지면 갑자기 흥분하여 욕설과 주먹질 발길질을 하는가하면 깃대로 내려치기도 하며 놀이판의 열기가 오른다.

줄다리기는 일종의 성행위를 상징하기도 한다. 여성으로 상징되는 서부 암줄과 남성으로 상징되는 동부 숫줄이 서로 먼저 나서지 않으려고 실랑이를 벌인다. 이렇게 시간을 끌다가 해가 지고 나서야 암숫줄이 걸렸다는 신호와 더불어 당기기를 시작한다. 함성소리와 함께 먼지가 연기처럼 피어올라 하늘을 덮고 풍물패 소리와 놀이꾼들의 함성이 하늘을 찌른다.

여성을 상징하는 서부가 이겨야 풍년이 든다는 속설이 전하고 있는데 그래서인

■ 영산 줄다리기

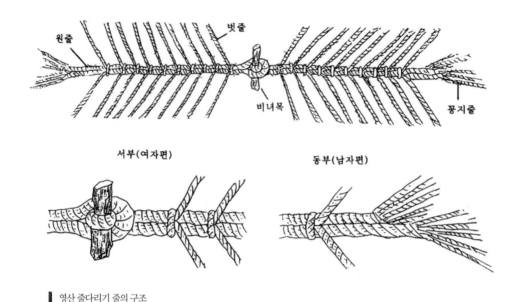

원줄　벗줄　비녀목　꽁지줄

서부(여자편)　　　　동부(남자편)

영산 줄다리기 줄의 구조

지 줄다리기가 끝나면 놀이꾼과 관중들은 이긴 서부의 줄을 풀어 한 움큼씩 가져
간다. 이긴 편의 짚을 지붕 위에 얹으면 아들을 낳고 관운이 트이고 집안에 행운
이 오며, 또 다른 사람 눈에 띄지 않게 용마루에 놀려 놓으면 액막이가 되고, 썰어
서 소를 먹이면 살이 찌고, 거름으로 쓰면 풍년이 든다고 해서 다투어 가져간다.

5. 의상·소도구

　　대장·중장·소장 등의 장군들은 조선조의 군복차림으로 칼춤을 춘다. 이전에
는 구한말의 서구식 군복을 업었다 한다. 하지만 중요무형문화재로 지정되면서부
터 이러한 군복들도 다 조선시기 군복차림으로 바꾸어 입고 있다. 소도구로서는 대
장·중장·소장·오방장군기·농기·영기 등 50여 개의 깃발이 있으며, 풍물패도

대형이기 때문에 많은 사물이 있어야 한다.

6. 전승 및 보존

영산 줄다리기는 영산 쇠머리대기와 함께 '3·1문화제'의 일환으로 매년 열리고 있다. 1969년 2월 11일 중요무형문화재 제26호로 지정되었으며, 이후에는 영산 줄다리기보존회(회장 최석규)가 놀이의 전승과 보존은 맡고 있다. 줄 제작 기능보유자인 김종곤(남, 1938년생)이 위촉되어 있다.

6. 고싸움놀이

1. 개설

고싸움놀이는 광주광역시 남구 대촌동 칠석마을(옛 전라남도 광산군 대촌면 칠석리)에서 해마다 음력 정월 대보름을 전후해서 놀아온 세시놀이다.

고싸움이라는 명칭은 '고'라는 낱말과 '싸움'이라는 말이 합성해서 이룩된 것으로 두 개의 고가 서로 맞붙어서 싸움을 벌린다는 뜻에서 온 것이다. 여기서 고라는 말은 '옷고름', '고맺음', '고풀이' 등과 같이 둥그런 모양을 만들어 맺은 것을 지칭하는 것이다.

고싸움놀이는 풍년을 점치고 축원하는 세시풍속놀이지만 마을 사람들의 통합심과 악착같은 투지를 기르고 한편으로는 고를 메고 행진할 때 다른 지역에 없는 세 종류의 노래가 불리어지는 등 종교적, 사회적, 예술적 기능이 뛰어난 집단놀이 이기도 하다.

2. 유래

이 놀이의 연원과 유래에 대하여는 기록이 없어 알 길이 없으나 마을 사람들은 칠석마을(세칭 옻돌마을)이 풍수지리적으로 '소가 누워있는 모습臥牛相'이어서 터가 거세므로 이를 누르기 위해 시작되었다고 한다. 그러나 놀이 기구, '고'의 제작, 놀이 시기, 놀이 방법, 상징적 의미 등을 살펴볼 때 전남지역에 널리 분포 전승되고 있는 줄다리기와 유사한 점을 미루어 보아 줄다리기의 앞 놀이가 분리되어 이룩된 것이라 추측할 수도 있다.

3. 연희시기 장소

고싸움놀이는 음력 정월 열흘 경 위 아랫마을 어린이들이 조그마한 고를 만들어 어깨에 메고 서로 승전가를 부르며 겨루는데서 시작된다. 이를 지켜 본 두 마을 어른들은 14일에 모여 본격적인 고싸움놀이를 하기로 합의하고 준비에 들어간다. 정월 15일이나 16일에는 온 동네 남녀노소가 참여하는 본격적인 놀이가 된다.

17일부터는 진편이 재도전하기도 해서 20일까지 계속하다가 그래도 승패가 결정 나지 않을 때에는 2월 초하루 경에 고를 풀어 줄을 만들어 줄다리기로 놀이의 끝을 맺었었다.

4. 구성형식 내용

해가 지기 시작하면 윗마을(동부)과 아랫마을(서부)은 각각 고를 메고 횃불과 풍장패를 앞세운 채 줄패장의 선소리에 맞추어 뒷소리를 받으면서 전의를 가다듬는 행진을 한다.

이 때 진양조 가락의 노래를 한다. 상대방의 고가 보이면 노래소리는 중모리가락으로 바뀌고, 고싸움이 벌어질 마을 앞 보리논에 다다르면 서로 질세라 신명나

고싸움놀이

게 풍장을 친 다음 상대방의 고를 맞바라보면서 접근하기 시작한다. 고머리를 마주 댔다가 떨어졌다가 대기를 몇 번 거듭하다가 줄패장의 "밀어라!"하는 호령이 떨어지면 풍장패는 재빨리 옆으로 빠져나가고 고를 멘 놀이꾼들은 가랫장을 두 손으로 치켜들고 "와!"하는 함성을 지르면서 돌진하여 상대방 고의 정면에 맞부딪친다.

이때 고는 부딪쳐 미는 힘 때문에 하늘 높이 솟아오르고 줄패장들은 서로 부둥켜안고 상대를 땅으로 떨어뜨리려고 접전을 벌인다. 풍장패도 함성을 지르면서 마구 두들기고 횃불잡이와 수십 개의 깃발잽이들은 미친 듯이 횃불과 깃발을 흔든다.

이렇게 몇 번이고 거듭되다가 상대방의 고를 눌러 땅에 닿게 하면 이긴다. 여성

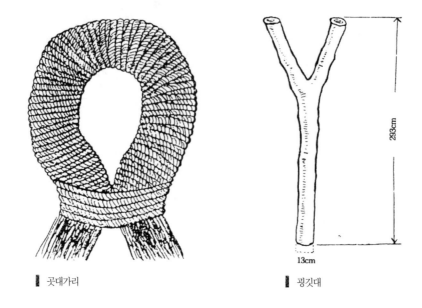

곳대가리 / 꿩깃대

13cm / 293cm

을 상징하는 서부 즉 아랫마을이 이겨야 풍년이 든다는 속설이 전하나 싸움이 한 번 벌어지면 어떻게든 이겨야한다는 승부심 때문에 그 어떤 편싸움놀이보다도 격렬하고 패기가 넘치는 놀이이다.

이기고 나서 부르는 승전가는 다음과 같다.

"이겼네 이겼네 동부가 이겼네
졌네 졌네 서부가 졌네
이길라고 올라왔던 서부청년들
어찌하여 지고 가는가
내년 요때나 만나나 보세."

5. 의상 · 소도구

고는 줄다리기와 달라 상대편이 고를 부딪쳐 짓눌러 승부를 내기 때문에 고 머리는 어른 팔목 크기의 동아줄로 감아 원형으로 만든 다음 부딪쳐도 넘어지지 않게 통나무로 받쳐 세운다.

그리고 고 밑에는 10여 개의 통나무를 가로로 묶어 가랫장을 달고 이를 메고 행진도 하고 또 손으로 들어 상대방 고에 맞부딪치게 한다. 이 때 '곳대가리'가 망가지지 않게끔 괴는 'Y'자형의 나무를 굉귓대(받침대)라 한다.

소도구로는 횃불잡이들이 드는 횃불과 깃발잽이들이 드는 깃발이 있으며, 풍장패의 풍악악기도 빠질 수 없다.

6. 전승 · 보존

고싸움놀이는 일제강점기 동안 그 자취를 찾아보기 힘들었으나, 1969년에 발굴 재현하여 제10회 전국민속예술경영대회에서 대통령상을 수상했고, 1970년 7월 22일에는 중요무형문화재 제33호로 지정되었다. 현재 고싸움놀이보존회(회장 이인식)가 놀이의 전승과 보존을 맡고 있다. 기능보유자로는 이인식(남, 1927년생)이 위촉되어 있다.

7. 한장군놀이

1. 개설

경상북도 경산군慶山郡 자인면慈仁面은 일찍이 상고시대부터 농경민이 정착하여 지석묘 · 고분 · 유적 등 긴 역사를 지니고 있는 곳이다. 이곳에는 한 장군韓將軍

과 그의 오누이에 대한 설화를 비롯하여 이와 관련된 유적과 사당들이 있다. 한 장군놀이는 매년 단옷날에 한 장군을 모시는 사당에 제사를 지낸 후 여자 복장을 한 한 장군과 누이동생을 꾸며 앞세우고 그 뒤에 사또행차를 따르게 한 가장행렬이다. 이 때 한 장군과 여동생이 추는 춤을 여원무女圓舞라고 한다.

　한장군놀이는 오랜 역사를 지니면서 주민들의 뿌리 깊은 신앙이 놀이의 정신적 지주가 되어 있다는 점에서 그 의의가 크며, 높다란 화관을 쓰고 추는 여원무는 다른 지역에서는 찾아보기 힘들다.

2. 유래

　한 장군은 신라 혹은 임진왜란 때 사람이라고만 전해졌을 뿐 확실한 연대는 알 수가 없다. 옛날 이 지방에는 왜구의 무리가 백성을 괴롭혔는데 한 장군이 꾀를 써

▌ 한장군놀이

서 왜구의 무리를 잡아 없앴다고 한다.

　도천산 밑 버들 못에서 한 장군이 여자로 가장하여 그의 누이동생과 함께 화려한 꽃 관을 쓰고 춤을 추었다. 춤추는 둘레에는 풍물패가 둘러서 놀이를 벌였으며 풍악을 울려 흥을 돋구고 못에는 화려하게 꾸민 배를 띄웠는데 이 때 왜구들이 산에서 내려와 구경을 했다. 이 틈을 이용해서 한 장군은 왜구를 급습하여 모조리 섬멸했다고 한다.

　이때 한 장군의 누이동생이 추었던 춤이 여원무로 전승되어 지금도 버들못 제방

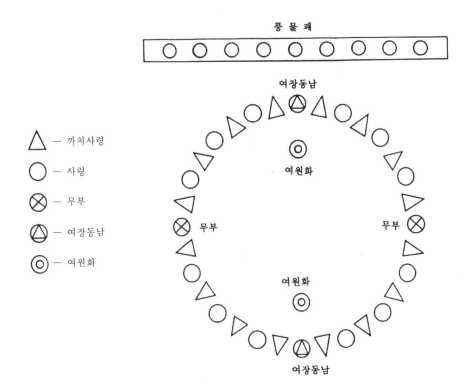

풍 물 패

여장동남

여원화

까치사령

사령

무부

여장동남

여원화

무부

무부

여원화

여장동남

　▌ 여원무의 구성 배치도

에는 칼자국이 남아 있는 바위가 있고 주민들은 이를 참왜석斬倭石 혹은 검혼석劍
魂石이라고 부른다. 그 후 이 고장에는 한 장군을 모시는 사당이 생겼고 해마다 단
옷날이면 제사를 지낸 후 성대한 놀이가 벌어지고 있다.

3. 연희시기 · 장소

한장군놀이는 단오를 전후하여 3일간 거행된다. 예전에는 전장터(옛날 한 장군이
진을 쳤던 곳)까지 가서 여원무를 추고 사당에 올라가 제사를 드린 다음 다시 내려
와 고을 원에게 여원무를 보였다고 전해진다. 지금은 자인면에 위치한 한 장군과
오누이를 기리는 사당에서 시작하여 경산읍내까지 가장행렬이 이어지므로, 놀이
의 장소는 한 곳에 국한되는 것이 아니라 전체를 놀이의 장소로 보아야 할 것이다.

4. 구성형식 · 내용

한장군놀이는 제사와 가장행렬이 여원무로 이어진다. 단오날 아침에 참여할 사
람들이 시장 앞 광장에 모이면 한 장군의 묘소에 가서 제사를 드린다.

가장행렬의 순서는 동서남북과 중앙에 오방기가 서고 그 뒤에는 농기 · 여원
화 · 관 · 무부 · 회광이, 여자로 치장한 소년 · 군노 · 사령 · 까치사령 · 포군 · 영
장 · 기생 · 전배 · 중군 · 삼재배 · 통인 · 인솔 · 도원수 · 인배통인 · 수배 · 독축관
등이 열을 짓는다.

여원무는 13~4세의 미소년 두 명을 여자로 분장시켜 춤을 추게 한다. 뒤이어
높이 10척의 여원화를 쓰고 땅에 까지 닿는 오색의 치마를 입은 두 명의 관무부가
덧백이가락으로 춤을 춘다. 원화 주위에는 군노 두 명, 사령 20~30명, 까치사령
10~20명들이 원진을 만들고 역시 덧백이가락으로 춤을 춘다.

화관의 높이가 3m나 되고 춤사위도 매우 독특하다. 우리의 향토축제가 문헌에

기록된 것이 별로 없는 데 비해 한장군놀이만은 읍지와 [신증동국여지승람新增東國
與地勝覽] 등에 기록되어 있는 것으로 미뤄 옛부터 향토의 큰 행사로 거행됐던 것으
로 짐작된다. 놀이의 여흥으로는 씨름, 그네뛰기가 이어진다.

5. 의상 · 소도구

여장을 한 소년들은 붉은 행전을 치고, 붉은 치마에 초록 저고리를 입으며 두 손
에 한 자 가량의 끈을 쥔다. 관무부는 땅까지 닿는 오색 치마에 높이 10척의 여화
관을 쓰고 춤을 춘다.

꽃관을 쓰고 전신을 꽃으로 가리고 추는 것이 다른 지역에서 볼 수 없는 특징이
기도 하다. 이밖에 군노는 청색옷에 곤장을 들고 사령은 붉은색, 까치사령은 검은
색 옷을 입는다. 놀이기구로는 오방기를 비롯한 각종 악기와 여원화관 · 삼현육각
풍물 · 호적 등 악기가 등장한다.

6. 전승 및 보존

한장군놀이는 일제 강점기에는 한 장군이 왜군을 물리친다고 해서 사당이 철폐
되는 등 놀이가 중단되었던 것을 해방 후에 주민들이 그 부활을 꾀해 오다가 1970
년도에 전국민속예술경연대회 때 국무총리상을 수상함으로써 널리 알려지기 시작
하였다. 1973년 3월 16일, 중요무형문화재 제44호로 지정되었다.

현재 한장군놀이 보존회(회장 김도근)가 전승 · 보존을 맡고 있다. 김도근(남, 1915년생)
이 예능보유자로 위촉되어 있다.

8. 줄타기

1. 개설

줄타기란 공중에 맨 줄 위에서 광대가 재담소리, 발림을 섞어가며 갖가지 곡예를 부리는 놀이를 가리킨다. 이를 은어로 '얼음'이라고 부르기도 하는데 이것은 '줄얼음타기'라 하여 줄광대가 줄 위에 마치 얼음 지치듯 미끄러지며 논다는 데서 나온 말이다.

줄타기를 한문으로는 승도繩度 · 주색走索 · 색상재索上才 · 승기繩技 · 도승度繩 · 도백색渡百索 · 고무항高舞恒 · 희승戱繩 · 항희恒戱 등 여러 이름으로 부르기도 한다.

2. 유래

줄타기는 흔히 서역에서 시작하여 중국을 거쳐 우리나라로 전래되었다 한다.

줄타기가 정확히 언제부터 행해졌는지는 모르지만 삼국시기에 춤 · 노래 · 기악 · 놀이 등으로 엮어지는 가무백희가 있었으니 그 속에 줄타기도 포함되었던 것으로 짐작할 수 있다.

3. 연희시기 장소

줄타기는 예부터 사월 초파일, 단오굿, 한가위 등 명절날에 가무백희歌舞百戱와 함께 연희되었다. 궁중의 행사, 권세 높은 집안의 잔치, 마을의 대동제 등에도 줄타기는 공연되었다.

따라서 놀이판은 관아의 뜰이나 대감댁 마당, 절 마당 등 넓은 마당이었다.

줄타기

4. 구성형식 · 내용

줄타기는 주로 훈련이 잘된 남자가 했지만 금세에는 여자도 끼어 있었다. 줄을 타기 위해서는 어려서부터 낮게 줄을 매어 놓고 지팡이를 짚고 걸어가는 연습으로 시작하여 웬만큼 숙달되면 줄을 높이고 쉬운 기예부터 익히기 시작했다.

줄타기는 '고사'로부터 시작되는데, 줄고사의 고사문은 줄광대가 읊는다. 돌아가신 스승 · 선배에게 사고 없이 줄을 타게 해달라고 빈다. 고사가 끝나면 줄 위로 오른다. 이 때 줄의 높이는 3m 정도이고 길이는 10m쯤 된다. 연희자의 숙련도에 따라서 줄의 높이는 높아지기도 낮아지기도 한다. 줄이 높으면 떨어질 위험이 있지만 구경꾼이 볼 때 마음을 졸이게 하기 위해 높이 맨다.

줄타기를 할 때 줄 타는 사람은 줄광대, 또 재담을 받아주는 사람은 어릿광대 혹은 매호씨라고 하는데, 줄광대가 삼현잽이와 어릿광대를 모두 갖추고 노래와 재담과 승무와 같은 춤을 추고 나서 줄 위에서 곡예를 벌리는 것까지 모두 공연하는 것을 '판줄'이라 하고, 어릿광대 없이 간단히 줄여서 하는 것을 '도막줄'이라 한다. 판줄의 경우 1시간 이상 소요된다.

판줄에서의 재담의 줄거리는 파계승과 타락한 양반을 어릿광대와의 대화를 통해서 풍자하고 양반이나 양반댁의 아낙의 걸음걸이나 온갖 모습을 흉내 낸다. 줄 위에서 벌어지는 바보짓이나 꼽추짓, 여자의 화장하는 모습은 관중을 웃기고 간간히 중타령 · 왈자타령 · 새타령 등의 노래를 부름으로써 관객들의 흥을 돋군다.

마지막으로 줄타기에서 노는 곡예를 '잔노릇' 또는 '잔재비'라고 한다. 걸어가는 것뿐만 아니라 외홍잽이 · 풍치기 · 가세트름 · 앵금뛰기 · 살판 등 줄광대마다 다양하다.

줄타기는 광대패들뿐만 아니라 남사당패에서도 연희를 했다. 남사당의 줄타기는 그들의 놀이인 풍물, 버나(대접돌리기), 살판(땅재주), 어름(줄타기), 덧뵈기(탈놀이),

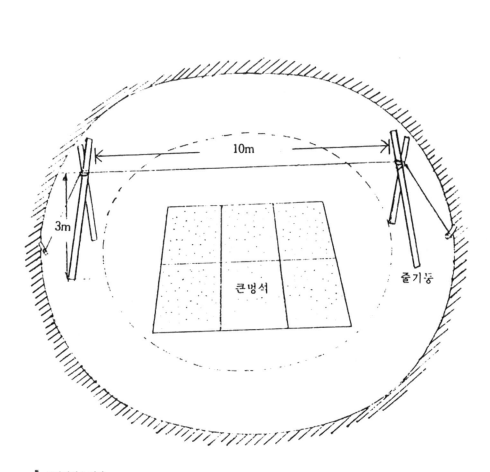

10m

3m

큰멍석

줄기둥

줄타기의 놀이판

덜미(꼭두각시놀음) 중의 네 번째 놀이로서 한 시간 정도가 걸렸다.

5. 의상 소도구

줄광대는 먼저 장삼을 입고 고깔을 쓰고 가사를 걸치고 부채를 들고 줄을 탄다. 예전에는 초립을 쓰고 초립에는 공작 꼬리털을 꽂기도 했었다.

줄 위에 올라갈 때 손에 부채나 수건을 드는 것은 동작이 멋있도록 보이기 위해서이자 몸의 균형을 잡기 위해서다. 특히 부채는 바람을 일으키기도 하고 막을 수도 있어서 몸을 가누는데 소중하고, 멋을 부리는데도 적당하다.

한편 광대 줄타기에는 삼현육각잽이들이 동원되었다.

6. 전승 및 보존

줄타기는 1976년 6월 30일 중요무형문화재 제58호로 지정된 후 예능보유자 김영철에 의해 전승되었었으나 이미 작고했고, 지금은 김대균(남, 1967년생)이 조교로서 그 명맥을 유지하고 있다.

9. 좌수영 어방놀이

1. 개설

좌수영 어방놀이는 경상좌도 수군절도사영水軍節度使營 즉 오늘의 해군사령부에 해당하는 관서가 있던 수영(지금의 부산 수영구 수영동)지방에 전승되고 있는 놀이로서 어업에 따르는 내왕소리 · 사리소리 · 가래소리 · 그물 깁는 소리 · 풍어를 축하하는 칭칭소리와 일과정의 노래들을 어로장면과 함께 놀이화한 것이다.

좌수영 어방이 오랜 역사와 전통을 지닌 우리나라의 유일한 어업협동기구였다는 점과 어방의 전통적인 놀이라는 점에서 좌수영 어방놀이는 큰 의미를 지닌다.

2. 유래

좌수영이라는 명칭은 조선조 선조 25년 이래, 현재의 수영동에 경상좌도 수군절

좌수영 어방놀이

도사영이 있었기 때문에 붙여진 이름이다. 수영지방은 원래 어자원이 풍부하여 부산지역에서는 가장 먼저 어업이 발달한 곳인데, 좌수영 설치에 따른 수군의 부식 문제와 관련하여 어업의 발달을 더욱 촉진하는 계기가 되기도 했다.

예로부터 군영이 있는 곳에는 춤과 노래가 성하여 주민들도 이를 즐겨왔다. 따라서 군영이 있고 농산물과 해산물이 풍부한 수영동水營洞에 '수영 들놀음水營野遊', '좌수영 농청農廳놀이'를 비롯한 전통 연희가 전승되고 있다. 좌수영 어방놀이도 이와 같은 환경 속에서 발전해 왔을 것이다.

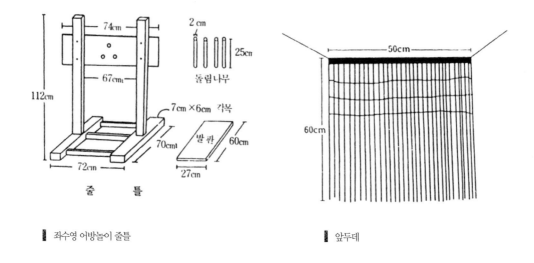

좌수영 어방놀이 줄틀

앞두데

3. 연희시기 장소

이 놀이는 세시에 따르는 놀이라기보다는 어민들이 공동 어로작업 때에 피로를 잊고 또 일손을 맞추어 능률을 올리며 부르던 노래와 놀이이기 때문에 어로작업을 하던 어방과 선상 위에서라면 언제라도 가능했을 것이다.

4. 구성형식 내용

지금 전승되고 있는 좌수영 어방놀이는 3마당, 즉 내왕소리 · 사리소리 · 칭칭이 소리로 구성되어 있다.

첫째 마당의 내왕소리는 줄을 꼴 때 부르는 소리로서 홑소리와 겹소리가 있는데, 홑소리는 큰 줄을 꼴 때 북에 맞추어 선소리를 하면 받는 소리로서 답하는 형식이고, 겹소리는 작은 줄을 꼴 때 줄틀 2개에 각각 한 사람의 고수와 앞소리꾼이 있어

서로 교대로 메기면, 두 틀의 줄을 잡은 사람들이 함께 받는 소리를 하는 형식이다.

둘째마당은 사리소리와 가래소리로 구성된다. 사리소리는 고기를 잡을 때에 그물을 던져 그물 줄을 당기면서 부르는 소리이다. 가래소리는 잡은 고기를 그물의 어대에서 풀어 내릴 때 큰 가래와 작은 가래질을 하면서 부르는 소리이다.

칭칭소리는 풍어가라고도 하는데 풍어를 이루었을 때 기쁨을 구가하고 또 내일의 풍어를 기원하며, 어부들의 노고도 위로하는 뜻에서 어방의 방수나 선주가 술과 음식을 내어 남녀노소가 즐겁게 마시고 놀면서 부르는 소리이다. 선소리꾼이 한 장단의 앞소리를 메기면 어부들이 춤을 추고 돌며 '격이나 칭칭노네'하고 받는다.

좌수영 어방놀이의 3마당 중 사리소리의 노랫말의 일부분을 보면 다음과 같다.

이 줄을 놓고 저 줄을 땡겨라 / 오오 사리오

저 줄을 놓고 이 줄을 땡겨라 / 오오 사리오

이 그물 줄은 신령줄이다 / 오오 사리오

잡은 고기 도망간다 / 오오 사리오

바삐 바삐 땡기어라 / 오오 사리오

설렁 설렁 땡기어라 / 오오 사리오

5. 의상 · 소도구

의상으로 특이할 만한 것은 어방의 우두머리인 방수, 배주인인 선주는 평복차림이고 어부들은 흰 바지, 저고리에 머리에는 흰 수건을 두르고 앞에는 '앞 두데'라 하여 풀잎으로 엮은 작은 두데를 앞치마처럼 두른다.

놀이에 쓰이는 소도구로써는 어방기 · 풍어기(오색기, 혹은 뱃기라고도 한다) · 봉황기 등의 깃발이 등장하며, 어촌의 놀이인 만큼 줄틀 · 그물 · 가래 · 바구니 등 갖가지 어구漁具가 등장한다.

6. 전승 및 보존

이 놀이는 1973년 제4회 전국민속예술경연대회에 출연하여 대통령상을 받았다. 1978년 5월 9일 중요무형문화재 제62호로 지정되었다. 현대 좌수영어방놀이 보존회(회장 박승무)가 전승·보존을 맡고 있다. 예능보유자에는 박승무(남, 1940년생)가 위촉되어 있다.

10. 밀양 백중놀이

1. 개설

음력 7월 15일은 중원中元 또는 백중百種이라 불리는데, 이 날은 농민·머슴들의 위안의 날 또는 축제의 날이기도 하다. 이날 밀양에서는 '백중놀이', '호미씻기' 또는 '꼼배기참놀이' 등으로 불리는 농군들(머슴들)만의 놀이가 있었다. 백중놀이는 이름 그대로 백중날 논다고 해서 붙여진 것으로 보인다.

호미씻기는 논매기를 하고 호미를 씻는다는 데서 명칭이 유래된 것으로 볼 수 있다. 한편 꼼배기참놀이란 밀을 통째로 갈아 만든 떡과 술과 안주를 참으로 주는 것을 말한다. 이 음식을 먹고 논다고 해서 꼼배기참놀이라 불리기도 한다.

밀양 백중놀이는 다른 지방에 비해 그 내용이 풍부하고 독특한 춤사위가 발달 되었기에 그 가치를 인정받고 있다. 또한 밀양 백중놀이는 순박한 서민들의 예술이었다는 점에서도 높이 평가된다.

밀양 백중놀이

2. 유래

밀양 백중놀이의 근원적 배경이 된 것은 농군들의 세시놀이이다. 농업이 대부분이었던 옛날, 일반적으로 호미씻기라하여 전국적으로 행해졌던 놀이가 있었는데, 밀양 백중놀이도 이와 한 맥락이라 하겠다. 그러나 밀양에 전승되고 있는 놀이는 밀양 인근에 살고 있던 광대패들의 영향을 받아 독특한 놀이 형식 및 춤사위를 지니며 발전한 것으로 보인다.

3. 연희시기 · 장소

백중이란 말이 나타내듯이 음력 7월 혹은 이를 전후하여 행해졌다. 열흘 전부터 놀이의 주요인물을 선정한다. 그 후 놀이날 쓰일 술과 음식을 장만한다.

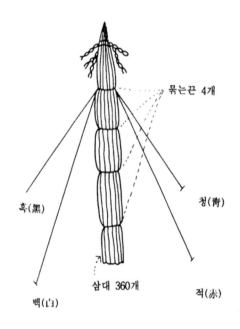

▌ 농신대

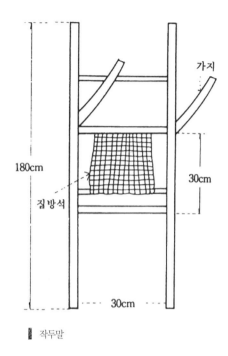

180cm

가지

30cm

짚방석

30cm

▌ 작두말

놀이의 장소로는 백중날에 농군들이 더위를 피하면서도 가장 많이 모일 수 있던 곳으로 정하였는데, 마을 가까운 시냇가, 정자나무 아래, 넓은 마을마당 등 이었다. 그런데 밀양의 경우는 주로 삼문동三門洞 강변에서 놀았다.

4. 구성형식 · 내용

놀이는 크게 '농신제', '작두말타기', '춤판', '뒷놀음'으로 나뉜다. 농신제는 마당에 '삼대'로 만든 농신대를 세우고 풍물을 울리면서 농신대를 돌며 풍년을 비는 의식이다. 농신대는 삼대를 묶은 것으로 굵기는 짚단만하고 길이는 어른 키보다 크다.

농신제가 끝나면 '좌상座上', '무상務上'이라 하여 머슴 가운데서 그 해 농사를 제일 잘 지은 사람을 선정해 작두말(지게목발로 만든 말)에 태우고 동네를 돌아다니며 작두말타기를 한다. 예전에는 좌상을 소의 등에다 거꾸로 태우고 동네 안을 돌아다녔다 하나 지금은 작두말에 태우고 있다.

춤은 '양반춤', '병신춤', '범부춤', '오북춤'으로 나뉘어지는 데 다른 지역에서는 찾아보기 어려운 세련된 춤솜씨여서 높이 평가받고 있다. 양반춤은 양팔을 옆으로 나란히 펴지 않고 엇사위로 펴며 한쪽 발을 들고 춘다. 병신춤에는 난쟁이 · 중풍쟁이 · 배불뚝이 · 꼬부랑할미 · 떨떨이 · 문둥이 · 곱추 · 히줄대기 · 봉사 · 절름발이 등의 해학적인 춤을 춘다.

범부춤은 두 사람이 번갈아 가면서 장고잡이 앞에서 선보이는 오북춤으로 밀양에서만 볼 수 있는 독특한 춤으로 다섯 사람의 북잡이들이 한 명은 중앙에 서고 나머지는 동서남북 사방에서 북가락을 치며 추는 춤이다.

마지막으로 뒷놀이는 모든 놀이꾼들이 한꺼번에 다 등장하여 화목하는 뜻으로 벌이는 집단춤이다.

5. 의상 · 소도구

대체로 복색은 맨머리, 상투머리에다 수건을 매고 흰바지 · 저고리를 입는다. 하지만 춤판이 벌어지면 갓을 쓰고 도포를 입는 사람(양반), 망건을 쓰고 바지저고리를 입은 사람(범부)도 나온다. 양반춤에서는 갓대신 정자관을 쓰기도 한다. 놀이기구로서는 작두말타기에서의 뒤집어진 삿갓과, 좌상과 무상을 태우기 위한 지게처럼 생긴 두 개의 작두말, 그리고 꽹과리 · 북 · 장고 · 징 등의 풍물악기 등이 필요하다. 병신춤을 출 때 쓰는 악기로 항아리에 물을 채워 바가지를 엎어 띄어서 두드리는 물장고가 있다.

6. 전승 및 보존

1980년 11월 17일 밀양백중놀이는 중요무형문화재 제68호로 지정되었다.

현재 밀양백중놀이보존회(회장 김상요)가 놀이의 전승 · 보존을 맡고 있다. 예능보유자로 하보경(남, 1909년생), 김상용(남, 1916년생)이 위촉되어 있다.

11. 기지시 줄다리기

1. 개설

충청남도 당진唐津군의 기지시는 예부터 서산 · 당진에서 서울로 가려면 거쳐야 하는 교통의 중심지였다. 또한 이곳 당진은 중국과 왕래가 많은 항구일 뿐만 아니라 농산물의 집산지여서 베를 짜는 수공업이 성했던 곳이기도 하였다. 기지시 줄다리기는 풍수설을 배경으로 하여 지형과 어울리는 전설로 전해지다가 토착신앙에 따른 세시놀이로 발전해 왔다.

당제는 유교식으로 진행되다가 무당과 승려가 참여하는 유불무가 습합되는 흥미 있는 민간행사로 자리 잡고 있다. 당제와 줄다리기는 농사짓는 사람에게는 풍년을 가져다주고 병자는 병을 낫게 한다는 속설을 지니고 있다. 특히 줄다리기는 많을 때는 10여만 명이 넘는 주민들이 참여하여 공동운명체임을 확인하는 민속행사여서 농촌사회의 협동의식을 돈독히 해주고 있다.

2. 유래

기지시의 줄다리기는 현재 문헌상으로는 그 연원을 찾을 수 없으나 주민들에 의하면 약 400년 전부터 줄다리기가 시작되었다고 한다. 전설에 의하면 기지시는 풍

▌기지시줄다리기의 줄

수지리적으로 옥녀가 비단을 짜는 '옥녀직금형'이라 해서 베를 짜는 시늉으로 줄다리기가 생겼다고 전해진다. 베를 짜는 마전할 때의 동작과 줄다리기 하는 동작이 서로 잡아당긴다는 데서 같아 이러한 전설이 비롯된 것 같다.

또 지형이 지네형이어서 지네모양의 큰 줄을 만들어 줄다리기를 했다는 설도 있다. 실제로 줄다리기의 줄은 줄꾼들이 잡고 당길 수 있도록 만든 작은 줄은 마치 지네발처럼 많다. 지네모양의 줄을 만들어 놀이를 함으로써 지기를 밟아 풍년을 들게 하고 나라의 안녕과 평화를 빌었다고 한다.

3. 연희시기 · 장소

당제는 매년 음력 정월에 거행하였으나 근래에 와서는 2월 초하루로 정하여 지내고 있다. 줄다리기는 매년 하는 것이 아니라 윤년의 음력 삼월 초에 택일하여 벌인다. 줄다리기가 있는 해에는 삼월 초에 국수봉 정상에 있는 국수당에서 당제를 지내고 줄다리기를 한다.

기지시 줄다리기의 줄은 기지시의 동서로 난 구 국도변에서 제작한다. 줄을 만든 후에는 흥척동興尺洞 앞 보리밭으로 끌고 가게 되는데 이곳이 놀이의 장소이다.

4. 구성형식 · 내용

줄다리기를 시작하기 전에 당제를 지낸다. 당제의 목적은 전염병이나 재앙, 호랑이로부터의 해를 막고 풍년을 기원 한 데서 비롯했다. 당제가 끝나면 수상水上(기지시에서 내륙 쪽)과 수하水下(바다 쪽) 양쪽으로 각각 짚단으로 줄을 만든다.

수하인 물 아래가 암줄이 되고 수상인 물 위가 숫줄이 된다. 마지막으로 암 · 수줄을 연결시킬 수 있도록 고리를 만들고 줄다리기 할 흥척동의 보리밭으로 운반된다. 이 때 암 · +숫줄을 연결시키기 위해 '비녀장'을 꽂아 서로 잡아당길 수 있도록 한다. 심판의 신호에 따라 첫 번째는 줄을 잡고, 두 번째는 줄을 들고, 세 번째 신호에서는 잡아당기는 데 수천 명이 매달려 줄을 잡아당기면 서로 힘주는 소리가 이웃동네까지 울린다고 했다. 이 때 당기는 시간이 5분쯤 된다. 심판이 중지신호인 징을 쳐도 흥분된 군중은 듣지 못하므로 경찰의 총을 빌려 공포를 쏘아서 중

■ 기지시 줄다리기 암·숫줄 연결부

단시키기도 한다.

줄다리기는 수하 쪽인 암줄이 이겨야 풍년이 든다고 한다. 지형으로 보아 북쪽의 수하편이 유리하도록 조금 낮지만 수상 편에서는 조금도 불평을 하지 않는다.

수하가 이겨야만 풍년이 든다고 믿기 때문이다. 줄은 이긴 편이 갖는다. 그러나 승부가 결정되는 순간 사람들은 달려와 줄을 끊어간다.

특히 암줄과 숫줄을 연결시켜 비녀를 꽂은 부분의 줄은 불임여성에게 좋고, 갖가지 병에 효과가 있다는 속신으로 발전한 것이다. 원줄을 썰어서 논에 거름으로 쓰이기도 한다.

줄다리기는 단순한 놀이가 아니라 농경의식의 일종이고, 농사의 길흉을 점치는 주술성마저 있어서 금기가 전해져 온다. 줄에 양잿물이나 바늘을 떨어뜨리거나 꽂으면 줄이 끊어진다거나 여자가 줄을 넘으면 넘어선 곳이 끊어진다는 금기가 그것이다. 마을의 안녕과 풍년을 비는 경건한 행사여서 행여나 부정타는 일이 없도록 한다.

5. 의상 · 소도구

놀이에 참가하는 사람들은 대부분 일상 생활복을 입는다.

놀이의 도구로서 가장 중요한 줄다리기의 줄은 길이가 200m, 직경 1.8m정도이고, 비녀장은 길이 2.5m 직경 50cm의 통나무로 만든다.

그 밖의 놀이도구로서는 놀이의 전의를 돋구기 위하여 마을마다의 농기와 풍장패의 꽹과리 · 북 · 장고 · 징 · 호적 등이 등장한다.

6. 전승 및 보존

기지시 줄다리기는 1982년 6월 1일 중요무형문화재 제75호로 지정되었다.

놀이의 전승과 보존은 기지시줄다리기보존회(회장 이우영)가 맡고 있다. 예능보유자로 이우영(남, 1928년생)이 위촉되어 있다.

전통문화의 오늘과 내일

1. 전통의 의미

전통이란 무엇인가 하는 문제가 애매모호한 가운데 그저 소중한 것이다. 또는 고리타분한 것이라는 등 그 실체를 이해하는 데까지 미치지 못하고 있는 실정이다. 또한 그것은 오늘에 연관된 것이 아니라 지난 시대의 유물인 양 인식되는 경향도 있다.

그러면 먼저 전통의 개념을 정리해 보자.

전통을 말할 때, 흔히 고전이라든가 민속이란 어휘가 분별없이 함께 쓰여지고 있는 바, 여기서부터 살펴보자.

고전이란 자기 생성적으로 전승력이 지난 어느 시기에 단절된 채, 단절될 당시의 것을 그대로 오늘에 재현하는 것이라면, 민속이란 자기 생산적 전승력이 오늘의 생활 속까지 살아 있으면서 발전하고 있는 것을 지칭한다.

이해를 돕기 위하여 춤을 예로 들어보자.

「처용무」라는 춤은 특히 조선왕조의 궁중에서 나쁜 귀신을 쫓는 「구나무」로 전승되던 것인데, 조선왕조의 끝남과 함께 그의 자생력은 없어지고 「이왕직 아악부」, 「국립국악원」 등에 의하여 옛 모습대로 명맥만 이어 오다가 지금은 중요 무형문화재로 지정되어 있다. 이러한 춤을 고전 무용이라 한다.

「살풀이」라는 춤은 다분히 신앙적 성격을 띠고 무격집단이 주로 전승하던 것인데 오늘날에도 무당에 의하여 굿청에서 추어지는가 하면 일반인 내지는 무용가에 이르기까지 이 춤은 새로운 표현의지로 오늘에 발전시켜 나가고 있다. 이러한 춤을 민속무용이라 지칭한다.

위의 고전적인 것과 민속적인 것을 통틀어 전통 또는 전통적인 것이라 한다. 그 어느 쪽도 소중한 것이니 한 문화권의 독창성을 지니는 기초가 되는 것이다.

그런데 이 전통을 지난 시대에 유산 또는 유물로 해석하는 오류가 오늘의 우리 사회의 한구석에 있음을 지적하지 않을 수 없다.

전통이란 역사발전과 함께 변하는 것이지 절대로 불변하는 것이 아니다. 전통이 불변한다면 그의 문화주체가 역사의 주인노릇을 못하고 있다는 증거다.

우리는 적잖게 전통을 운위하고 있다. 정치가, 학자 또는 우국적 인사들로부터 전통이 변질, 인멸되어 가고 있음에 대한 개탄하는 소리를 듣는다.

전통을 지켜야 한다는 호소를 듣는다. 옳은 말이다. 그런데 전통을 지키는 일이란 옛을 본떠서 반복하는 것이 아니라 옛을 바탕으로 하여 오늘의 것으로 부단히 발전시켜 나가는데서 가능하다. 다른 말로 표현하면 전통이란 머물러 있는 것이 아니라 역사발전과 한 배를 탄 가변적인 것이다.

역사 민족이라면 어느 나라나 많은 유산을 지니고 있다. 우리도 마찬가지여서 국보 제1호인 숭례문을 비롯하여 많은 문화유산들을 보존하고 있다. 그런데 유형문화재가 아닌 무형문화재를 국가가 지정·보호하고 있는 곳은 눈을 씻고 보아도 전세계에서 일본, 대만 그리고 우리 한국밖에 없다.

어떤 연유에서 일까? 생각이 깊지 못한 인사들은 남은 지정하고 있지 않은 무형문화재를 우리는 100여종이나 지정하고 있음을 자랑하고 있다. 참으로 어처구니 없는 일이다. 왜냐하면 무형문화재를 따로 지정·보호할 수밖에 없다는 사실은 바로 지난 역사 가운데 스스로 그 주인노릇을 못한 상당한 기간이 있다는 증거가 되기 때문이다.

또한 위에서 언급했지만 문화가 역사발전과 함께 하지 못한 데서 온 결과이기 때문이다.

한 예를 들어보자. 영국의 군악대는 지금도 다소 낯선 의복에 불편할 한 양동이 비슷한 모자를 쓰고 그들 대영제국의 국군을 앞장서 이끌고 있다. 그 의상은 영국의 섬유기술의 발전에 따라 바뀌어 가며 빛깔도 영국 국민의 선호도의 변천에 따라 조금씩 바뀌어 간다. 「템포」도 마찬가지이다. 구태여 무형문화재로 지정하지 않으면서도 자기발전적으로 전승되고 있다. 여기에 비해서 우리의 경우는 행진악인 「대취타」가 중요 무형문화재로 지정되어 있지만 국군의 날 대한민국의 국군을 이끌지 못하고 있다.

이것이 무형문화재를 지정하지 않고 있는 나라와 지정하고 있는 나라의 차이이다. 그대로 두었다가는 생명력을 잃을 것 같을 때 하는 수 없이 취하는 조치가 무형문화재의 지정이다. 사람으로 치자면 중병환자에게 「링겔」을 꽂는 것에 비유된다. 보존을 하겠다는 단심은 충분히 이해가 간다. 하지만 살아 있는 인간이 창출해 내는 문화를 고착화시켜 생명력을 잃게 하는 기간을 길게 할 수는 없다. 잠정적이요 과도적인 조치이다. 우리는 이 동안에 서둘러 그것을 경험하여 다시 생명력을 갖게 하는 작업으로 이어져야 한다.

무형문화재에 대한 인식이 모호함은 주도적이어야 할 지식인들의 무지이거나 책임회피라는 결론으로 된다. 전통성을 지닌다는 것은 옛의 답습이 아닌 주체적 발전임을 인식해야 한다.

다시 여기에서 「우리적」의 쓰임에 대하여 말하고자 한다. 일단 우리적이란 앞에서 거론한 전통적인 것에 외래적인 것까지를 포함하게 된다. 다만 외래적인 것을 주체적으로 수용하고 있느냐가 문제이다.

문화예술계 전반에서도 「우리적」이란 말이 평상적으로 쓰여 지면서 그 실속은 의식적 수사적인 한계를 넘지 못하고 있다.

각설하고-. 우리적이란 뜻이 「우리나라 사람의 주체성」으로도 풀이 될 수 있다면 우리나라는 주체성에 대하여도 생각이 머물게 된다. 왜냐하면 우리나라 사람이 없는 한 우리나라를 생각할 수 없듯이 주체성이 결여된 우리도 존립될 수 없기 때문이다. 이 양자는 서로 불가분의 연관성을 갖는 동일속성이다.

그런데 주체성은 주로 정체성이 없는 상태를 응징하는 과정에서 형용사적으로 사용되어 왔다. 이러한 응징과정에서 주체성이 갖는 구체적인 가치의 내용이 제시됨이 없이 주체성이란 그저 높이 평가되어야 하는 것으로 믿어졌다. 일반적으로 자주성, 자기주장이 결여된 상태를 지칭하거나 기술하는 문맥에서 관념적으로 모호하게 사용되어 왔다.

전통의 개념을 확인하는 데는 이 항목의 살핌이 반드시 있어야 한다는 생각에서 다소 중복되더라도 논리를 펴 나가보고자 한다.

「나」 또는 「우리」가 남으로부터 구별되는 것은 내가 하나의 자기적 실체로 존재함으로써이다. 자기적 실체가 존재하는 까닭을 자기적이 아닌 다른 실체들이 존재함으로써 이다. 이것을「자체」와「타체」로 부르기로 하자.

여기서 자체의 단위도 여러 가지로 구분될 수 있다.「개인」,「집단」,「민족」,「국가」등 물론 집단 속의 개인이며, 나라 속의 집단이고 무수한 민족 중의 민족이며, 세계 1백여 개국 중의 한 국가이다. 요컨대 자체란 서로 다른 단위를 갖는 동시에 서로 다른 존재차원을 갖는다. 자체의 단위와 존재차원을 거론함은「주체」가 성립함에 있어「자체」가 바로 기본요소로 되기 때문이다. 그리고 또 자체의 단위와 존재차원을 인식함에 있어 자칫 범하기 쉬운 논리적 오류를 피하기 위해서이다.

이제부터 논하려는 그 단위와 존재차원을 '민족'으로 한다.

민족이란 '언어, 영토, 경제생활 및 문화의 공통성에서 비롯된 전통적 심리 등의 동질성에 의하여 통일된 영속성이 있는 인간 집합체'를 뜻한다. 이는 근대국가 성립의 기초가 된 것으로 서구에 있어서는 교회지배체제가 붕괴되면서 각국의 군주들이 제창하기에 이른 것이다.

19세기에 들어서면서 제국주의 국가들의 침략이 전 세계적으로 횡행한 뒤로 식민지들의 독립 쟁취 구호로 널리 쓰여 오고 있다. 한편 이 민족이란 이름으로 많은 역사적인 범죄가 저질러져 온 것도 사실이다. 민족이 살고 있는 땅이 국가의 자연적 한계로 이해되었던 것이 급기야 세계시장의 독점을 위해서 자민족의 우월을 강조하는 이론으로 둔갑하여 '우수 민족은 열등 민족을 지배할 권리가 있고, 나아가서는 전 세계를 선천적인 권리가 있는 것'처럼 주장하기에 이른다.

이와는 반대로 피압박민족에 있어서는 이러한 식민주의자들에 반대하여 자유와 주권을 얻기 위한 절실한 권리로 주장되어 온 것이다.

우리가 자체의 존재차원으로 내세운 민족이란 바로 후자의 경우라 하겠다.

이제까지의 이야기를 종합한다면 전통을 확보하기 위한 '주체성'이란 '자체가 존재할 수 있는 존재차원에서 실존적 거점의 소유체로서 존재하는 상태'로 요약할 수 있겠다. 다시 말하면 밖으로부터의 작용에만 따라가는 것이 아니라 스스로 작용을 하는 편을 뜻한다.

여기에서 대두되는 문제가 밖으로부터의 작용에 대한 수용의 방법이다. 흔히 이 경우 '접목'이란 말을 잘 쓰고 있는데 접목이란 접붙임을 뜻하는 것으로 이때에도 바탕이 되는 '대목'이 있게 마련이다. 즉 전통이다. 그런데 실상 오늘날 진행되고 있는 접목작업은 대목이 되는 전통을 무시하고 외래적인 것에 단편적이요 부분적인 자기의 편린들을 장식으로 붙이는데 불과하다. 접목이란 용어 자체가 문화의 양상을 논의하는데 부적합 한 것이기도 하다.

외래의 것을 일단 자체 속에 받아넣어 충분히 소화한 다음 소용되는 것만 섭취해야 하기 때문이다. 외과적인 수술이 아니라 '거름'으로 흡수하여 양분으로 효용 되게 하는 방법이다. 접목이란 이른바 '근대화'란 명분으로 대두된 것인데 우리 근대화 과정의 반주체성으로 하여 이러한 숱한 오류를 자초하게 되었다.

전통의 개념으로 다시 돌아오자. 그것은 '주어진 집단공동체내에서 축적되어 온 사상, 관습, 행동, 기술의 양식 즉, 전래적인 사고와 행동의 제방식'이다.

이러한 개념 규정이 일단은 타당한 것으로 보고, 이야기를 진행해 가자. 그런데 오늘날 일고 있는 논리적 오류는 전통을 일단 이렇게 규정한 논자들이 그 다음 단계의 논의에서 본래의 규정에 철저하지 못한데서 발생한다.

'전래적인 사고와 행동의 제방식'이라는 규정은 하나의 총괄적 개념을 말한다. 즉, 전통에는 이어받을 만한 전통도 있고, 그렇지 못한 것도 있다.

권력자 앞에라면 무조건 맹종하는 무기력한 전통이 있는가 하면, 불의를 당했을 때 몸을 돌보지 않는 의로운 전통도 있다. 똑같은 이치로 전통에는 '현대적' 전통도 있고 '전근대적' 전통도 있다. 그런데 이것을 '전근대적 사고와 행동의 제방식'이란 해석으로 그칠 때 오류로 된다.

총칭적 개념을 어느 한쪽에서만 보는 결과이다.

이러한 논리적 오류는 '주체성'과 '근대화'를 잘못 이해함으로써 스스로 함정을 파는 결과에 이른다.

또한 주체성이란 '고유 전통문화의 수호'에 필수적인 것이라는 등의 의견으로 회고취향적인 데로 몰고 간다.

전통의 문제는 문화적 유물을 찬미할 것인가 찬미하지 않을 것인가에 관한 것이 아니다. 문제는 우리의 과거를 어떻게 우리의 현재와 연결시킬 것인가에 관한 것이다. 여기에서 우리의 현재라 함은 우리가 현재 처해 있는 상황 및 그러한 상황 내에서 귀중하다고 여겨지는 가치의 대상을 의미한다.

과거가 우리의 과거이고 현재가 우리의 현재일 때 과거로부터 현재적 변화에서 전통의 단절은 초래하지 않는다. 같은 이치로 현재가 우리의 현재가 아닐 때 아무리 우리의 과거가 있다한들 전통은 없는 것이 된다.

의심할 바 없이 '전통'은 전래적인 사고와 행동의 제방식이고, 또 의심할 바 없이 문화적 유물을 의미한다. 그러나 우리에게 전래적인 사고와 행동의 제방식이 있고 문화적 유물이 있다고 해서 우리에게 전통이 자동적으로 주어지는 것은 아니다.

또 전통의 문제는 계승의 문제가 아니다. 우리가 없으면 우리의 전통도 없는 것이기 때문이다. 따라서 전통은 '우리'가 새로운 환경에 '우리'를 적응시키는 과정에서 '우리'가 창조해낸 문화를 의미한다.

우리는 전통을 물려받는 동시에 창조한다. 과거의 문화적 유물이 우리를 전통적으로 만드는 것이 아니라 우리가 문화적 유물에다가 전통성을 부여하는 것이다.

영광스럽고 자랑스러운 과거를 가졌기 때문에 우리가 주체가 됨으로써 우리의 과거가 자랑스러운 것으로 된다.

새삼스럽게 이제 전통에 관심이 일고 있음은 우리가 아직 '나'의 위기에 처해 있다는 실증의 하나이다.

2. 세시풍속에 대하여

생활문화란 일단 풍속에서 생성되는 것이라 전제한다면 일 년 열두 달의 세시풍속을 세심히 살펴봄은 우리 문화를 이해하는데 지름길이 되겠다.

세시풍속이라 함은 일정한 시기가 오면 관습적으로 반복하여 거행하는 특수한 생활행위, 즉 주기 전승을 가리킨다.

요즘은 흔히 '연중행사'로 부르기도 하지만 옛날에는 '세시', '월령', '시령' 등 계절성을 강조하면서 생산과정의 일정표의 구실도 하였다.

4계절의 변화가 확실한 우리나라의 '명절'은 대체로 계절에 따라 그 행사내용이 짜여 졌으며 다시 '월령'에 의하여 세분되었음을 알 수 있다. 월령이란 생산 활동(농경 · 수렵 · 채집 등)과 관련을 갖는 것이다.

계절에 따라서 농사의 시작인 파종, 제초, 수확, 저장 등의 생산 활동의 변화를 가늠하게 하면서 그 사이사이에 의식과 놀이 등이 삽입되어 생활의 흐름을 부드럽게 해주고 있다.

한 해가 시작되는 정월과 이른 봄에는 그 해의 풍작을 기원하며, 가을의 수확마당에서는 그 결과에 고마움을 표하는 의식이 있음은 당연한 순서로서 그 유래는 아주 오랜 것이다.

〈삼국지 위지 동이전〉에 전하는 부여의 '영고', 예의 '무천', 고구려의 '동맹', 삼한의 봄 · 가을에 가진 농경의례 등을 들 수 있다. 이러한 것들이 신앙의례적인 성격으로만 해석됨은 잘못이다. 생산 의례적 행사였음이 확인되면서 여기서 주술적 신앙적 의례가 함께 하고 있음을 발견하게 된다.

인간의 지혜 즉 기술이 점차 발달하면서 계절에 따른 행사일정은 점차 인간의 자율에 의하여 더 많이 주도되어 거기에 이른다.

'자연력'의 의존도가 약화되면서 특히 '달력'이 등장하면서부터는 재래의 세시풍속은 밀려나기 시작했다. 여기에 일본 제국주의의 침입은 더욱 앞뒤를 가릴 수 없이 전래의 세시풍속을 금기시하기에까지 이른다.

우리는 이제 뒤늦게나마 전래의 세시풍속을 되살핌으로써 미래의 방향을 잡고자 하는 것이다.

우리는 주로 음력을 써 온 민족이어서 세시풍속 역시 음력을 기준하고 있음은 익히 알고 있는 일이다. 농사짓는 일과 고기 잡는 일, 그리고 바닷물의 썰물과 밀물에 이르기까지 음력에 의하여 가려지고 있다.

일단 재래의 3월까지의 3개월을 '춘절'이라 한다. 정월은 한 해가 시작되는 달이다. 거의 모든 마을의 축제를 겸한 당굿, 즉 대동굿을 올림으로써 새로 맞는 한 해를 설계하면서 풍요를 기원하게 된다.

대동굿의 깊은 뜻을 모르는 도회지 사람들은 미신에 치우친 행사라 비판하지만 실제 속을 알고 보면 한 공동체의 결속을 위한 '마을회의'의 성격이 두드러진다. 건설적이며 밝은 뜻이 담겨 있는 집단의식인 것이다.

이때에 역시 다양한 민속놀이를 놀고 있다. 줄다리기를 하고, 편싸움을 하고 횃불싸움을 하며 널도 뛰고 연도 날린다. 또한 마을의 공동기금을 마련하기 위한 지신밟기를 한다. 모두가 활달한 민속놀이를 통하여 건실하고 실속 있는 한 해를 맞기 위한 '예행운동'을 벌인다. 온 나라 안이 떠들썩하게 잔치를 벌이는 것이 정월 보름까지의 풍속이다.

정월에 이어 2, 3월은 한 해 농사를 짓기 위한 준비를 차분히 진행해야 한다.

–'춘절'에 이어 여름철인 '하계'는 4, 5, 6월에 해당된다. 농사가 본격적인 철이다. 5월에 들어서야 잠시 일손을 놓고 '단오굿'을 벌이게 된다. 아녀자들은 창포에 머리 감고 그네를 뛰며 남정네들은 씨름을 한다. 높고 실한 고목나무 가지에 그네를 매어 하늘 높이 치솟는 여인의 몸매는 한 폭의 그림이다. 고을의 장사를 뽑기 위하여 단련된 힘내기로 하루를 지새는 단오의 씨름판은 남정네들의 겨룸판이다.

그러나 이처럼 들뜨는 단오잔치도 바쁜 일손에 쫓겨 불현 듯 지나가고 다시금 제각기 맡은바 생업으로 돌아간다.

6월 '유두'를 보내면서 계절은 서서히 가을로 가까워진다.

7, 8, 9월을 '추계'라 하는데 수확기를 맡는 때다. 하루하루 하늘이 높아지면서 결실의 계절로 들어서면서 7월 '칠석' 다음에 7월 보름을 '백종'이라 한다.

8월 보름 '한가위'는 흔히 추석이라고도 하는데 정월 초하루에 못지않은 경사스런 날이다. 햇곡식과 햇과일로 자연과 조상께 천신을 드리고 역시 하루를 즐긴다.

지금도 한가위가 되면 객지에 나와 있는 사람은 부모의 슬하를 찾기 위하여 모든 교통수단이 마비될 지경이다. 정월의 당굿이 한 해의 풍요를 기원하는 행사라면 한가위 차례는 수확에 감사하는 서양 사람들의 추수감사절에 해당하는 것이다. 곳에 따라서는 9월 9일을 '중양절'이라 하여 조상의 무덤을 찾아 차례를 올리기도 한다.

10, 11, 12월을 '동계' 또는 '동절'이라 한다. 농경민족으로서는 가장 한가한 계절이다. 월동준비 가운데는 집집마다 빠짐이 없는 김장담그기가 있다.

농사의 마무리는 대개 10월로 들어서야 하는데 흔히 '고사'도 드리고 10월 보름을 전후하여 '시제'를 올린다.

11월을 동짓달이라고도 하는데 팥죽을 먹는 동짓날이 있다. 여름철의 '하지'가 낮이 가장 긴 날이고, 겨울의 동지는 밤이 가장 길어서 대조적이다.

이 날에 '새알심'을 넣은 팥죽을 끓여 먼저 조상께 올리고 방, 마루, 곡간 등에 한 그릇씩 떠놓는가 하면 이웃끼리 나누어 먹기를 잊지 않는다.

12월을 '섣달' 또는 '납월'이라고도 했는데, 한 해를 보내는 마음으로 설레는 때이다. 섣달 그믐밤, 잠을 자면 눈썹이 하얗게 된다고 하여 밤새워 윷놀이를 하던 기억이 새롭다.

그러나 이 날의 풍속으로는 빼놓을 수 없는 것은 '묵은세배'이다. 흔히 정월 초하루의 '세배'는 알아도 섣달그믐의 세배가 잊혀져 가고 있다.

웃어른이나 스승, 선배께 지난 한 해의 잘잘못을 낱낱이 아뢰는 그런 자리이다. 지난 일은 지난 일이니 그냥 덮어 두자는 식이 아니다. 이렇게 놓고 볼 때, 세배보다 그 뜻이 깊은 것이 묵은세배라 하겠다. 이 묵은세배가 일상적으로 사회생활의 자발적인 규범으로 되었으면 한다. 삼천리 방방곡곡에 되살아나 각박한 세상풍조를 고쳐 가는 계기가 되었으면 한다.

이제까지 살펴볼 때, 세시풍속이란 주어진 자연환경 속에서 영위하는 생활의 슬기임을 알게 된다. 일 년 열두 달을 어떻게 황금분할 하여 효용 되게 운영하느냐 하는 데서 세시풍속은 생겨나게 된 것이다. 일시적 제도나 유행으로 되는 것이 아님을 우리는 역사의 교훈으로 확인케 된다. 아무리 강력한 외세의 영향을 받더라도 서서히 그것을 극복 수용하고 있다.

한 예로서 '관혼상제'의 변천을 들 수 있다. 중국에서 들어온 '주자가례'가 절대적인 역할을 한 것은 틀림이 없지만 역시 맹목적으로 흉내 내려 했던 지배계층과는 달리 비판 수용하고 있는 민중사회의 의지를 발견한다.

오늘날 문화의 주체성 내지는 자주성을 부르짖는 가운데 옛 풍속의 재현·보존이란 바람직하지 못한 움직임이 있음을 경계해야 한다. 세시풍속이란 바로 '전통'과 마찬가지여서 역사발전과 함께 변화 발전하는 것이 당연하다.

회고 취향에 머무는 조상숭배나 미풍양속의 들추김이 오히려 오늘의 사회를 이질스럽게 할 위험이 있기 때문이다.

중복되지만 '세시풍속'이란 지난 과거의 풍속이 아니라 오늘날의 생활을 영위해 가는데 타당하고 능률적인 것이어야 한다. 거기에는 역사적 안목으로서 주체성이 담보되어야 함은 물론이다.

3. 의식주에 대하여

우리는 생활의 기본으로 흔히 '의 · 식 · 주'를 말한다. 우리나라의 기후는 온대와 아열대에 걸쳐 있어 겨울은 섭씨 영하 20도 이상 내려가며, 여름은 영상 30도라는 큰 폭을 보여준다. 그러면서도 봄, 여름, 가을, 겨울이 뚜렷하다. 북으로는 유라시아 대륙에 접해 있고, 3면이 바다이며 대한해협을 사이에 두고 일본열도와 이웃하고 있는 동양문화권의 교두보이기도 하다.

지세는 서울을 중심하여 북쪽과 동쪽은 높고 산악지대가 많은데 비하여, 서쪽과 남쪽은 비교적 평야를 이루고 있다. 지세로 보아 유리한 남쪽 평야에서는 벼농사가 일찍부터 발달하였고 3면의 바다와 어로는 교통의 요충으로 되었다.

이러한 입지적 여건들은 외세의 끊임없는 침략을 받게 되었으며 그로인하여 숱한 곤경을 겪으면서도 자주적 생활문화를 지켜오고 있다.

생활문화의 기둥인 의식주의 발자취와 현황을 차례로 살펴본다.

1. 의생활
의식주가 다 그러하지만 의생활은 기후에 크게 영향을 받는 것이며 주거생활과 기타 생활양식에 의하여 만들어지고 변천하는 것이다.

사계절이 분명한 우리나라의 옷은 추위와 더위를 막기에 알맞은 저고리, 바지, 치마로 구성되는 '북방 호복계'로 일러 온다.

우리 옷의 특징을 요약한다면 먼저 흰색을 든다. 처음에는 경제적 여건, 예컨대 염색에 많은 비용이 들어 베나 무명을 그대로 입었다든가 하는 이유도 있겠지만 점차 습관화된 요인도 있을 수 있다. 흰색을 숭상함을 상고시대 우리 민족의 태양숭배사상과 결부시키기도 하지만, 일상적 관습으로 되면서 한편으로는 세탁 등 뒷손질이 어려운 손실도 가져왔다.

여자의 옷인 경우 특히 그것이 봉건적 가부장제 생활 속에서도 제도화 되자 그의 발달에 제약을 받아 왔음이 사실이다. 일반 민중의 '일옷'은 발달의 여지도 없을 만큼 빈약한 데 반해서 사대부가의 것은 신체적 압박을 주면서 겉치레가 심했다. 여기에 중화사상에 의하여 벼슬아치의 복색은 물론이요 일반복에 이르기까지 중국복식을 차용한 결과 한국 고유 옷의 자유로운 전개를 저해 받았다. 조선왕조가 끝날 때까지도 중국식 복식과 고유복식과의 대립이 있는가 하면 남복과 여복, 그리고 대처와 시골의 대립 등 의생활에 있어 2중구조적 양상을 띠고 있다.

다시 1990년대 초 이후 우리의 의복구조는 서양옷에 더 많이 기울어져 가고 있다. 한복을 기본으로 하고도 주머니 대신 호주머니가 달린 조끼를 양복에서 차용한 경우도 있다. 갓 대신 중절모를 두루마기에 쓰고, 대님 매고 구두 신는 등 이것을 갓 쓰고 자전거 타는 격이라 하지만 어느덧 조화를 이루어 가고 있는 일면도 있다. 여자의 옷도 치마저고리에 구두를 신고, 두루마기에 여우 목도리를 두르고 핸드백을 들고 있다.

옷의 문화는 이처럼 한복과 양복의 2중 구조 속에서 과도기적 변화를 겪고 있다. 역시 독창성을 지니면서 실용성과 조화를 어떻게 이루느냐 하는 문제가 오늘의 과제이다.

2. 식생활

식생활 역시 일단은 자연적 배경을 놓고 생각하게 된다. 상고시대 수렵·채집경제 단계에는 산과 들에서 먹을 만한 짐승을 잡고, 바다의 조개류, 해초, 생선 등과 나무 열매를 채집하여 식량으로 삼았다.

기원전 6, 7세기경 '무문토기인' 들이 북방으로부터 이 땅으로 들어오면서 농경시대가 열렸다는 학계의 의견이 있다. 자연의 호조건에 의하여 벼농사가 보급되고 일찍부터 여러 가지 식품류 가공법이 발달 한다. 여기에 중국문화의 유입이 식생활에 변화를 주게 되고 13세기에 이르러서는 몽골 등 북방족의 침입으로 북방식품이 들어온다. 16세기에는 임진왜란을 계기로 남방식품의 유입이 있고 19세기에 이르러 서구 음식물의 유입 등으로 우리의 식생활은 변천을 거듭하면서 오늘에 이르고 있다.

여기에 특기할 것은 17세기에서 18세기에 걸쳐 고추, 호박, 토마토, 옥수수, 낙화생, 돔부, 완두, 감자, 고구마, 수박 등이 들어오면서 그의 대부분이 오늘날에도 널리 재배되고 있다는 사실이다.

위의 식품 중에서 고추와 호박이 임진왜란 무렵 일본사람들에 의하여 들어온 식품이다. 그로부터 호박은 가난한 민중을 연명시키는데 큰 공헌을 한 것도 사실이다. 고추는 지금으로서는 뺄 수 없는 조미료로서 김치와 고추장의 재료가 되며 한국요리에서 필수품이 되고 있다.

한편 간장, 된장을 비롯하여 김치 등의 변천을 살피면서 다양했던 양조법까지도 확인되어야 하겠고 마구잡이로 유입되고 있는 서양음식들이 재래음식과 어떤 조화를 이루어야 하느냐 하는 문제도 이 방면 전문가들에 의하여 연구되어야 한다. 또

한 세시풍속에 따라 주부의 솜씨를 뽐냈던 계절음식 즉 '절식'을 오늘의 음식으로 개발하는 문제도 남아있다.

겉치레의 음식이 아니라 실속 있고 깔끔한 우리의 음식들이 다시 개발돼야 할 단계이다.

3. 주생활

선사시대의 집은 대개가 반지하식의 '움집'이었거나 '동굴생활' 또는 드물지만 마루가 높은 '고상생활'을 했으리라 짐작된다. 이와 같은 선사시대의 주거지들이 남북한을 통하여 상당수 발굴 · 정리 되고 있다. 이러한 주거방식은 농경초기에까지 효용 되었으리라는 의견도 있다.

이 시기의 주거공간을 복원해 보면 난방과 취사를 하는 화로가 있고, 출입구 가까운 곳을 남자가 거처했고, 안쪽에 여자가 기거한 것으로 나타난다. 그리고 석기 출토 부분이 남자의 작업과 거처 공간이고, 토기가 출토되는 부분이 여성의 활동 공간이었으리라 한다.

종류별로 보면 '움집', '귀틀집', 천막식 등을 들 수 있는데 이들 가옥형식은 모두 북방대륙 계통에 속한다. 한편 원두막이나 창고에서 볼 수 있는 것 같은 '고상식 건물'도 있었던 것 같은데 이것은 남방 계통으로 해석하고 있다.

봉건적 지배체제가 갖추어지면서 주생활도 신분계층에 따라서 제재하는 단계로 접어듬은 앞의 의생활에서 지적된 것과 일맥상통한다.

여기에서 특기할 일은 이미 7세기 초에 온돌이 사용되었음을 알리는 중국의 옛 문헌 '구당서'와 '당서'이다. 또한 온돌의 원형으로 보이는 유적이 두만강 유역의 반지하식 거주지에서 발굴되고 있는 사실 등으로 미루어 고유한 온돌의 역사가 증명되고 있다. 13 · 14세기 이후 온돌은 한반도 전체의 민가에서 보편화되면서 오늘에 이르기까지 이어지고 있다.

앞에서도 지적하였듯이 주생활 역시 외래적 영향에 계속되어 온다. 중국과의 관계는 물론이요, 불교의 유입은 건축문화에 큰 변화를 가져다주었다.

또한 넓이와 높이 등의 건축규제도 봉건 사회가 지닌 모순들로서 자주적인 주생활 발전에 저해가 되면서 오늘에 이르고 있다. 여기에 다시 건축자료의 발달과 생활양식의 급격한 변화를 맞게 된 오늘의 주생활은 큰 과도기를 맞고 있다.

겉모습은 한옥이면서도 의자식 거실과 침대 등이 온돌방 속에 공존한다. 부엌도 뒷간도 서양식으로 바뀌고 있다. 이와는 반대로 겉은 양옥인데 안은 온돌방인가 하면 마당 한쪽에 장독대도 엄존하고 있다.

우리의 풍토와 생활정서에 맞는 오늘의 '우리네 집'도 의생활에서 지적된 바와 마찬가지로 독창성과 실용성의 조화로서 이루어져나가야 하겠다.

4. 전통예능에 대하여

전통예능이란 바로 생활 속에서 태어난 생활문화의 노른자위임을 먼저 말하고자 한다. 그것은 세시풍속에 근거하여 구체적으로 창출, 발전한 삶의 예술이라 하겠다.

농사를 비롯한 모든 일의 일장단이 되었던 풍물(농악)을 비롯하여 갖가지 악기들 예컨대 피리, 젓대, 가야금, 해금, 날라리 등도 이 겨레의 숨결로 이어오는 가락의 유산들이다.

판소리와 각 고장의 민요들, 무당의 어정(무가) 역시 훌륭한 전통음악이다. 여기에 못지않게 춤을 즐겨 온 민족이기에 두드리면 춤추고, 춤추면 두드렸다.

비교적 넓지 않은 땅덩이지만 각 고장의 특성을 나타내는 사투리(방언)가 뚜렷하
듯이 노래와 춤을 곁들인 '탈놀이'들이 특색 있게 전해지고 있다.

그러나 어린이들의 '놀음놀이'는 거의 인멸되고 말았다. 길가의 풀포기를 모아
풀각시를 만들어 놀았던 소박한 풀각시놀이도, 수수깡으로 만들어 놀았던 어린이
의 인형놀이도 명맥이 끊어졌다.

인형극으로 오직 남사당패의 '꼭두각시놀음'과 포장굿패의 '발탈' 그리고 4월 초
파일을 전후하여 큰 사찰 근처에서 놀았던 그림자극 '만석중놀이', 마을사람들에 의
하여 놀아지는 '서산 박첨지놀이'가 전하고 있다.

이 항목에서 당연히 전통미술과 구비문학 분야까지를 고루 대상으로 해야 하겠
지만 제목을 전통예능이라 좁혀 춤과 음악, 연극분야를 살펴보기로 한다.

1. 춤

인간이 자신의 신체를 움직여 감정과 의사를 표현한 최초의 예술로서 춤을 든다.

춤은 음악이나 연극보다 앞선 원초적인 예술행위였음에 많은 사람들이 의견을
같이하고 있다. 다른 말로 표현한다면 춤이란 인간이 삶을 개척하고 누려오는 가운
데 일찍부터 다양한 모습으로 발전, 조화되면서 그에 걸맞게 리듬을 육체를 통하
여 표현하고 있는 예술이다.

그의 시원을 집단적인 신앙의식에서 찾기도 하지만 그 신앙의식이라는 것도 보
다 나은 풍요를 기리는 것일진대, 생산을 위한 표현이라 할 때 더 설득력을 갖게
된다.

우리 민족을 예로부터 춤을 즐겨왔음이 〈삼국지 위지 동이전〉 등 많은 옛 문헌
에서 밝혀지고 있다.

그 종류도 다양해서 주로 생산의 현장에서 분화 발전한 민속무용과 '정재'란 이

름으로 궁중에서 전승되었던 궁중무용이 있다. 여기에 중국을 비롯하여 외국의 것이 유입 습합된 경우도 적지 않다. 그러나 전통예능 분야의 기능을 이룬 춤으로는 가장 소박한 '보릿대춤'으로 시작하여 풍물농악춤 등 '일춤'과 무당의 '살풀이'를 든다. 살풀이도 오구굿(죽은 사람의 넋을 위로하는 굿)과 재수굿(집안의 행운을 비는 곳), 서낭굿(한 공동체의 행운을 위한 굿) 등에서 내용과 형식이 서로 다른 것이었으나 이제는 점차 그 분별이 없어져 가고 있다. 이 밖의 승무, 한량춤, 등의 '독무'와 강강술래, 쾌지나칭칭 등의 집단 군무가 공동체의 '향악정재'와 '당악정재'로 분류되고 그 종류도 민속무용보다 다양하여 조선왕조 말까지 추어진 것이 50여종에 이르고 있다. 의식무용으로도 오늘날까지 전하는 것으로 보태평지무(문덕을 칭송하는 춤)와 정대업지무(무공을 찬양한 춤)인 '일무'가 전한다.

이밖에 민간에서 변형 전승된 '진주 검무'나 '통영 승전무' 등이 있고, 불교 의식무용인 '작법'도 소중한 무용유산들인데 역시 지난 시대의 형태로 박제화 되어 가는 아픔을 지적하지 않을 수 없다.

여기에 '신무용'이라는 이름으로 '부채춤', '화관무', '장구춤' 등이 있는데 지나치게 겉치레만 하여 속이 빈 것으로 되어가고 있다.

누구나 지적하게 되듯이 전승무용의 거의가 오늘로 이어지는 단계에서 자기 발전력을 잃고 '판박이 춤', '볼거리 춤'으로 변질되고 있음은 새로운 '우리 춤'의 창출·발전을 위하여 극복해야 할 일이다.

2. 음악

항시 거론되는 것이지만 우리의 전통예능을 말할 때 춤, 음악, 연극의 혼합을 지적한다. 그 혼합은 분화되어야 할 것이 아직 분화되지 못하고 있는 상태를 뜻하는 것이 아니라 서로가 한데 어울리면서 하나의 독창성을 이루고 있음에 우리는 주목해야 한다.

그러니까 당연히 전통음악의 경우도 마찬가지이다. 음악이란 그 나라 그 민족의 언어와 어법을 바탕으로 창출되는 것이기 때문이다.

옛 문헌인 〈삼국사기三國史記〉 악지樂志에서 이미 그것을 설명하고 있다.

'…왕이 이르기를 여러 나라가 방언方言도 각기 다른데 성음聲音이 어찌 한결같으랴.' 이는 가야국 가실왕嘉實王의 말씀이다.

그런데 오늘날 우리는 전통음악을 실제 생활현장에서나 교육과정에서 접하기조차 어렵게 되고 보니 자기 음악에 대하여 너나없이 남의 것보다는 더 생소한 것으로 되고 말았다. 어떠한 수를 써서라도 서둘러 해결해야 할 과제임이 틀림이 없다.

우리의 전통음악을 흔히 쉽게 정악(또는 궁중음악)과 민속음악으로 나누고 있다. 그러나 정악 가운데서도 중국음악唐樂 등의 영향을 받은 것과 그를 주체적으로 극복·재창출한 것이 있다.

악기의 경우도 마찬가지여서 전통악기 가운데 외래의 것이 많지만 역시 우리의 것으로 수용·재창조 되고 있음을 본다. 민속음악의 경우도 자기 자생적인 민중취향의 것과 직업적인 광대 기방妓房의 것으로 분류된다.

궁중음악으로는 '관현합주', '관악협주', '취타악', '제례악' 등을 들게 되고 '가곡', '가사', '시조', '풍류' 등은 향유계층의 신분에 따라 정악에 속하는 것으로 분류한다.

민속음악으로는 판소리와 단가를 비롯하여 각 지방의 민요와 풍물을 빼놓을 수 없다. 민요 가운데서는 중부지방의 '잡가'나 호남의 '육자배기', 평안도의 '서도소리'처럼 비교적 전문적 소리꾼에 의한 것이 있고, 순수한 일반 취향의 것이 있다.

이 밖에도 무당과 박수들의 무속음악이 전통음악의 줄기를 찾는 데 소중한 단서가 되는데 그것도 지역에 따라 다양한 형태로 전승되고 있다. 불교의식에서 쓰이는 범패梵唄도 다분히 전통음악의 영향을 받아 토착화 되고 있다.

이처럼 풍부한 음악유산들이 있지만 이를 바탕으로 하여 오늘을 살아가는 음악으로 발전하지 못할 때 그의 생명은 단절될 수밖에 없는 위기를 맞았다.

서둘러 민요를 찾아 부르고 단소·피리·꽹과리·장고 등 쉬운 악기부터 익히는 일이 시급하다.

3. 연극

연극을 옛날에는 굿이라 했다. 지금도 시골에 가면 연로하신 분들은 아직도 쓰고 있다. 굿의 기원, 모임, 연희의 뜻을 함께 지니고 있다.

'마당굿'이란 것이 있는데 이것은 마을의 넓은 마당이나 들판 또는 산언덕에서 펼치는 연극 또는 연극판을 이르는 말이다.

서구 연극의 형식처럼 무대와 관중석이 따로 있는 것이 아니라, 배우와 관중이 하나가 되어 창출하는 극형식이다.

대표적인 것으로 탈놀이를 드는데 중요 무형문화재로 지정되어 있는 것만도 다음과 같다.

함경남도 지방 – 북청사자놀음

해서黃海道 지방 – 봉산탈출, 강령탈춤, 은율탈춤

강원도 지방 – 강릉 관노탈놀이

경기도 지방 – 양주 별산대놀이

서울 지방 – 송파 산대놀이

경상북도 지방 – 하회 별신굿 탈놀이

경산남도 지방 – 고성 오광대, 통영 오광대, 가산 오광대

부산직할시 지방 – 수영 들놀음野遊, 동래 들놀음

지역성이 없는 것 – 남사당 덧뵈기

위의 탈놀음들은 현재 정부로부터 위촉된 예능 보유자와 그에 따른 전수 장학생에 의하여 보존·보호되고 있다.

사용하는 탈은 나무, 종이, 바가지를 주로 쓰고 있는데 옛날에는 나무나 짚을 많이 썼던 것으로 전한다. 이 가운데 고려조 작품으로 추정되는 하회河回 병산屛山의 탈은 국보 제121호로 지정되어 있다.

인형극으로는 '꼭두각시놀음', '발탈', '서산 박첨지놀이', '만석중놀이'가 전하는데 '만석중놀이'는 아직 무형문화재로 지정되지 않고 있다.

이밖에 미지정의 전통연극으로는 무격巫覡들이 하는 '심청굿', '손님굿', '범굿', '소놀이굿(일반에서도 함)은 1980년 무형문화재로 지정되었다.

한편 '지신밟기'와 호남지방의 다양한 '마당밟이', '잡색놀음' 등도 다양한 연극의 유산들이다. 쉽게 서구연극에서의 살롱·드라마에 비유하는 '판놀이'로는 '장대장네굿', 솟대장이패 '변신굿', '배뱅이굿' 등을 꼽는데 '배뱅이굿'이 1985년 무형문화재로 지정되고 있다.

이와 같은 문화재로서의 지정작업은 일단 인멸된 걱정에서 어쩔 수 없이 시행하는 과도적 조치로서 우리가 하루속히 그의 형식과 내용을 익힘으로써 자생적인 길로 발전할 수 있도록 서둘러야 할 일이다. 다른 항목에서 밝힌 바 있지만 우리의 전통예능이 갖는 공동체의식과 집단창출이란 성격에 맞춰 재창조되어 나가야하겠다.

5. 민속놀이

1. '민속놀이'란?

놀이도 민족, 국가, 문화권에 따라 헤아릴 수 없을 만큼 다양한 종류가 전승되고 있다. 신분 계층에 따라 같은 민족이라 하더라도 그 종류가 다르고, 내용, 방식이 다르다. 남녀노소, 하는 이직업에 따라 구분되기도 한다.

그러면 민속놀이란 어떤 것인가? 먼저 '전통의 의미'에서 민속놀이란 어휘에 대하여 설명되었기에 이를 간단히 풀이 하고자 한다.

세시풍속에 따라 같은 때, 같은 놀이가 반복되는 것을 '세시민속놀이' 라고도 부른다. 일 년 열두 달, 계절에 걸맞게 일의 사이사이에 적당한 놀이를 섞음으로써 효율적인 생산을 바랬던 슬기로 해석된다. 이러한 세시풍속놀이 가운데는 집단 놀이가 많음도 특징의 하나이다. 이와는 달리 어린이들의 민속놀이를 보아도 역시 발육 · 지능의 단계로 맞는 놀이들이다.

쉽게 생각해서 '놀다'라는 말은 '일하다'와 대칭되는 것이다. 그렇다면 매일을 빈둥빈둥 허송세월하는 사람들에게도 별도의 놀이가 필요한 것일까?

민속놀이는 땀 흘려 일한 끝에 잠시 쉬며 즐김으로써 더 효율적인 힘을 모으기 위한 것이다.

민속놀이 가운데는 세시(계절)에 따르지 않는 것도 있다. 장기, 바둑, 화투, 고누 등을 꼽게 된다. 한편 민속놀이라 해서 전부가 명랑하고 생산적인 것은 아니다. 어느 것은 사행심을 자극하여 노름이 되어 버리는 것도 한두 가지가 아니다. 투전, 화투 등이 그 예이다.

이야기로 돌아가서, 논두렁이나 밭두렁에서 잠시 쉴 참을 이용하여 노는 간편한 놀이로부터 수백 수천 명의 많은 인원이 한데 어울리는 규모가 큰 집단놀이에 이르기까지 그의 종류는 무수하지만 그 뜻은 하나로 나타난다. 더욱 효율적인 생산·발전을 위한 의식의 통일과 그의 승화를 위한 예행(미리 행해 보는 것)의 요소가 뿌리 깊이 작용하고 있다

양지 바른 마당 구석에서 놀아지는 소박한 어린이의 놀이에서도 모름지기 체력과 기능의 발달을 꾀하고 있는가 하면, 청소년과 젊은 아녀자들의 기개를 돋우는 씩씩한 놀이에 이르기까지 즐김을 통한 의지의 확산이다. 규모가 작든 크든 민속놀이란 민중의 오랜 생활체험에서 만들어낸 슬기라 하겠다.

2. 민속놀이의 종류

민속놀이는 크게 대인對人 (또는 몇 사람)놀이와 집단놀이로 분류한다.

• 대인놀이 - 고누, 공기놀이, 그네뛰기, 그림자놀이, 널뛰기, 땅재먹기, 마석(모말)차기, 술래잡기, 윷놀이, 자치기, 제기차기, 승경도, 풀각시놀이, 팽이치기, 썰매타기, 돈치기, 씨름, 팔씨름, 발씨름, 튕겨먹기, 엿치기, 눈싸움, 실뜨기, 연날리기….

• 집단놀이 - 호미씻이, 두레싸움, 가마싸움, 강강술래, 고싸움, 관등놀이, 기세배, 놋다리밟기, 다리밟기(답교놀이), 달맞이, 달집태우기, 동채싸움(차전놀이), 소싸움, 쇠머리대기, 편싸움, 횃불싸움, 쥐불놀이, 장치기, 줄다리기, 거북놀이, 지신밟기, 성밟기….

• 기타 - 장기, 바둑, 투전, 쌍육, 투호, 골패, 화투….

이 외에도 많은 놀이가 있으며, 지방에 따라서는 명칭이 같지 않은 것도 있다. 이 가운데 대인놀이, 집단놀이, 하나씩을 들어본다.

연날리기 : 놀이방법으로는 높이 띄우기, 재주부리기, 끊어먹기가 있다. 광활한 하늘을 화폭 삼아 어린이들의 소망을 그릴 수 있으니 작은 가슴이 하늘만큼 넓어지는 놀이이다. 끊어먹기의 경우, 요즘은 상대를 끊어 날려 보낸, 이긴 편이 기고 만장이나 옛날에는 이긴 편은 진편에게 한턱을 냈다. 이긴 편의 평안함을 위하여 먼 하늘까지 날아갔다는 뜻에서이다. 놀이와 전쟁이 다른 것이니 그 마무리가 깔끔해야 하지 않겠는가.

줄다리기 : 시냇물을 사이에 두고 두 마을이 힘내기를 겨룬다. 먼저 줄을 꼬기 위하여 집집에서 짚을 추렴하여 예부터 정해진 대로 암줄과 숫줄을 각기 장만한다.

두 줄은 비녀목으로 이어져 더 큰 줄이 되니 굵기가 한아름, 길이가 50미터가 넘는다. 두 마을 장정들은 징소리를 신호로 힘껏 당기는데 맥없이 끌려오게 되면 '탕' 줄을 놓아 상대방이 엉덩방아를 찧게 한다. 실상 승부를 가리기로 든다면 5분, 10분이면 충분한 것을 하루 종일 아니 며칠씩 계속했다.

왜 그랬을까. 아랫마을·웃마을 두 편이 호흡을 맞추어 힘껏 당겼을 때, 그 어느 쪽으로도 쏠리지 않고 줄꾼들의 하체가 붕 뜨는 순간이 있다. 이는 두 개의 힘이 더 큰 하나의 힘으로 승화되는 순간이다. 바로 이 팽배의 아름다움을 만끽한 것이 우리의 줄다리기다. 요즘 흔히 하고 있는 왜식 줄다리기와는 승부의 개념으로부터 다르다.

그러나 결국 우리의 줄다리기에서도 끝에 승부를 가리는데, 이긴 마을은 논농사가 잘 되고, 진 마을은 밭농사가 잘 된다니 시냇물 하나 사이에서 다 잘 되자는 마음이다.

6. 맺는 말

지구촌이란 말이 흔히 오가고 있다. 실제 인류의 과학문명은 머지않아 세계를 이웃으로 만들고 말 추세다. 가깝게 우리나라 안에서도 같은 방송과 같은 신문을 거의 같은 시간에 보게 되니 사투리나 민요의 토리(지역성)가 희박해지고 있다.

이러한 때에 우리가 전통적 생활문화에 대하여 새삼스럽게 관심을 갖는 데는 우리 나름의 까닭이 있다.

우리는 비통하게도 마지막 분단민족이요 분단국가이다. 이 첨예한 분단을 마무리하는 데는 어떤 이데올로기보다 공동체의식에 바탕했던 전통문화를 통한 일체감의 되살림이 바람직하다는 생각에서이다.

또한 '국제성'이니 '지구가족'이니 하지만 따지고 보면 확고한 '독창성'이 모여 국제적일 수 있는 것이니 먼저 찾아 이룩해야 할 일은 독창성의 확보라는 깨달음에서이다.

모든 가치 기준은 문화경험에서 비롯되는 것이다. 그런데 우리는 자신의 문화경험이 빈약하다. 일단 바른 가치관을 획득하기 위하여 그리고 바른 가치관에 따른 우리 문화의 독창성을 키워 나가기 위하여 전통적 생활문화에 관한 철저한 고구와 새로운 수용은 더없이 긴요한 과제라 하겠다.

당장은 헤어져 살고 있는 남과 북이 하나의 핏줄임을 확인하는 지름길도 결국 '한 줄기'로 흐르고 있는 전통문화에서 찾아야 하는 것이기에 더욱 그러하다.

▨ 심우성 · 전 문화재청 문화재위원회 무형문화재분과 위원장
　-1999년 전국 중요무형문화재 기예능보유자 대상 강의원고-

참고자료 〔1〕

한국민속극연구소를 열며

아세아에 대한 관심이 아세아가 아닌 지역으로부터 강하게 일깨워지고 있는 이때에 전승문화에 대한 연구가 다분히 타율적, 형식적, 고식적인 자세에서 진행되고 있는 이 현실에 우리는 깊은 우려를 갖지 않을 수 없습니다.

한편에서는 민속극에 대한 연구가 민족유산 단절에 대한 소박하기 그지없는 한 가닥 노파심이나, 또는 그것이 관광용 상품이 될 수 있다는 상업적 관심에 의하여 그릇된 방향으로 진행되고, 다른 한편에서는 원형의 보존이라는 미명 아래 복고 취향에 빠져 민속예술 전체를 과거의 한 시기 속에 박제하려 드는 결정적 과오에 왜곡되고 있는 것이 오늘의 현실입니다.

전통문화란 무너지면서 동시에 살아나는 것입니다. 그것이 민중의 구체적인 생활과 더불어 끊임없이 스스로를 변경시키면서 발전하는 것이니, 민속극 또한 예외일 수는 없습니다.

민속극의 참된 가치는 그것이 사회의 급격한 변천 속에서도 언제나 인간답게 살고자 몸부림쳐 온 민중의 절실한 염원과 의지를 날카롭고 생생하게 반영시켜 왔다는 점에 있으며 민속극의 원형이란 것도 바로 이러한 변화 속에서의 그 예술적 본질의 발전을 깊이 이해하는 동태적 파악에 의해서, 그리고 그 변화발전에 대한 적극적 가담에 의해서만 비로소 그 연구가 가능한 것으로 압니다.

우리는 민중의 거짓 없는 의지가 함축되어 이어질, 민중 속에서 피어날, 새로운 사회극의 출현을 희구하여 이에 수반되는 제반 작업들을 갖고자 본 연구소를 여는 데 뜻을 모았습니다.

전통에 대한 바른 인식을 위하여, 그의 분명한 전수를 위하여, 또한 새로 이어질 민속극 내지는 민중극의 창조적인 내용을 유도하고 가늠하기 위하여, 한국민속극연구소는 전문적인 연구를 위한 원탁의 자리가 되고자 하는 것입니다.

오직 여러분의 아낌없는 성원만이 본 연구소의 첫 발자욱을 가능케 할 것임을 말씀드리며 먼저 인사를 올립니다.

(1966. 5. 5 심우성)

〈한국민속극연구소를 함께 여는 사람들〉

강명희, 강택구, 고태식, 김문환, 김세중, 김윤수, 김지하, 김홍우, 민혜숙, 박영희, 심우성, 오숙히, 오윤, 윤대성, 임세택, 정희현, 조동일, 조용숙, 차미례, 허술, 홍세화(가나다 순)

참고자료 [2]

중요 무형문화재 지정 목록

제1호 종묘제례악(宗廟祭禮樂)

제2호 양주별산대놀이(楊洲別山臺놀이)

제3호 남사당놀이(男寺黨놀이)

제4호 갓일

제5호 판소리

제6호 통영오광대(統營五廣大)

제7호 고성오광대(固城五廣大)

제8호 강강술래

제9호 은산별신제(恩山別神祭)

제10호 나전장(螺鈿匠)

제11호 농악(農樂)

제12호 진주검무(晋州劍舞)

제13호 강릉단오제(江陵端午祭)

제14호 한산모시짜기(韓山모시짜기)

제15호 북청사자놀음(北青獅子놀음)

제16호 거문고산조(거문고散調)

제17호 봉산탈춤(鳳山탈춤)

제18호 동래야류(東萊野遊)

제19호 선소리산타령(선소리山打令)

제20호 대금정악(大笒正樂)

제21호 승전무(勝戰舞)

제22호 매듭장(매듭匠)

제23호 가야금산조 및 병창(伽倻琴散調 및 倂唱)

제24호 안동차전놀이(安東車戰놀이)

제25호 영산쇠머리대기(靈山쇠머리대기)

제26호 영산줄다리기(靈山줄다리기)

제27호 승무(僧舞)

제28호 나주의 샛골나이(羅州의 샛골나이)

제29호 서도소리(西道소리)

제30호 가곡(歌曲)

제31호 낙죽장(烙竹匠)

제32호 곡성의 돌실나이(谷城의 돌실나이)

제33호 광주칠석 고싸움놀이

제34호 강령탈춤(康翎탈춤)

제35호 조각장(彫刻匠)

제36호 판소리심청가 – 지정해제

제37호 화장(靴匠) – 지정해제

제38호 조선왕조궁중음식(朝鮮王朝宮中飮食)

제39호 처용무(處容舞)

제40호 학연화대합설무(鶴蓮花臺合設舞)

제41호 가사(歌詞)

제42호 악기장(樂器匠)

제43호 수영야류(水營野遊)

제44호 경산자인단오제(慶山慈仁端午祭)

제45호 대금산조(大笒散調)

제46호 피리정악 및 대취타(피리正樂 및 大吹打)

제47호 궁시장(弓矢匠)

제48호 단청장(丹青匠)

제49호 송파산대놀이(松坡山臺놀이)

제50호 영산재(靈山齋)

제51호 남도들노래(南道들노래)

제52호 시나위 – 지정해제

제53호 채상장(彩箱匠)

제54호 끊음질 – 지정해제

제55호 소목장(小木匠)

제56호 종묘제례(宗廟祭禮)

제57호 경기민요(京畿民謠)

제58호 줄타기

제59호 판소리고법 – 지정해제

제60호 장도장(粧刀匠)

제61호 은율탈춤(殷栗탈춤)

제62호 좌수영어방놀이(左水營漁坊놀이)

제63호 북메우기 - 지정해제

제64호 두석장(豆錫匠)

제65호 백동연죽장(白銅煙竹匠)

제66호 망건장(網巾匠)

제67호 탕건장(宕巾匠)

제68호 밀양백중놀이(密陽伯仲놀이)

제69호 하회별신굿탈놀이(河回別神굿탈놀이)

제70호 양주소놀이굿(楊洲소놀이굿)

제71호 제주칠머리당영등굿

제72호 진도씻김굿(珍島씻김굿)

제73호 가산오광대(駕山伍廣大)

제74호 대목장(大木匠)

제75호 기지시줄다리기(機池市줄다리기)

제76호 택견

제77호 유기장(鍮器匠)

제78호 입사장(入絲匠)

제79호 발탈

제80호 자수장(刺繡匠)

제81호 진도다시래기(珍島다시래기)

제82호 풍어제(豊漁祭)

제83호 향제줄풍류(鄕制줄風流)

제84호 농요(農謠)

제85호 석전대제(釋奠大祭)

제86호 향토술담그기(鄕土술담그기)

제87호 명주짜기

제88호 바디장(바디匠)

제89호 침선장(針線匠)

제90호 황해도평산소놀음굿
　　　　(黃海道平山소놀음굿)

제91호 제와장(製瓦匠)

제92호 태평무(太平舞)

제93호 전통장(箭筒匠)

제94호 벼루장(벼루匠) - 지정해제

제95호 제주민요(濟州民謠)

제96호 옹기장(甕器匠)

제97호 살풀이춤

제98호 경기도도당굿(京畿道都堂굿)

제99호 소반장(小盤匠)

제100호 옥장(玉匠)

제101호 금속활자장(金屬活字匠)

제102호 배첩장(褙貼匠)

제103호 완초장(莞草匠)

제104호 서울새남굿

제105호 사기장(沙器匠)

제106호 각자장(刻字匠)

제107호 누비장(縷緋匠)

제108호 목조각장(木彫刻匠)

제109호 화각장(華角匠)

제110호 윤도장(輪圖匠)

제111호 사직대제(社稷大祭)

제112호 주철장(鑄鐵匠)

제113호 칠장(漆匠)

제114호 염장(簾匠)

제115호 염색장(染色匠)

제116호 화혜장(靴鞋匠)

제117호 한지장(韓紙匠)

제118호 불화장(佛畵匠)

제119호 금박장(金箔匠)

제120호 석장(石匠)

제121호 번와장(翻瓦匠)

여기 또 부끄러운 한 권의 책을 냅니다.
소중한 만남, 슬픈 헤어짐으로
나의 삶을 여기에 열어 보였습니다.

글쓴이 심우성

남천(南泉) 심우성(沈雨晟)

1934년 6월28일 생, 민속학자, 1인극 배우
1953년 서울중앙방송국 아나운서
1960년 민속극회 남사당 설립대표
1963년 대한뉴스 아나운서
1966년 한국민속극연구소 소장(현재)
1970년 서라벌예술학교, 서울예전, 덕성여대,
        서울대, 중앙대, 한양대 등에서 민속학,
        연극사, 인형극 강의
1979년 서울특별시 문화상 수상
1980년 문화재관리국 문화재 전문위원
1985년 아시아1인극협회 창립 대표(현재)
1994년 민학회 회장
1996년 공주민속극박물관 관장
1998년 한국예술종합학교 전통예술원 교수
2002년 문화재청 무형문화재분과 위원장
2003년 대통령 '보관문화훈장' 수상

저서
『무형문화재총람』 – 민학사, 『남사당패연구』 – 동화출판공사
『한국의 민속극』 – 창작과 비평사, 『마당극 연희본』 – 깊은샘
『민속문화와 민중의식』 – 대화출판사,
『우리나라의 탈』, 『우리나라의 인형』 – 개마서원,
『민속문화서설』, 『우리나라의 민속놀이』, 『옷본』,
『전통문화를 찾아서』, 『전통문화 길잡이』 – 동문선,
『한국 민속학의 기억과 기록』 –민속원 등

1인극 작품
〈쌍두아〉, 〈문〉, 〈남도 들노래〉, 〈새야 새야〉, 〈판문점 별신굿〉, 〈결혼굿〉, 〈거창 별신굿〉, 〈일본군 위안부 아리랑〉,
〈녹두장군 오셨네〉, 〈아리랑 아리랑 아라리요, 4·3의 고개를 넘어간다〉, 〈넋전 아리랑〉 등